不师读书

老舍 等 著

民主与建设出版社
·北京·

© 民主与建设出版社，2023

图书在版编目（ＣＩＰ）数据

大师谈读书 / 老舍等著 . —— 北京：民主与建设出
版社，2023.10
ISBN 978-7-5139-4360-4

Ⅰ . ①大… Ⅱ . ①老… Ⅲ . ①读书方法－通俗读物
Ⅳ . ① G792-49

中国国家版本馆 CIP 数据核字（2023）第 182391 号

大师谈读书
DASHI TAN DUSHU

著　　者	老　舍　等
责任编辑	吴优优　金　弦
封面设计	WONDERLAND Book design 仙境 QQ:344581934
出版发行	民主与建设出版社有限责任公司
电　　话	（010）59417747　59419778
社　　址	北京市海淀区西三环中路 10 号望海楼 E 座 7 层
邮　　编	100142
印　　刷	三河市新科印务有限公司
版　　次	2023 年 10 月第 1 版
印　　次	2024 年 2 月第 1 次印刷
开　　本	710 毫米 ×1000 毫米　　1/16
印　　张	16.5
字　　数	198 千字
书　　号	ISBN978-7-5139-4360-4
定　　价	59.80 元

前言

文化传承，是关系一个民族的生死存亡的问题。今天，在新的起点上继续推动文化繁荣、建设文化强国、建设中华民族现代文明，是我们在新时代新的文化使命。要坚定文化自信、担当使命、奋发有为，共同努力创造属于我们这个时代的新文化，建设中华民族现代文明。

建设中华民族现代文明，更需要继承中华民族的传统文化精髓。这便是这套《大师系列丛书》编辑出版的宗旨和动力。为此，《大师系列丛书》编委会筛选了梁启超、蔡元培、陶行知、朱自清、胡适等大师关于读书、写作、做人、亲情、国学、美学、哲学、历史、诗歌、中国神话、旅游等方面的经典文章，以及大师对大师的回忆和评价文章，以飨读者。

关于《大师系列丛书》文章的选择标准，虽然不少大师都有某一领域的皇皇巨著，但是《大师系列丛书》编委会紧扣每一册主题竭力做到好中选优，不求全面，只萃取精华中的精华。

中国文化源远流长，中华文明博大精深。只有全面深入了解中华文明的历史，才能更有效地推动中华优秀传统文化创造性转化、创新性发展，更有力地推进中国特色社会主义文化建设，建设中华民族现代文明。

欲流之远者，必浚其泉源。这套《大师系列丛书》的经典作品，对于我们坚定文化自信，坚持走自己的路，具有着重要的影响。这也必将成为我们进行文化创新的坚实基础。

《大师谈读书》精选了胡适、老舍、废名、鲁迅、梁启超、夏丏尊、朱自清、周作人、郑振铎、蔡元培几位大师关于怎样读书的精华文章。内容涵盖了为什么读书、找书的快乐、朗读对于阅读的益处、读与写的关系、怎样培养读书的习惯、怎样收集中国书、学习国学要读什么书等，无一不是大师们多年读书的经验之谈。但是，由于原版中的外国人名、地名、书名等译法与现用通用译法有别，为存原貌，不作变动。文中"的、地、得"用法，异体字、通假字、纪年等，同上原因，仍用其旧。有些字依据现代汉语的使用习惯修改了用字，有些引文根据最新研究进行了修改。原作者的个别观点、提法，带有时代局限性，为保持原著完整，也极少删改。希望这本书能够给予广大读者读书的方法和启迪。

《大师系列丛书》编委会

大师谈读书

目录

胡

适

胡适（1891—1962），字适之。中国现代思想家、文学家、哲学家。代表作品《胡适论学近著》《中国哲学史大纲》《尝试集》《白话文学史》《说儒》。

读书

（原载于 1925 年 4 月 18 日《京报副刊》）

为学要如金字塔，要能广大要能高。

科学的根本精神在于求真理。

无目的读书是散步而不是学习。

朋友们，在你最悲观最失望的时候，那正是你必须鼓起坚强的信心的时候。你要深信：天下没有白费的努力。成功不必在我，而功力必不唐捐。

"读书"这个题，似乎很平常，也很容易。然而我却觉得这个题目很不好讲。据我所知，"读书"可以有三种说法：

（1）要读何书。

关于这个问题，《京报副刊》上已经登了许多时候的"青年必读书"；但是这个问题，殊不易解决，因为个人的见解不同，个性不同。各人所选只能代表个人的嗜好，没有多大的标准作用。所以我不讲这一类的问题。

（2）读书的功用。

从前有人作"读书乐"，说什么"书中自有千钟粟，书中自有黄金屋，书中自有颜如玉"，现在我们不说这些话了。要说，读书是求智识，智识就是权力。这些话都是大家会说的，所以我也不必讲。

（3）读书的方法。

我今天是要想根据个人的经验，同诸位谈谈读书的方法。我的第一句话是很平常的，就是说，读书有两个要素：

大师谈读书

第一要精；

第二要博。

现在先说什么叫"精"。

我们小的时候读书，差不多每个小孩都有一条书签，上面写十个字，这十个字最普遍的就是"读书三到：眼到，口到，心到"。现在这种书签虽不用，三到的读书法却依然存在。不过我以为读书三到是不够的；须有四到，是："眼到，口到，心到，手到"。我就拿它来说一说。

眼到是要个个字认得，不可随便放过。这句话起初看上去似乎很容易，其实很不容易。读中国书时，每个字的一笔一画都不放过。近人费许多功夫在校勘学上，都因古人忽略一笔一画而已。读外国书要把 a，b，c，d 等字母弄得清清楚楚。所以说这是很难的。如有人翻译英文，把"port"看作"pork"，把"oats"看作"oaks"，于是葡萄酒一变而为猪肉，小草变成了大树。说起来这种例子很多，这都是眼睛不精细的结果。书是文字做成的，不肯仔细认字，就不必读书。眼到对于读书的关系很大，一时眼不到，贻害很大，并且眼到能养成好习惯，养成不苟且的人格。

口到是一句一句要念出来。前人说口到是要念到烂熟背得出来。我们现在虽不提倡背书，但有几类的书，仍旧有熟读的必要，如心爱的诗歌，如精彩的文章，熟读多些，于自己的作品上也有良好的影响。读此外的书，虽不须念熟，也要一句一句念出来，中国书如此，外国书更要如此。念书的功用是能使我们格外明了每一句的构造，句中各部分的关系。往往一遍念不通，要念两遍以上，方才能明白的。读好的小说尚且要如此，何况读关于思想学问的书呢？

心到是每章每句每字意义如何？何以如是？这样用心考究。但是用心不是叫人枯坐冥想，是要靠外面的设备及思想的方法的帮助。要做到这一点，须要有几个条件：

（1）字典，辞典，参考书等工具要完备。这几样工具虽不能办到，也当到图书馆去看。我个人的意见是奉劝大家，当衣服，卖田地，至少要置备一点好的工具。比如买一本韦氏大字典，胜于请几个先生。这种先生终身跟着你，终身享受不尽。

（2）要做文法上的分析。用文法的知识，做文法上的分析，要懂得文法构造，方才懂得它的意义。

（3）有时要比较参考，有时要融会贯通，方能了解。不可单看字面。一个字往往有许多意义，读者容易上当。

例如"turn"这字：做外动字解有十五解，做内动字解有十三解，做名词解有二十六解，共五十四解，而成语不算。

又如"strike"：做外动字解有三十一解，做内动字解有十六解，做名词解有十八解，共六十五解。

又如"go"字最容易了，然而这个字：做内动字解有二十二解，做外动字解有三解，做名词解有九解，共三十四解。

以上是英文字须要加以考究的例。英文字典是完备的；但是某一字在某一句究竟用第几个意义呢？这就非比较上下文，或贯穿全篇，不能懂了。

中文较英文更难，现在举几个例：

祭文中第一句"维某年月日"之"维"字，究作何解？字典上说它是虚字。《诗经》里"维"字有二百多，必须细细比较研究，然后知道这个字有种种意义。

又《诗经》之"于"字，"之子于归""凤凰于飞"等句，"于"字究作何解？非仔细考究是不懂的。又"言"字，人人知道，但在《诗经》中就发生问题，必须比较，然后知"言"字为连接字。诸如此例甚多。中国古书很难读，古字典又不适用，非是用比较归纳的研究方法，我们如何懂得呢？

总之，读书要会疑，忽略过去，不会有问题，便没有进益。

宋儒张载说："读书先要会疑。于不疑处有疑，方是进矣。"他又说："在可疑而不疑者，不曾学。学则须疑。"又说："学贵心悟，守旧无功。"

宋儒程颐说："学原于思。"

这样看起来，读书要求心到；不要怕疑难，只怕没有疑难。工具要完备，思想要精密，就不怕疑难了。

现在要说手到。手到就是要劳动劳动你的贵手。读书单靠眼到，口到，心到，还不够的；必须还得自己动动手，才有所得。例如：

（1）标点分段，是要动手的。

（2）翻查字典及参考书，是要动手的。

（3）做读书札记，是要动手的。

札记又可分四类：

（1）抄录备忘。

（2）作提要，节要。

（3）自己记录心得。张载说："心中苟有所开，即便札记。不则还塞之矣。"

（4）参考诸书，融会贯通，作有系统的著作。

手到的功用。我常说：发表是吸收智识和思想的绝妙方法。吸收进来的智识思想，无论是看书来的，或是听讲来的，都只是模糊零碎，都算不得我们自己的东西。自己必须做一番手脚，或做提要，或做说明，或做讨论，自己重新组织过，申述过，用自己的语言记述过——那种知识思想方才可算是你自己的了。

我可以举一个例。你也会说"进化"，他也会谈"进化"，但你对于"进化"这个观念的见解未必是很正确的，未必是很清楚的；也许只是一种"道听途说"，也许只是一种时髦的口号。这种知识算不得知识，更算不得是"你的"知识。假使你听了我这句话，不服气，今晚回去就去遍翻各种书籍，仔细研究进化论的科学上的根据；假使你翻了几天书之后，发愤动手，把你研究所得写成一篇读书札记；假使你真动手写了这么一篇《我为什么相信进化

胡适

论》的札记列举了：

一，生物学上的证据；

二，比较解剖学上的证据；

三，比较胚胎学上的证据；

四，地质学和古生物学上的证据；

五，考古学上的证据；

六，社会学和人类学上的证据。

到这个时候，你所有关于"进化论"的知识，经过了一番组织安排，经过了自己的去取叙述，这时候这些知识方才可算是你自己的了。所以我说，发表是吸收的利器；又可以说，手到是心到的法门。

至于动手标点，动手翻字典，动手查书，都是极要紧的读书秘诀，诸位千万不要轻轻放过。内中自己动手翻书一项尤为要紧。我记得前几年我曾劝顾颉刚先生标点姚际恒的《古今伪书考》。当初我知道他的生活困难，希望他标点一部书付印，卖几个钱。那部书是很薄的一本，我以为他一两个星期就可以标点完了。哪知顾先生一去半年，还不曾交卷。原来他于每条引的书，都去翻查原书，仔细校对，注明出处，注明原书卷第，注明删节之处。他动手半年之后，来对我说，《古今伪书考》不必付印了，他现在要编辑一部疑古的丛书，叫做"辨伪丛刊"。我很赞成他这个计划，让他去动手。他动手了一两年之后，更进步了，又超过那"辨伪丛刊"的计划了，他要自己创作了。他前年以来，对于中国古史，做了许多辨伪的文字；他眼前的成绩早已超过崔述了，更不要说姚际恒了。顾先生将来在中国史学界的贡献一定不可限量，但我们要知道他成功的最大原因是他的手到的工夫勤而且精。我们可以说，没有动手不勤快而能读书的，没有手不到而能成学者的。

第二要讲什么叫"博"。

什么书都要读，就是博。古人说："开卷有益"，我也主张这个意思，所以说读书第一要精，第二要博。我们主张"博"有两个意思：

第一，为预备参考资料计，不可不博。

第二，为做一个有用的人计，不可不博。

第一，为预备参考资料计。

在座的人，大多数是戴眼镜的。诸位为什么要戴眼镜？岂不是因为戴了眼镜，从前看不见的，现在看得见了；从前很小的，现在看得很大了；从前看不分明的，现在看得清楚分明了？王荆公说得最好：

> 然世之不见全经久矣。读经而已，则不足以知经。故某自百家诸子之书，至于《难经》《素问》《本草》诸小说，无所不读；农夫女工，无所不问；然后于经为能知其大体而无疑。盖后世学者与先王之时异矣；不如是，不足以尽圣人故也……致其知而后读，以有所去取，故异学不能乱也。惟其不能乱，故能有所去取者，所以明吾道而已。(《答曾子固》)

他说："致其知而后读。"又说："读经而已，则不足以知经。"即如《墨子》一书在一百年前，清朝的学者懂得此书还不多。到了近来，有人知道光学，几何学，力学，工程学……一看《墨子》，才知道其中有许多部分是必须用这些科学的知识方才能懂的。后来有人知道了伦理学，心理学……懂得《墨子》更多了。读别种书愈多，《墨子》愈懂得多。

所以我们也说，读一书而已则不足以知一书。多读书，然后可以专读一书。譬如读《诗经》，你若先读了北大出版的《歌谣周刊》，便觉得《诗经》好懂得多了；你若先读过社会学，人类学，你懂得更多了；你若先读过文字学，古音韵学，你懂得更多了；你若读过考古学，比较宗教学等，你懂得的更多了。

你要想读佛家唯识宗的书吗？最好多读点伦理学、心理学、比较宗教学、变态心理学。无论读什么书总要多配几副好眼镜。

你们记得达尔文研究生物进化的故事吗？达尔文研究生物演变的现状，前后凡三十多年，积了无数材料，想不出一个简单贯串的说明。有一天他无

胡适

意中读马尔萨斯的人口论，忽然大悟生存竞争的原则，于是得着物竞天择的道理，遂成一部破天荒的名著，给后世思想界打开一个新纪元。

所以要博学者，只是要添加参考的材料，要使我们读书时容易得"暗示"；遇着疑难时，东一个暗示，西一个暗示，就不至于呆读死书了。这叫做"致其知而后读"。

第二，为做一个有用的人计。

专工一技一艺的人，只知一样，除此之外，一无所知。这一类的人，影响于社会很少。好有一比，比一根旗杆，只是一根孤拐，孤单可怜。

又有些人广泛博览，而一无所专长，虽可以到处受一班贱人的欢迎，其实也是一种废物。这一类人，也好有一比，比一张很大的薄纸，禁不起风吹雨打。

在社会上，这两种人都是没有什么大影响，为个人计，也很少乐趣。

理想中的学者，既能博大，又能精深。精深的方面，是他的专门学问。博大的方面，是他的旁搜博览。博大要几乎无所不知，精深要几乎唯他独尊，无人能及。他用他的专门学问做中心，次及于直接相关的各种学问，次及于间接相关的各种学问，次及于不很相关的各种学问，以次及毫不相关的各种泛览。这样的学者，也有一比，比埃及的金字三角塔。那金字塔（据最近《东方杂志》第 22 卷第 6 号，147 页）高四百八十英尺（约 150 米），底边各边长七百六十四英尺（约 233 米）。塔的最高度代表最精深的专门学问；从此点依次递减，代表那旁搜博览的各种相关或不相关的学问。塔底的面积代表博大的范围，精深的造诣，博大的同情心。这样的人，对社会是极有用的人才，对自己也能充分享受人生的趣味。宋儒程颢说得好：

须是大其心使开阔：譬如为九层之台，须大做脚始得。

博学正所以"大其心使开阔"。我曾把这番意思编成两句粗浅的口号，现在拿出来贡献给诸位朋友，作为读书的目标：

为学要如金字塔，要能广大要能高。

为什么读书

（1930 年 11 月下旬在上海青年会的演讲）

青年会叫我在未离南方赴北方之前在这里谈谈，我很高兴，题目是为什么读书。现在读书运动大会开始，青年会拟定了三个演讲题目。我看第二题目怎样读书很有兴味，第三题目读什么书更有兴味，第一题目无法讲，为什么读书，连小孩子都知道，讲起来很难为情，而且也讲不好。所以我今天讲这个题目，不免要侵犯其余两个题目的范围，不过我仍旧要为其余两位演讲的人留一些余地。现在我就把这个题目来试一下看。我从前也有过一次关于读书的演讲，后来我把那篇演讲录略事修改，编入三集《文存》里面，那篇文章题目叫做《读书》，其内容性质较近于第二题目，诸位可以拿来参考。今天我就来试试为什么读书这个题目。

从前有一位大哲学家做了一篇《读书乐》，说到读书的好处，他说："书中自有千钟粟，书中自有黄金屋，书中自有颜如玉。"这意思就是说，读了书可以做大官，获厚禄，可以不至于住茅草房子，可以娶得年轻的漂亮太太（台下哄笑）。诸位听了笑起来，足见诸位对于这位哲学家所说的话不十分满意，现在我就讲之所以要读书的别的原因。

为什么要读书？有三点可以讲：

第一，因为书是过去已经知道的智识学问和经验的一种记录，我们读书便是要接受这人类的遗产；

第二，为要读书而读书，读了书便可以多读书；

胡适

第三，读书可以帮助我们解决困难，应付环境，并可获得思想材料的来源。

我一踏进青年会的大门，就看见许多关于读书的标语。为什么读书？大概诸位看了这些标语就都已知道了，现在我就把以上三点更详细地说一说。

第一，因为书是代表人类老祖宗传给我们的智识的遗产，我们接受了这遗产，以此为基础，可以继续发扬光大，更在这基础之上，建立更高深更伟大的智识。人类之所以与别的动物不同，就是因为人有语言文字，可以把智识传给别人，又传至后人，再加以印刷术的发明，许多书报便印了出来。人的脑很大，与猴不同，人能造出语言，后来更进一步而有文字，又能刻木刻字；所以人最大的贡献就是（留下）过去的智识和经验，使后人可以节省许多脑力。非洲野蛮人在山野中遇见鹿，他们就画了一个人和一只鹿以代信，给后面的人叫他们勿追。但是把智识和经验遗给儿孙有什么用处呢？这是有用处的，因为这是前人很好的教训。现在学校里各种教科书，如物理、化学、历史，等等，都是根据几千年来进步的智识编纂成书的，一年，两年，或者三年，教完一科。自小学、中学、而至大学毕业，这十六年中所受的教育，都是代表我们老祖宗几千年来得来的智识学问和经验，所谓进化，就是叫人节省劳力，蜜蜂虽能筑巢，能发明，但传下来就只有这一点智识，没有继续去改革改良，以应付环境，没有做格外进一步的工作。人呢，达不到目的，就再去求进步，而以前人的智识学问和经验作参考。如果每样东西，要个个人从头学起，而不去利用过去的智识，那不是太麻烦吗？所以人有了这智识的遗产，就可以自己去成家立业，就可以缩短工作，有余力做别的事。

第二点稍复杂，就是为读书而读书。读书不是那么容易的一件事情，不读书不能读书，要能读书才能多读书。好比戴了眼镜，小的可以放大，糊涂的可以看得清楚，远的可以变为近。读书也要戴眼镜。眼镜越好，读书的了解力也越大。王安石对曾子固说："读经而已，则不足以知经。"所以他对于本草，内经，小说，无所不读，这样对于经才可以明白一些。王安石说："致其知而后读。"

请你们注意，他不说读书以致知，却说，先致知而后读书。读书固然可以扩充知识；但知识越扩充了，读书的能力也越大。这便是"为读书而读书"的意义。

试举《诗经》作一个例子。从前的学者把《诗经》看作"美""刺"的圣书，越讲越不通。现在的人应该多预备几副好眼镜，人类学的眼镜，考古学的眼镜，文法学的眼镜，文学的眼镜。眼镜越多越好，越精越好。例如"野有死麕，白茅包之。有女怀春，吉士诱之"；我们若知道比较民俗学，便可以知道打了野兽送到女子家去求婚，是平常的事。又如"钟鼓乐之，琴瑟友之"，也不必说什么文王太姒，只可看作少年男子在女子的门口或窗下奏乐唱和，这也是很平常的事。再从文法方面来观察，像《诗经》里"之子于归"，"黄鸟于飞"，"凤凰于飞"的"于"字，此外，《诗经》里又有几百个的"维"字，还有许多"助词"，"语词"，这些都是有作用而无意义的虚字，但以前的人却从未注意及此。这些字若不明白，《诗经》便不能懂。再说在《墨子》一书里，有点光学、力学；又有点经济学。但你要懂得光学，才能懂得墨子所说的光；你要懂得各种知识，才能懂得《墨子》里一些最难懂的文句。总之，读书是为了要读书，多读书更可以读书。最大的毛病就在怕读书，怕读难书。越难读的书我们越要征服它们，把它们作为我们的奴隶或向导，我们才能够打倒难书，这才是我们的"读书乐"。若是我们有了基本的科学知识，那么，我们在读书时便能左右逢源。我再说一遍，读书的目的在于读书，要读书越多才可以读书越多。

第三点，读书可以帮助解决困难，应付环境，供给思想材料。知识是思想材料的来源。思想可分作五步。思想的起源是大的疑问。吃饭拉屎不用想，但逢着三岔路口，十字街头那样的环境，就发生困难了。走东或走西，这样

胡适

做或是那样做，有了困难，才有思想。第二步要把问题弄清，究竟困难在哪一点上。第三步才想到如何解决，这一步，俗话叫做出主意。但主意太多，都采用也不行，必须要挑选。但主意太少，或者竟全无主意，那就更没有办法了。第四步就是要选择一个假定的解决方法。要想到这一个方法能不能解决。若不能，那么，就换一个；若能，就行了。这好比开锁，这一个钥匙开不开，就换一个；假定是可以开的，那么，问题就解决了。第五步就是证实。凡是有条理的思想都要经过这步，或是逃不了这五个阶级。科学家要解决问题，侦探要侦探案件，多经过这五步。

这五步之中，第三步是最重要的关键。问题当前，全靠有主意。主意从哪儿来呢？从学问经验中来。没有智识的人，见了问题，两眼白瞪瞪，抓耳挠腮，一个主意都不来。学问丰富的人，见着困难问题，东一个主意，西一个主意，挤上来，涌上来，请求你录用。读书是过去智识学问经验的记录，而智识学问经验就是要用在这时候，所谓养军千日，用在一朝。否则，学问一些都没有，遇到困难就要糊涂起来。例如达尔文把生物变迁现象研究了几十年，却想不出一个原则去整统他的材料。后来无意中看到马尔萨斯的人口论，说人口是按照几何学级数一倍一倍地增加，粮食是按照数学级数增加，达尔文研究了这原则，忽然触机，就把这原则应用到生物学上去，创立了物竞天择的学说。读了经济学的书，可以得着一个解决生物学上的困难问题，这便是读书的功用。古人说"开卷有益"，正是此意。读书不是单为文凭功名，只因为书中可以供给学问知识，可以帮助我们解决困难，可以帮助我们思想。又譬如从前的人以为地球是世界的中心，后来天文学家哥白尼却主张太阳是世界的中心，绕着地球而行。据罗素说，哥白尼之所以这样解说，是因为希腊人已经讲过这句话；假使希腊没有这句话，恐怕更不容易有人敢说这句话吧。这也是读书的好处。有一家书店印了一部旧小说叫做《醒世姻缘》，要我作序。这部书是西周生所著的，印好在我家藏了六年，我还不曾考出西周生是谁，这部小说讲到婚姻问题，其内容是这样：有个好老婆，不知何故，后来忽然变坏，作者没有提及解决方法，也没有想到可以离婚，只说是前世作孽，因为在前世男虐待女，女就投生换样子，压迫者变为被压迫者。这种前世作孽，起先相爱，后来忽变的故事，我仿佛什么地方看见过。后来忽然想起《聊斋》一书中有一篇和这相类似的笔记，也是说到一个女子，起先怎样爱着她的丈夫，后来怎样变为凶太太，便想到这部小说大约是蒲留仙或是蒲留仙的朋友做的。去年我看到一本杂记，也说是蒲留仙做的，不过没有多大证据。今年我在北京，才找到了证据。这一件事可以解释刚才我所说的第二点，就是读书可以帮助读书，同时也可以解释第三点，就是读书可以供给出主意的来源。当初若是没有主意，到了逢着困难时便要手足无措，所以读书可以解决问题，就是军事、政治、财政、思想等问题，也都可以解决，这就是读书的用处。

我有一位朋友，有一次傍着灯看小说，洋灯装有油，但是不亮，因为灯芯短了。于是他想到《伊索寓言》里有一篇故事，说是一只老鸦要喝瓶中的水，因为瓶太小，喝不到水，它就衔石投瓶中，水乃上来，这位朋友是懂得化学的，于是加水于灯中，油乃碰到灯芯。这是看《伊索寓言》给他看小说的帮助。读书好像用兵，养兵求其能用，否则即使坐拥十万二十万的大兵也没有用处，难道只好等他们"兵变"吗？

至于"读什么书"，下次陈钟凡先生要讲演，今天我也附带地讲一讲。我从五岁起到了四十岁，读了三十五年的书。我可以很诚恳地说，中国旧籍是经不起读的。中国有五千年文化，四部的书已是汗牛充栋。究竟有几部书应该读，我也曾经想过。其中有条理有系统的精心结构之作，两千五百年以来恐怕只有半打。"集"是杂货店，"史"和"子"还是杂货店。至于"经"，也只是杂货店，讲到内容，可以说没有一些东西可以给我们改进道德增进智识的帮助的。中国书不够读，我们要另开生路，辟殖民地，这条生路，就是

胡适

每一个少年人必须至少要精通一种外国文字。读外国语要读到有乐而无苦，能做到这地步，书中便有无穷乐趣。希望大家不要怕读书，起初的确要查阅字典，但假使能下一年苦功，继续不断做去，那末，在一二年中定可开辟一个乐园，还只怕求知的欲望太大，来不及读呢。我总算是老大哥，今天我就根据我过去三十五年读书的经验，给你们这一个临别的忠告。

读书的习惯重于方法

（原载于 1935 年 5 月 14 日《大学新闻周报》）

读书会进行的步骤，也可以说是采取的方式大概不外乎三种：

第一种是大家共同选定一本书阅读，然后互相交换自己的心得及感想。

第二种是由下往上的自动方式，就是先由会员共同选定某一个专题，限定范围，再由指导者按此范围拟定详细节目，指定参考书籍。每人须于一定期限内做成报告。

第三种是先由导师拟定许多题目，再由各会员任意选定。研究完毕后写成报告。

至于读书的方法我已经讲了十多年，不过在目前我觉得读书全凭先养成好读书的习惯。读书无捷径，是没有什么简便省力的方法可言的。读书的习惯可分为三点：一是勤，二是慎，三是谦。

勤苦耐劳是成功的基础，做学问更不能欺己欺人，所以非勤不可。其次谨慎小心也是很需要的，清代的汉学家著名的如高邮王氏父子，段茂堂等的成功，都是遇事不肯轻易放过，旁人看不见的自己便可看见了。如今的放大几千万倍的显微镜，也不过想把从前看不见的东西现在都看见罢了。谦就是态度的谦虚，自己万不可先存一点成见，总要不分地域门户，一概虚心地加以考察后，再决定取舍。这三点都是很要紧的。

其次还有个买书的习惯也是必要的，闲时可多往书摊上逛逛，无论什么

胡适

书都要去摸一摸，你的兴趣就是凭你伸手乱摸后才知道的。图书馆里虽有许多的书供你参考，然而这是不够的。因为你想往上圈画一下都不能。更不能随便地批写。所以至少像对于自己所学的有关的几本必备书籍，无论如何，就是少买一双皮鞋，这些书是非买不可的。

青年人要读书，不必先谈方法，要紧的是先养成好读书，好买书的习惯。

治学方法

（1932 年 7 月 9 日在北平青年读书会的演讲）

在这样的热天，承诸位特别跑到这里来听我来讲话，我是觉得非常感激，青年会的几位先生，特地组织这一个青年读书互助会，并且发起这样一个演讲周，亦非常值得赞助，在我个人，以为能够几个青年，互相的团结起来，组织读书会，或者一人读一本书，拿心得贡献给其他的会员，或者几个人读一本书，将大家所得到的结果提出来互相讨论都是非常之好，非常之好的。可是请几个人来讲演，以为这样就达到了读书会的目的，做到了读书的目的。却是未必的，今天我来讲这个"治学方法"，实在是勉强的，因为作演讲并不就是读书会的目的，而且这题目也空泛得无人可讲，我们知道，各种学问，都有它治学的方法，比如天文，地理医学，社会科学，各有各的治学方法，而我居然说"治学方法"，包括得如此其广，要讲起来那就是发疯，夸大狂，但是学问的种类虽是如此其多，贯于其中的一个"基本方法"，却是普遍的，这个"基本方法"，也可以说是，或者毋宁说是方法的习惯，是共同的，是普遍的，历史上无数在天文学上，在哲学上，在社会科学上，凡是有大成就的，都是因为有方法的习惯。

三百年以前，培根说了句很聪明的话，他说，世上治学的人可分为三种，那就是：

第一，蜘蛛式的，即是靠自己肚子里分泌出丝来，把网做得很美很漂亮，也很有经纬，下点雨的时候，网上挂着雨丝，从侧面看过去，那种斜光也是很美。但是虽然好，那点学问却只是从他自己的肚子造出来的。

第二种是蚂蚁式的，只知道集聚，这里有一颗米，把它三三两两地抬了去，死了一个苍蝇，也把它抬了去，在地洞里堆起很多东西，能消化不能消化却不管，有用没有用也是不管，这是勤力而理解不足。

第三种是蜜蜂式的，这种最高，蜜蜂采了花蜜去，更加上一度制造，取其精华而去其糟粕，是经过改造制造出新的成绩的。孔子说过，学而不思则罔，思而不学则殆。蜜蜂的方法，是又学又思，是理想的作学方法。

一个人有天才，自然能够使他的事业得到成功，然而有天才的人，却很少很少，天才不够的人，如果能用功，有方法的训练，虽然不敢说能够赶得上天才一样的成就大，而代替天才一部分，却是可以说的，至于那些各种科学上的大伟人，那差不多天才与功力相并相辅，是千万人中之一人。

现在说到本题，治学，第一步，我们所需要的是工具，种田要种田的工具，做工要做工的工具，打仗要有武器，也是工具。先要把工具弄好，才能开步走。治学最重要的工具就是自己的能力，基本能力，本国的语言文字，我们可以得到本国所有的东西，外国的语言文字，我们可以从中得到外国的智识，得到过去所积聚下来的东西，完全要靠这一方面。其次就是基本知识，从中学到大学，给了我们的都是这东西，这是一把总的钥匙，尽管我们不熟练于证一个几何三角，尽管我们不能知道物理化学各个细则，但是我们要在必须应用到的时候能够拿来用，能够对这些有理解。再其次就是设备，无论是卖田卖地卖首饰，我们总要把最基本的设备齐全，一些应用的辞典，表册，目录，是必需的，同时，治学的人差不多是穷士居多，很多的书不能都买全，所以就要知道我们周围的，代替我们设备的有些什么，比如北平的图书馆。那里边有些什么书能够被我们所应用，比方说，协和医校制备些什么专门的书籍，以及某家藏有某种不轻易得到的秘典，某处有着某种我所需要的设备，这些，我们都要看清楚。

第二步就是习惯的养成，这可以分四点来讲：第一是不要懒，无论是做工也好，种田也好，都不要懒，懒是最要不得的，学问更其如此，多用眼，不要拿人家的眼当自己的眼，多用手，耳，甚至多用自己的脚，在需要的时候，就要自己去跑一趟，必须用自己的眼看过，自己的耳听过，自己的手摸过，甚至自己的脚走到过，这样才能称是自己的东西，才真是自己得来的。如果你要懒，那就要大懒，不要小懒，那意思就是要一劳永逸，比如说我实在懒得不得了，字典又是这样的不好查，那我就自己去作一部字典出来，那以后就可以贯彻你的懒，字典拿起来，一翻就翻着，有种种的发明的人，不是大不懒就是大懒，比方说佛教是什么，你必须自己去翻过书，比方说我今天要跑到这里来讲讲辩证法是什么，那你一定用过眼，手，脚。把问题弄清楚，作提要作札记，这样，即使你是错误的，这是你的，不是别人的。第二是不苟且，上海人所谓不拆烂污，我们要一个不放过，一句不放过，一点一画不放过。在数学上一个"0"不放过，光是会用手，用脚，那是毛手毛脚没有用，勤要勤得好不要勤得没有用，如果我有权能够命令诸位一定读那本书，我就要诸位读巴斯德传，他就是不苟且，他就是注意极小极小百万分千万分之一的东西，一坛酒坏了，巴斯德找出了原因是一点点小的霉菌的侵入，一次，蚕忽然都得了病差不多就损失到两万万法郎，那原因就是在于一点点的百万分千万分之一的一个小黄点，那是要显微镜才能看得出来的，后来找着了病，又费了几年之力，找着了它的治法，那就是蚕吐了丝之后，变蛹，变蛾，然后蛾再生卵，就用这个蛾钉起来，弄干，拿显微镜照，如果蛾的身上发现了那种极小极小的黄点，那这个蛾所产的卵都把它烧了，就用了这个方法，省去了无数的不必需的损失，这就是一点不放过，一点不放过才能找出病源，这是真确，这是细腻。第三点就是不要轻于相信，要怀疑，要怀疑书，要怀疑人，要怀疑自己，不要轻于相信人家，"先小人而后君子"，所谓"三个不相信出个大圣人"，我对这话非常佩服，所谓"打破砂锅问到底"，就是告诉

胡适

我们要怀疑，不要太迷信了自己的手眼，要相信比我们手眼精确到一百万倍一千万倍的显微镜望远镜，不要相信蔡元培，或者相信一个胡适之，无论有怎样大的名望的人，也许有错。为什么人家说六月六洗澡特别好，当铺里也要在六月六晒衣服，为什么？我们不要轻易相信有许多在我们脑子里的知识，许多小孩子时代由母亲哥哥姐姐，甚至老妈子洋车夫告诉我们的，或者是学堂里的老师，阿毛阿狗告诉你的不一定对，王妈李妈也不一定对，周老师陈老师说的话也许有错，我们说"拿证据来"！鬼，我们自然不相信了，但是许多可信程度与鬼差不多的，我们还在相信，这不好。"三个不相信，出个大圣人"！这是谦卑，自以为满足了，那就不需要了，也就没有进步了，我们要有无穷尽的求知欲，要有无穷尽的虚，什么是虚？就是有空的地方，让新的东西进去。综上所说，习惯养成的大概就是如此。要有了习惯的养成，才能去做学问。

我们普遍都知道的有什么归纳法，演绎法，归纳是靠现成的材料把它集合起来，而演绎法则是由具体的事物推测到新的结果，打个比方，今天我们在协和大礼堂讲演，就拿本地风光治病来说，某病用某药，某病用某药，都是清清楚楚，但为什么这就是猩红热，而不是虎列拉，不是疟疾，那就是因为我们知道猩红热有某种某种症状归纳起来得出的结论，同时我们如果知道病理生理那我们就可以知道某部分损害了，就可以得出某种结果，就可以经旧的智识里得出新的结论，要做到这步必须要有广博的智识。古人说，开卷有益，古人留下来的一些现成东西我们为什么不去求？不仅是自己本行内的知识要去求，即使不与本行相反的也要去求，王荆公说："致其知而后识。"所以要博。墨子老子的书，从前有些不能懂，到了嘉庆年间算学的传入知道里边也有算学，随后光学力学传入，再以后逻辑学经济学传入，才知道墨子里边也有光学，也有力学，以及逻辑学经济学，越是知道得多，了解一个事物一个问题越深，头脑简单的人，拿起一个问题越好解决，比方说社会不好，那干脆来个革命，容易得很，等到知道得多一点，他解决的方法也就来得精密。巴斯德，他是学有机化学，发明霉菌，研究得深了，那这一学问就牵涉到一切的学问上去，和生理学地质学等都可以发生关系，因为他博，所以蚕病了他可以治，酒酸了或者醋不酸了，他也可以治，其实他并没有研究过蚕酒学，动物学家也许不能治他却能治。据说牛顿发明"万有引力"，是因为见到苹果掉在地上，我们也都看见过苹果落在地上，可是我们就没有发明"万有引力"。巴斯德说过（讲学问我总喜欢说到巴斯德）："在考察研究范围之内，机会，帮助有准备的心。"牛顿的心是有准备的，我们则没有准备。从前我看威尔斯的《世界史纲》，觉得内容太博，这里一个定理，那里一个证明，抓来就能应用，真是左右逢源，俯拾即是。其次，我们就要追求问题，一些有创造有发明的人，都是从追求问题而来。如果诸位说先生不给问题，你们要打倒先生，学校里没有书设备给你们解决问题，要打倒学校，这是千对万对，我是非常赞成，就是因为追求问题是千对万对。我举一个例，有一天我上庐山，领了一个小孩，那小孩有七八岁。当时我带了一副骨牌，三十二张的骨牌，预备过五关消遣，那小孩就拿骨牌在那里接龙，他告诉我把三十二牌接起来，一定一头是二，一头是五。我问他试过几回吗，他说试过几回。我一试，居然也如此。这就是能提出问题。宇宙间的问题，多得很，只要能出问题，终究就能得到结果，自然骨牌的问题是很好解决，就是牌里面只有二头与五头是单数，其他都是双数，问题发生，就得到新的发现，新的智识。有一次我给学生考逻辑学，我说，我只考你们一个问题，把过去你们以自己的经验解决了问题的一件事告诉我，其中一个答得很有意思。他晚上看小说，煤油灯忽然灭了，但是灯里面还有油，原因是灯带短吸不起油，这怎么办呢，小说不能看完，如果灯底下放两个铜子垫起来，煤油也仍是不会上来的，他后来忽然想起从先学校里讲过煤油比水轻，所以他就在里边灌上水，油跑到上面，灯带吸着油，小说就看完了。这都是从实际里提出问题得到新的学问，所以无论是学工业，学农业，学经济，第一就是提出问题，第二就是提出许多假定的解决，第三就是提出假定解决人（甲、乙、丙），最后求得证实，如果你不能从旧的里面得出新的东西来，以前所学即是无用，所谓"养兵千日用在一朝"，就如我说煤油灯这一个故事。

最后还要说一点，书本子的路，我现在觉得是走不通了，那只能给少数的人，作文学，作历史用的，我们现在所缺的，是动手，报纸上宣传着学校里要取消文科法科，那不过是纸上谈兵，事实上办不到，如果能够办到，我是非常赞成，我们宁可能够打钉打铁，目不识丁，不要紧，只是在书堆里钻，在纸堆里钻，就只能作作像。我胡适之这样的考据家，一点用没有。中国学问并不是比外国人差，其实也很精密，可是中国的顾亭林等学者在那里考证音韵，为了考证古时这个字，读这个音不是读那个音，不惜举上一百六七十个例！可是外国牛顿，他们都在注意苹果掉地，在发明望远镜，显微镜，看天看地，看大看到无穷，看小也看到无穷，能和宇宙间的事物混作一片，那才是做学问的真方法。

到这里差不多讲完了，在上面我举了培根所说的三个畜生，这里我再加上一对畜生，来比方治学的方法，你们都知道龟兔赛跑的故事，兔子虽然有天才，却不能像乌龟那样拼命地爬，所以达到目的的是乌龟而不是兔子。治学的方法也是如此，宁可我们没有天才拼命地努力，不可自恃天才去睡一大觉，宁可我们作乌龟，却不可去当兔子，所以我们的口号是："兔子学不得，乌龟可学也！"自然最好是能够龟兔合而为一。

我们今日还不配读经

（原载于 1935 年 4 月 14 日《独立评论》第 146 号）

　　傅孟真先生昨天在《大公报》上发表星期论文，讨论学校读经的问题。我们得到了他的同意，转载在这一期《独立》第一四六号里。他这篇文章的一部分是提倡读经的诸公所能了解（虽然不肯接受）的。但是其中最精确的一段，我们可以预料提倡读经的文武诸公决不会了解的。那一段是：

　　经过明末以来朴学之进步，我们今日应该充分感觉六经之难读。汉儒之师说既不可恃，宋儒的臆想又不可凭，在今日只有妄人才敢说诗书全能了解。有声音文字训诂学训练的人是深知"多闻阙疑"，"不知为不知"之重要性的。那么，今日学校读经，无异于拿些教师自己半懂不懂的东西给学生。……六经虽在专门家手里也是半懂不懂的东西，一旦拿来给儿童，教者不是混混混过，便要自欺欺人。这样的效用，究竟是有益于儿童的理智呢，或是他们的人格？

　　孟真先生这段话，无一字不是事实。只可惜这番话是很少人能懂的。今日提倡读经的人们，梦里也没有想到五经至今还只是一半懂得一半不懂得的东西。这也难怪，毛公、郑玄以下，说《诗》的人谁肯说《诗》三百篇有一半不可懂？王弼、韩康伯以下，说《易》的人谁肯说《周易》有一大半不可懂？郑玄、马融、王肃以下，说《书》的人谁肯说《尚书》有一半不可懂？古人且不谈，三百年中的经学家，陈奂、胡承珙、马瑞辰等人的《毛诗》学，王鸣盛、孙星衍、段玉裁、江声、皮锡瑞、王先谦诸人的《尚书》学，蕉循、江藩、张惠言诸人的《易》学，又何尝肯老实承认这些古经他们只懂得一半？所以孟真先生说的"六经虽在专门家手里也是半懂不懂的东西"，这句话只是最近二三十年中的极少数专门家的见解，只是那极少数的"有声音文字训诂学训练的人"的见解。这种见解，不但陈济棠、何键诸公不曾梦见，就是一般文人也未必肯相信。

所以我们今日正应该教育一般提倡读经的人们，教他们明白这一点。这种见解可以说是最新的经学，最新的治经方法。始创于新经学的大师是王国维先生。虽然高邮王氏父子在一百多年前早已走上这条新经学的路了。王国维先生说：

《诗》《书》为人人诵习之书，然于六艺中最难读。以弟之愚暗，于《书》所不能解者殆十之五；于《诗》，亦十之一二。此非独弟所不能解也，汉魏以来诸大师未尝不强为之说，然其说终不可通。以是知先儒亦不能解也。（《观堂集林》卷一，《与友人论诗书中成语书》）

这是新经学开宗明义的宣言，说话的人是近代一个学问最博而方法最缜密的大师，所以说的话最有分寸，最有斤量。科学的起点在于求知，而求知的动机必须出于诚恳地承认自己知识的缺乏。古经学所以不曾走上科学的路，完全由于汉魏以来诸大师都不肯承认古经的难懂，都要"强为之说"。南宋以后，人人认朱子、蔡沈的《集注》为集古今大成的定论，所以经学更荒芜了。顾炎武以下，少数学者走上了声音文字训诂的道路，稍稍能补救宋明经学的臆解的空疏。然而他们也还不肯公然承认他们只能懂得古经的一部分，他们往往不肯抛弃注释全经的野心。浅识的人，在一个过度迷信清代朴学的空气里，也就纷纷道听途说，以为经过了三百年清儒的整理，五经应该可以没有疑问了。谁料到这三百年的末了，王国维先生公忽然开揭穿了这张黑幕，老实地承认，《诗经》他不懂的有十之一二，《尚书》他不懂的有十之五。王国维尚且如此说，我们不可以请今日妄谈读经的诸公细细想想吗？

何以古经这样难懂呢？王国维先生说：

其难解之故有三：讹阙，一也（此以《尚书》为甚）。古语与今语不同，二也。古人颇用成语，其成语之意义与其中单语分别之意义又不同，三也。

唐宋之成语，吾得由汉魏六朝人书解之；汉魏之成语，吾得由周人秦人书解之。至于《诗》《书》，则书更无古于是者。其成语之数数见者，得比较之而求其相沿之意义。否则不能赞一辞。若但合其中之单语解之，未有不龃龉者。（同上书）

王国维说的三点，第一是底本，第二是训诂，第三还是训诂。其实古经的难懂，不仅是单字，不仅是成语，还有更重要的文法问题。前人说经，都不注意古文语法，但就字面做训诂，所以处处"强为之说"，而不能满人意。王念孙、王引之父子的《经传释词》，用比较归纳的方法，指出许多前人误认的字是"词"（虚字），这是一大进步。但他们没有文法学的术语可用，只能用"词""语词""助词""语已词"一类笼统的名词，所以他们的最大努力还不能使读者明了那些做古文字的脉络条理的"词"在文法上的意义和作用。况且他们用的比较的材料绝大部分还是古书的文字，他们用的铜器文字是绝少的。这些缺陷，现代的学者刚刚开始弥补：文法学的知识，从《马氏文通》以来，因为有了别国文法作参考，当然大进步了；铜器文字的研究，在最近几十年中，已有了长足的进展；甲骨文字的认识又使古经的研究添出了不少的比较的材料。所以今日可说是新经学的开始时期。路子有了，方向好像也对了，方法好像更精细了，只是工作刚开始，成绩还说不上。离那了解古经的时期，还很远哩！

正因为今日的工具和方法都比前人稍进步了，我们今日对于古经的了解的估计，也许比王国维先生的估计还要更小心一点，更谦卑一点。王先生说他对《诗经》不懂的有十之一二，对《尚书》有十之五。我们在今日，严格地估计，恐怕还不能有他那样的乐观。《尚书》在今日，我们恐怕还不敢说懂得了十之五。《诗经》的不懂部分，一定不止十之一二，恐怕要加到十之三四吧。这并不是因为我们比前人更笨，只是因为我们今日的标准更严格了。试举几个例子来做说明：

（1）《大诰》开篇就说：

　　王若曰，猷大诰尔多邦。

《微子之命》开篇也说：

　　王若曰，猷殷王元子。

《多方》开篇也说：

　　周公曰，王若曰，猷告尔四国多方。

这个"猷"字，古训做"道"，清代学者也无异说。但我们在今日就不能这样轻轻放过他了。

（2）又如"弗""不"两个字，古人多不曾注意到它们的异同；但中央研究院的丁树声先生却寻出了很多的证据，写了两万多字的长文，证明这两个否定词在文法上有很大的区别。"弗"字是"不之"两字的联合省文。在汉以前这两字是从不乱用的。

（3）又如《诗》《书》里常用的"诞"字，古训作"大"，固是荒谬；世俗用作"诞生"解，固是更荒谬；然而王引之《经传释词》里解做"发语词"，也还不能叫人明白这个字的文法作用。燕京大学的吴世昌先生释"诞"为"当"，然后我们懂得"诞弥厥月"就是当怀胎足月之时；"诞寘之陌巷""诞寘之平林"就是当把他放在陌巷平林之时。这样说去，才可以算是认得这个字了。

（4）又如《诗经》里常用的"于以"二字：

　　于以采苹，南涧之滨。

　　于以采藻，于彼行潦。

　　于以采蘩，于沼于沚。

　　于以用之，公侯之事。

于以求之，于林之下。

"于以"二字，谁不认得？然而清华大学的杨树达先生指出这个"以"字应解作"何"字，就是"今王其如台"的"台"字。这样一来，我们只消在上半句加个疑问符号（？），如下例：

于以求之，于林之下。

于以采蘩，于沼于沚。

这样说经，才可算是"涣然冰释，怡然顺理"了。

我举的例子，都是新经学提出的小小问题，都是前人说经时所忽略的，所认为不需诂释的。至于近二三十年中新经学提出的大问题和他们的新解决，那都不是这篇短文里说得明白的，我们姑且不谈。

总而言之，古代的经典今日正开始受科学的整理的时期，孟真先生说的"六经虽在专门家手中也是半懂不懂的东西"，真是最确当的估计。《诗》《书》《易》《仪礼》，固然有十之五是不能懂的，《春秋三传》也都有从头整理研究的必要；就是《论语》《孟子》也至少有十之一二是必须经过新经学的整理的。最近一二十年中，学校废止了读经的功课，使得经书的讲授脱离了村学究的胡说，渐渐归到专门学者的手里，这是使经学走上科学的路的最重要的条件。二三十年后，新经学的成绩积聚得多了，也许可以稍稍减低那不可懂的部分，也许可以使几部重要的经典都翻译成人人可解的白话，充作一般成人的读物。

在今日妄谈读经，或提倡中小学读经，都是无知之谈，不值得通人的一笑。

胡
适

谈谈《诗经》

（选自顾颉刚编著《古史辨》第 3 册，

上海书店 1931 年 11 月初版）

这是民国十四年九月在武昌大学讲演的大意，曾经刘大杰君笔记，登在《艺林旬刊》（《晨报副刊》之一）第二十期发表；又收在艺林社《文学论集》。笔记颇有许多大错误。现在我修改了一遍，送给顾颉刚先生发表在《古史辨》里。

一九三一年九月十一日

《诗经》在中国文学上的位置，谁也知道，它是世界上最古的有价值的文学的一部，这是全世界公认的。

《诗经》有十三国的国风，只没有《楚风》。在表面上看来，湖北这个地方，在《诗经》里，似乎不能占一个位置。但近来一般学者的主张，《诗经》里面是有《楚风》的，不过没有把它叫做《楚风》，叫它做《周南》《召南》罢了。所以我们可以说：《周南》《召南》就是《诗经》里面的《楚风》。

我们说《周南》《召南》就是《楚风》，这有什么证据呢？这是有证据的。我们试看看《周南》《召南》，就可以找着许多提及江水、汉水、汝水的地方。像"汉之广矣""江之永矣""遵彼汝坟"这类的句子，想大家都是记得的。汉水、江水、汝水流域不是后来所谓"楚"的疆域吗？所以我们可以说《周南》《召南》大半是《诗经》里面的《楚风》了。

《诗经》既有《楚风》，我们在这里谈《诗经》，也就是欣赏"本地风光"。

我觉得用新的科学方法来研究古代的东西，确能得着很有趣味的效果。一字的古音，一字的古义，都应该拿正当的方法去研究的。在今日研究古书，方法最要紧；同样的方法可以收获同样的效果。我今天讲《诗经》，也是贡献一点我个人研究古书的方法。在我未讲研究《诗经》的方法以前，先讲讲对于《诗经》的几个基本概念。

（一）《诗经》不是一部经典。从前的人把这部《诗经》都看得非常神圣，说它是一部经典，我们现在要打破这个观念；假如这个观念不能打破，《诗经》简直可以不研究了。因为《诗经》并不是一部圣经，确实是一部古代歌谣的总集，可以做社会史的材料，可以做政治史的材料，可以做文化史的材料。万不可说它是一部神圣经典。

（二）孔子并没有删《诗》，"诗三百篇"本是一个成语。从前的人都说孔子删《诗》《书》，说孔子把《诗经》删去十分之九，只留下十分之一。照这样看起来，原有的诗应该是三千首。这个话是不对的。唐朝的孔颖达也说孔子的删《诗》是一件不可靠的事体。假如原有三千首诗，真的删去了二千七百首，那在《左传》及其他的古书里面所引的诗应该有许多是三百篇以外的，但是古书里面所引的诗不是三百篇以内的虽说有几首，却少得非常。大概前人说孔子删《诗》的话是不可相信的了。

（三）《诗经》不是一个时代辑成的。《诗经》里面的诗是慢慢地收集起来，成现在这样的一本集子。最古的是《周颂》，次古的是《大雅》，再迟一点的是《小雅》，最迟的就是《商颂》《鲁颂》《国风》了。《大雅》《小雅》里有一部分是当时的卿大夫作的，有几首并有作者的主名；《大雅》收集在前，《小雅》收集在后。《国风》是各地散传的歌谣，由古人收集起来的。这些歌谣产生的时候大概很古，但收集的时候却很晚了。我们研究《诗经》里面的文法和内容，可以说《诗经》里面包含的时期约在六七百年的上下。所以我们应该知道，《诗经》不是那一个人辑的，也不是那一个人作的。

胡适

（四）《诗经》的解释。《诗经》到了汉朝，真变成了一部经典。《诗经》里面描写的那些男女恋爱的事体，在那班道学先生看起来，似乎不大雅观，于是对于这些自然的有生命的文学不得不另加种种附会的解释。所以汉朝的齐鲁韩三家对于《诗经》都加上许多的附会，讲得非常的神秘。明是一首男女的恋歌，他们故意说是歌颂谁，讽刺谁的。《诗经》到了这个时代，简直变成了一部神圣的经典了。这种事情，中外大概都是相同的，像那本《旧约全书》的里面，也含有许多的诗歌和男女恋爱的故事，但在欧洲中古时代也曾被教会的学者加上许多迂腐穿凿的解说，使它们不违背中古神学。后起的《毛诗》对于《诗经》的解释又把从前的都推翻了，另找了一些历史上的——《左传》里面的事情——证据，来做一种新的解释。《毛诗》研究《诗经》的见解比齐鲁韩三家确实是要高明一点，所以《毛诗》渐渐打倒了三家诗，成为独霸的权威。我们现在读的还是《毛诗》。到了东汉，郑康成读《诗》的见解比毛公又要高明。所以到了唐朝，大凡研究《诗经》的人都是拿《毛传》《郑笺》做底子。到了宋朝，出了郑樵和朱子，他们研究《诗经》，又打破毛公的附会，由他们自己作解释。他们这种态度，比唐朝又不同一点，另外成了一种宋代说《诗》的风气。清朝讲学的人都是崇拜汉学，反对宋学的，他们对于考据训诂是有特别的研究，但是没有什么特殊的见解。他们以为宋学是不及汉学的，因为汉在一千七八百年以前，宋只在七八百年以前。殊不知汉人的思想比宋人的确要迂腐得多呢！但在那个时候研究《诗经》的人，确实出了几个比汉宋都要高明的，如著《诗经通论》的姚际恒，著《读风偶识》的崔述，著《诗经原始》的方玉润，他们都大胆地推翻汉宋的腐旧的见解，研究《诗经》里面的字句和内容。照这样看起来，二千年来《诗经》的研究确实是一代比一代进步的了。

《诗经》的研究，虽说是进步的，但是都不彻底，大半是推翻这部，附会那部；推翻那部，附会这部。我看对于《诗经》的研究想要彻底的改革，恐怕还在我们呢！我们应该拿起我们的新的眼光，好的方法，多的材料，去大胆地细心地研究；我相信我们研究的效果比前人又可圆满一点了。这是我们应取的态度，也是我们应尽的责任。

上面把我对于《诗经》的概念说了一个大概，现在要谈到《诗经》的具体研究了。研究《诗经》大约不外下面这两条路：

第一，训诂。用小心的精密的科学的方法，来做一种新的训诂工夫，对于《诗经》的文字和文法上都重新下注解。

第二，解题。大胆地推翻二千年来积累下来的附会的见解；完全用社会学的，历史的，文学的眼光重新给每一首诗下个解释。

所以我们研究《诗经》，关于一句一字，都要用小心的科学的方法去研究；关于一首诗的用意，要大胆地推翻前人的附会，自己有一种新的见解。

现在让我先讲了方法，再来讲到训诂罢。

清朝的学者最注意训诂，如戴震、胡承珙、陈奂、马瑞辰等等，凡他们关于《诗经》的训诂著作，我们都应该看的。戴震有两个高足弟子，一是金坛段玉裁，一是高邮王念孙及其子引之，都有很重要的著作，可为我们参考的。如段注《说文解字》，念孙所作《读书杂志》《广雅疏证》等；尤其是引之所作的《经义述闻》《经传释词》，对于《诗经》更有很深的见解，方法亦比较要算周密得多。

前人研究《诗经》都不讲文法，说来说去，终得不着一个切实而明了地解释，并且越讲越把本义搅昏昧了。清代的学者，对于文法就晓得用比较归纳的方法来研究。

如"终风且暴"，前人注是——终风，终日风也。但清代王念孙父子把"终风且暴"来比较"终温且惠"，"终窭且贫"，就可知"终"字应当作"既"字解。有了这一个方法，自然我们无论碰到何种困难地方，只要把它归纳比较起来，就一目了然了。

《诗经》中常用的"言"字是很难解的。汉人解作"我"字,自是不通的。王念孙父子知道"言"字是语词,却也说不出它的文法作用来。我也曾应用这个比较归纳的方法,把《诗经》中含有"言"字的句子抄集起来,便知"言"字究竟是如何的用法了。

我们试看:

彤弓弨兮,受言藏之。

驾言出游。

陟彼南山,言采其蕨。

这些案例里,"言"字皆用在两个动词之间。"受而藏之","驾而出游"……岂不很明白清楚? (看我的《诗三百篇言字解》,十三版《胡适文存》页335—340)苏东坡有一首"日日出东门"诗,上文说"步寻东城游",下文又说"驾言写我忧"。他错看了《诗经》"驾言出游,以写我忧"的"驾言"二字,以为"驾言"只是一种语助词。所以章子厚笑他说:"前步而后驾,何其上下纷纷也!"

上面是把虚字当作代名词的。再有把地名当作动词的,如"胥"本来是一个地名。古人解为"胥,相也"。这也是错了。我且举几个例来证明。《大雅·笃公刘》一篇有"于胥斯原"一句,《毛传》说:"胥,相也。"《郑笺》说:"相此原地以居民。"但我们细看此诗共分三大段,写公刘经营的三个地方,三个地方的写法是一致的:

(1)于胥斯原。

(2)于京斯依。

(3)于豳斯馆。

我们比较这三句的文法,就可以明白,"胥"是一个地方的名称,假使有今日的标点符号,只要打一个"——"儿就明白了。《绵》篇中说太王"爰及姜女,聿来胥宇",也是这个地方。

还有那个"于"字在《诗经》里面，更是一个很发生问题的东西。汉人也把它解错了，他们解释为"于，往也"。例如《周南·桃夭》的"之子于归"，他们误解为"之子往归"。这样一解，已经太牵强了，但还勉强解得过去；若把它和别的句子比较起来解释，如《周南·葛覃》的"黄鸟于飞"解为"黄鸟往飞"，《大雅·卷阿》的"凤凰于飞"解为"凤凰往飞"，《邶风·燕燕》的"燕燕于飞"解为"燕燕往飞"，这不是不通吗？那么，究竟要怎样解释才对呢？我可以说，"于"字等于"焉"字，作"于是"解。"焉"字用在内动词的后面，作"于是"解，这是人人可懂的。但在上古文法里，这种文法是倒装的。"归焉"成了"于归"；"飞焉"成了"于飞"。"黄鸟于飞"解为"黄鸟在那儿飞"，"凤凰于飞"解为"凤凰在那儿飞"，"燕燕于飞"解为"燕燕在那儿飞"，这样一解就可通了。

　　我们谁都认得"以"字。但这"以"字也有问题。如《召南·采蘩》说：

　　于以采蘩？于沼于沚。于以用之？公侯之事。

　　于以采蘩？于涧之中。于以用之？公侯之宫。

　　这些句法明明是上一句问，下一句答。"于以"即是"在哪儿"？"以"字等于"何"字。（这个"以"字解为"那儿"？我的朋友杨遇夫先生有详说。）

　　在那儿采蘩呢？在沼在沚。又在那儿用呢？用在公侯之事。

　　在那儿采蘩呢？在涧之中。又在那儿用呢？用在公侯之宫。

　　像这样解释的时候，谁也说是通顺的了。又如《邶风·击鼓》"于以求之？于林之下"，解为"在那儿去求呢？在林之下"。所以"于以求之"的下面，只要标一个问号（？），就一目了然了。

　　《诗经》中的"维"字，也很费解。这个"维"字，在《诗经》里面约有二百多个。从前的人都把它解错了。我觉得这个"维"字有好几种用法。最普通的一种是应作"呵，呀"的感叹词解。老子《道德经》也说："唯之与阿，相去几何？"可见"唯""维"本来与"阿"相近。如《召南·鹊巢》的：

维鹊有巢，维鸠居之。维鹊有巢，维鸠方之。

若拿"呵"字来解释这一个"维"字，那就是"呵，鹊有巢！呵，鸠去住了"！此外的例，如"维此文王"即是"呵，这文王"！"维此王季"即是"呵，这王季"！你们记得人家读祭文，开首总是"维，中华民国十有四年"。"维"字应顿一顿，解作"呵"字。

我希望大家对于《诗经》的文法细心地做一番精密的研究，要一字一句地把它归纳和比较起来，才能领略《诗经》里面真正的意义。清朝的学者费了不少的时间，终究得不着圆满的结果，也就是因为他们缺少文法上的知识和虚字的研究。

上面已把研究《诗经》训诂的方法约略谈过，现在要谈到《诗经》每首诗的用意如何，应怎样解释才对，便到第二条路所谓解题了。

这一部《诗经》已经被前人闹得乌烟瘴气，莫名其妙了。诗是人的性情的自然表现，心有所感，要怎样写就怎样写，所谓"诗言志"是。《诗经·国风》多是男女感情的描写，一般经学家多把这种普遍真挚的作品勉强拿来安到什么文王武王的历史上去；一部活泼泼的文学因为他们这种牵强的解释，便把它的真意完全失掉，这是很可痛惜的！譬如《郑风》二十一篇，有四分之三是爱情诗，《毛诗》却认为《郑风》与男女问题有关的诗只有五六篇，如《鸡鸣》《野有蔓草》等。说来倒是我的同乡朱子高明多了，他已认《郑风》多是男女相悦淫奔的诗，但他亦多荒谬。《关雎》明明是男性思恋女性不得的诗，他却在《诗集传》里说什么"文王生有圣德，又得圣女姒氏以为之配"，把这首情感真挚的诗解释得简直不成样了。

好多人说《关雎》是新婚诗，亦不对。《关雎》完全是一首求爱诗，他求之不得，便寤寐思服，辗转反侧，这是描写他的相思苦情；他用了种种勾引女子的手段，友以琴瑟，乐以钟鼓，这完全是初民时代的社会风俗，并没有什么稀奇。意大利、西班牙有几个地方，至今男子在女子的窗下弹琴唱歌，取欢于女子。至今中国的苗民还保存这种风俗。

《野有死麕》的诗，也同样是男子勾引女子的诗。初民社会的女子多欢喜男子有力能打野兽，故第一章："野有死麕，白茅包之。"写出男子打死野麕，包以献女子的情形。"有女怀春，吉士诱之。"便写出他的用意了。此种求婚献野兽的风俗，至今有许多地方的蛮族还保存着。

《嘒彼小星》一诗，好像是写妓女生活的最古记载。我们试看《老残游记》，可见黄河流域的妓女送铺盖上店陪客人的情形。再看原文：

嘒彼小星，三五在东。肃肃宵征，夙夜在公。实命不同。

嘒彼小星，维参与昴。肃肃宵征，抱衾与裯。实命不犹。

我们看她抱衾裯以宵征，就可知道她的职业生活了。

《芣苢》诗没有多深的意思，是一首民歌，我们读了可以想见一群女子，当着光天丽日之下，在旷野中采芣苢，一边采，一边歌。看原文：

采采芣苢，薄言采之。采采芣苢，薄言有之。

采采芣苢，薄言掇之。采采芣苢，薄言将之。

采采芣苢，薄言袺之。采采芣苢，薄言襭之。

《著》诗，是一个新婚女子出来的时候叫男子暂候，看看她自己装饰好了没有，显出了一种很艳丽细腻的情景。原文：

俟我于著乎而？充耳以素乎而？尚之以琼华乎而？

俟我于堂乎而？充耳以黄乎而？尚之以琼英乎而？

我们试曼声读这些诗，是何等情景？唐代朱庆馀上张水部有一首诗，妙有这种情致。诗云：

洞房昨夜停红烛，待晓堂前拜舅姑。

妆罢低声问夫婿，"画眉深浅入时无？"

你们想想，这两篇诗的情景是不是很相像。

总而言之，你要懂得《诗经》的文字和文法，必须要用归纳比较的方法。

胡适

你要懂得三百篇中每一首的题旨，必须撇开一切《毛传》《郑笺》《朱注》等等，自己去细细涵咏原文。但你必须多备一些参考比较的材料：你必须多研究民俗学、社会学、文学、史学。你的比较材料越多，你就会觉得《诗经》越有趣味了。

读《管子》

（原载于 1916 年 6 月《留美学生季报》夏季第 2 号）

其一

胡适曰：《管子》非管仲所作也。前人多疑其为战国时人所伪托者，其说散见诸书。今撮拾群言，辅以臆说，作《读〈管子〉》。

《管子·小称》篇记管仲将死之言，又记桓公之死，则书非仲所自作可知。仲之死在周襄王八年（前 644），而《形势解》篇称三王五伯，五伯最后死者楚庄（死于定王十六年，当前 591），其去仲之死已五十年矣。《小称》篇又称毛嫱西施。西施当吴之亡犹存。吴之亡在周元王四年（前 472），去仲之死，已百七十年。《七臣七主》篇称楚王好小腰，及吴王好剑。吴王盖阖庐，死于敬王二十四年（前 496），去仲之死，已百五十年。好细腰者乃楚灵王，死于景王十六年（前 529），去仲尼之死，亦已百余年矣。然则《管子》匪特非管仲所自作，亦非战国以前人所作也。

此说也，不独证之书中史事而信，即就书中学说言之，其证据乃益确凿不可摧陷。《立政》篇云："寝兵之说胜则险阻不守，兼爱之说胜则士卒不战"。弭兵之说，春秋时已有所闻，至于兼爱，则墨翟以前，未之闻也。且《立政九败解》篇说兼爱之旨曰："视天下之民如其民，视口（疑脱一其字）国如吾国，如是，则无并兼攘夺之心，无覆军败将之事。"此明引《墨子》之事矣（参观《墨子》兼爱诸篇）。又可知是书之作，在《墨子》以后也（《立政》篇又攻全生

胡适

之说。今按《立政九败解》说全生之道，乃大类杨朱之说。墨子之弟子有及见杨朱者，杨朱盖后于墨子云）。

书中《版法》《幼官》《轻重戊己》诸篇，皆阴阳家之言。《心术》《枢言》《九守》诸篇，论按实立名修名责实，则名家之言。其称法治曰："有法度之制者，不可巧以诈伪。有权衡之称者，不可欺以轻重。有寻丈之数者，不可差以长短。"此全袭慎子之言，而颠倒之，以欺人耳。其称以有刑至无刑，欲使法立而不用，刑设而不行，以臻不言之教，无为之治。此则纯然韩非所谓"道"也。盖周末学术至于韩非之时，而调和之势已成。韩非者，韩人，承申不害之余绪，又为儒家荀卿之弟子，而兼治老子、慎子之学，于是合儒、老、名、法而成一调和之道家。其时治此调和之学者，当不止韩非一人。著《管子》者，疑即其中一人（或数人），盖与韩非同时，或先后之。观本书篇目次第及行文体势，皆最近《吕览》《韩非子》，可知也。其书托于管仲，而其言则纯然道家之旨，故其书在《汉书·艺文志》列于道家。然其所谓"道"，固不同老子之所谓"道"，乃韩非之徒之所谓"道"，而亦司马谈之所谓"道"也。谈之言曰："道家使人精神专一，动合无形，瞻足万物。其为术也，因阴阳之大顺，采儒法之善，撮名法之要，与时推移，应物变化，立俗施事，无所不宜。"此《管子》之所以得列于道家欤！

其二

顷见梁任公先生所著《管子》（《中国六大政治家》之第一编）中有一节云：

《管子》一书，后儒多谓战国时人依托之言，非管仲自作。虽然，《牧民》《山高》《乘马》《轻重》《九府》，则史公故称焉！谓其著书世多有之，是故未尝以为伪（《管子》书中有记管子卒后事者，且有《管子解》若干篇，其非尽出管子手撰，无可疑者。度其中十之六七为原文，十之三四为后人增益，此则《墨子》亦然，不独《管子》矣）。且即非自作，而自彼卒后齐国遵其政者数百年，然则虽当时稷下诸生所讨论、所记载，其亦必衍管子绪余已耳！

胡适曰：梁先生盖持两说：一据《史记》之言，以证《管子》之非全出于后人之依托；一则假令《管子》非仲自作，亦必齐人衍管子绪余者所为。梁先生博学多识，素所钦仰。然此两说，则殊非下走所敢苟同。谨贡所疑，以质诸明达。

第一，鄙意《史记》之言，殊不可据为定论。即如《史记·庄周列传》，谓庄子作《渔父》《盗跖》《胠箧》。今此三篇之中，其《渔父》《盗跖》则自宋以来，久为注庄者所屏弃。《胠箧》一篇，文特畅健，后人多不敢斥为伪托；然篇中言田成子"十二世有齐国"。自田成子至王建凡十二世，而齐亡于秦（据《史记》则自田成子至王建仅得十世耳。今据纪年正之）。然则《胠箧》之篇，盖秦汉间人，掇拾老子唾余而作，无可疑也。今若以太史公尝见《管子》《牧民》诸篇，又谓其著书世多有之，而遂谓《管子》真为仲所自作，则太史公尝称庄周之《渔父》《盗跖》《胠箧》矣，岂可遽谓此三篇果庄子所作耶？

史公之时，去战国已远，藏书未尽出世，其已献之书，亦真伪互见。当时人士无历史观，不知别假于真，则囫囵受之，概谓之古书而已。太史公父子又非诸子学专家，子长之论述先秦学术，尤多肤浅之见。以墨家造诣之深，影响之大，而《史记》之传墨子仅寥寥二十四字而已，则其疏漏可知（鄙意太史公父子皆未见《墨子》之书，司马谈所称墨学，盖得之韩非耳食而已）。故《史记》之于先秦诸子，其所称引，间有文学之兴趣，而未足为考古者之根据也。

第二，至于以《管子》为齐稷下诸生衍管子绪余之作，则不独无所征信，亦悖于历史进化之迹已。盖学术思想之进化，自有一定不易之阶级可寻，绝无躐等之理。春秋战国时人，虽多称道管子霸业者，然绝无称述其学识者。则管子初不以学说著述称于世，而今所传《管子》之非春秋战国时人所尝见，可知也。《管子》书中之法治主义，乃周末数百年时势所造，思潮所趋，而绝非五霸时所能发生者也。此数百年间之政治学说，由老子之无为主义，一变而为孔子之正名主义，再变而为墨子之尚同主义，三变乃入刑名主义与势治主义、礼治主义三家鼎峙之时代。其后墨学日衰，逮夫战国末年，仅儒、道两家，中分中国。儒家言礼治。礼治者，周旋于人治、法治之间，故其言曰"徒善不足以为政，徒法不能以自行"。道家则专言法治。法治者，无为主义之少子也。其说兼采刑名及势治两说之长，而其最后之期望，意中之郅治，乃在不言之教，无为之治。王荆公曰："无之所以为车用者，以其有毂辐也（老子曰：三十辐，共一毂，当其无，有车之用。无谓空虚之处）。无之所以为天下用者，以有礼乐刑政也。如其废毂辐于车，废礼乐刑政于天下，而坐求其无之为用也，则亦近于愚矣。"（《老子论》）荆公之论，精辟无伦（晋人裴顾《崇有论》亦洞见此旨，其说见《资治通鉴》八十三卷）。盖周末学者深知无为之治非可以无为致之，故《管子》曰："以有刑至无刑者，其法易而民全。"又曰："法者，天下之仪也，所以决疑而明是非也，百姓所县命也，故明王慎之，不为亲戚故贵易其法，吏不敢以长官威严违其命，民不敢以珠玉重宝犯其禁，故法立而不用，刑设而不行也。"（《禁藏篇》）夫法立而不用，刑设而不行，则无为之治矣！然此学说之由来，非一朝一夕之故。子产作刑书也，晋叔向犹怪而讥之。然则任法以为政，在管仲死后百余年，贤如叔向，犹诧为创见；然谓法治之学说（"法治"与"法治主义"是截然两事，如古代巴比伦人，谓之有法之则可，谓之有法治学说则不可也），已昌明于管子生时，数百年后，稷下诸生衍其"余绪"，犹可成《管子》之书，此岂非大昧于学术思想进化之迹者乎！

读《吕氏春秋》

（选自《胡适文存三集》卷三，上海亚东图书馆 1921 年版）

一、《吕氏春秋》的贵生主义

《吕氏春秋》是秦国丞相吕不韦的宾客所作。吕不韦本是阳翟的一个商人，用秦国的一个庶子作奇货，做着了一笔政治上的投机生意，遂做了十几年的丞相（前 249—前 237），封文信侯，食客三千人，家僮万人。《史记》说：

"是时诸侯多辩士，如荀卿之徒，著书布天下。吕不韦乃使其客人人著所闻，集论以为八览、六论、十二纪，二十余万言，以为备天地万物古今之事，号曰《吕氏春秋》（《史记》八十五）。"

吕不韦死于秦始皇十二年（前 235）。此书十二纪之末有《序意》一篇的残余，首称"维秦八年"（当纪元前 239 年）此可见成书的年代。

《吕氏春秋》虽是宾客合纂的书，然其中颇有特别注重的中心思想。组织虽不严密，条理虽不很分明，然而我们细读此书，不能不承认他代表一个有意综合的思想系统。《序意》篇说：

维秦八年，岁在涒滩，秋，甲子朔。朔之日，良人请问十二纪。文信侯（吕不韦）曰："尝得学黄帝之所以诲颛顼矣：'爰有大圜在上，大矩在下。汝能法之，为民父母'。盖闻古之清世，是法天地（大圜即天，大矩即地）。凡十二纪者，所以纪治乱存亡也，所以知寿夭吉凶也。上揆之天，下验之地，中审之人，若此则是非可不可无所遁矣。天曰顺，顺维

胡适

041

生。地曰固，固维宁。人曰信，信维听。三者咸当，无为而行。行也者，行其理也。行〔其〕数，循其礼，平其私。夫私视使目盲，私听使耳聋，私虑使心狂。三者皆私设精则智无由公。智不公则福日衰，灾日隆。……"

这是作书的大意。主旨在于"法天地"，要上揆度于天，下考验于地，中审察于人，然后是与非，可与不可，都不能逃遁了。分开来说，天曰顺，顺维生。地曰固，固维宁。人曰信，信维听。

第一是顺天，顺天之道在于贵生。第二是固地，固地之道在于安宁。第三是信人，信人之道在于听言。"三者咸当，无为而行。"无为而行，只是依着自然的条理，把私意小智平下去，这便是"行其数，循其理，平其私。"一部《吕氏春秋》只说这三大类的事：贵生之道，安宁之道，听言之道。他用这三大纲来总汇古代的思想。

法天地的观念是黄老一系的自然主义的主要思想（这时代有许多假托古人的书，自然主义一派的人因为儒墨都称道尧舜，尧舜成了滥调了，故他们造出尧舜以前的黄帝的书来。故这一系的思想又称为"黄老之学"）。而这个时代的自然主义一派思想，经过杨朱的为我主义，更趋向个人主义的一条路上去，故孟子在前四世纪末年说杨朱、墨翟之言盈天下，又说当时的三大系思想是杨、墨、儒三家。杨朱的书，如《列子》书中所收，虽在可信可疑之间，但当时的"为我主义"的盛行是绝无可疑的。我们即使不信《列子》的《杨朱篇》，至少可以从《吕氏春秋》里寻得无数材料来表现那个时代的个人主义的精义，因为这是《吕氏春秋》的中心思想。

《吕氏春秋》的第一纪的第一篇便是《本生》，第二篇便是《重己》；第二纪的第一篇便是《贵生》，第二篇便是《情欲》。这都是开宗明义的文字，提倡的是一种很健全的个人主义，叫做"贵生"主义，大体上即是杨朱的"贵己"主义。（《不二篇》说，"阳生贵己。"李善注《文选》引作"杨朱贵己"。是古本作"杨朱"，或"阳朱"）其大旨是：

圣人深虑天下，莫贵于生……尧以天下让于子州支父，子州支父对曰："以我为天子，犹可也。虽然，我适有幽忧之病，方将治之，未暇在天下也。"天下，重物也，而不以害其生，又况于他物乎？惟不以天下害其生也者，可以托天下。（《贵生》）倕，至巧也；人不爱倕之指而爱己之指，有之利故也。人不爱昆山之玉，江、汉之珠，而爱己之一苍璧小玑，有之利故也。今吾生之为我有而利我亦大矣！论其贵贱，爵为天子不足以比焉。论其轻重，富有天下不可以易之。论其安危，一曙失之，终身不复得。此三者，有道者之所慎也。（《重己》）

这就是"拔一毛而利天下，不为也"的本意。本意只是说天下莫贵于吾生，故不以天下害吾生。这是很纯粹的个人主义。《吕氏春秋》说此义最详细，如云：

身者，所为也。天下者，所以为也。审〔所为〕所以为，而轻重得矣。今有人于此，断首以易冠，杀身以易衣，世必惑之。是何也？冠所以饰首也，衣所以饰身也。杀所饰，要所以饰，则不知所为矣。世之走利，有似于此。危身伤生，刘颈断头以徇利，则亦不知所为也。……不以所以养害所养。……能尊生，虽富贵，不以养伤身；虽贫贱，不以利累形。今受其先人之爵禄，则必重失之。生之所自来者久矣，而轻失之，岂不惑哉？（《审为》）

凡圣人之动作也，必察其所以之，与其所以为。今有人于此，以随侯之珠弹千仞之雀，世必笑之。是何也？所用重，所要轻也。夫生岂特随侯珠之重也哉？（《贵生》）

以上都是"贵生"的根本思想。因为吾生比一切都重要，故不可不贵生，不可不贵己。

贵生之道是怎样呢？《重己》篇说：

凡生之长也，顺之也。使生不顺者，欲也。故圣人必先适欲（高诱注，适，节也）。

《情欲》篇说：

天生人而使有贪有欲。欲有情，情有节。圣人修节以止欲，故不过行其情也。故耳之欲五声，目之欲五色，口之欲五味，情也。此三者，贵贱愚智贤不肖欲之若一。虽神农、黄帝，其与桀、纣同。圣人之所以异者，得其情也。由"贵生"动，则得其情矣。不由"贵生"动，则失其情矣。此二者，死生存亡之本也。

怎么叫做"由贵生动"呢？

夫耳目鼻口，生之役也。耳虽欲声，目虽欲色，鼻虽欲芬香，口虽欲滋味，害于生则止。在四官者不欲，利于生者则弗为［止］。由此观之，耳目鼻口不得擅行，必有所制；譬之若官职，不得擅为，必有所制。此贵生之术也。（《贵生》）

这样尊重人生，这样把人生看作行为动作的标准，看作道德的原则，这真是这一派个人主义思想的最大特色。

贵生之术不是教人贪生怕死，也不是教人苟且偷生。《吕氏春秋》在这一点上说得最分明：

子华子（据《吕氏春秋·审为》篇，子华子是韩昭侯时人，约当前四世纪的中叶。昭侯在位年代为公元前 358 到前 333）曰："全生为上，亏生次之，死次之，迫生为下。"故所谓"尊生"者，全生之谓。所谓全生者，六欲皆得其宜也。所谓亏生者，六欲分得其宜也（分是一部分，故叫做亏。亏是不满）。亏生则于其尊之者薄矣。其亏弥甚者，其尊弥薄。所谓死者，无有所以知，复其未生也。所谓迫生者，六欲莫得其宜也，皆获其所甚恶者，服是也，辱是也（服字高诱训"行也"，是错的。服字如"服牛乘马"的服，在此有受人困辱羁勒之意）。辱莫大于不义，故不义，迫生也。而迫生非独不义也。故曰迫生不如死。奚以知其然也？耳闻所恶，不若无闻；目见所恶，不若无见。故雷则掩耳，电则掩目，此其比也。凡六欲皆知其所甚恶（《墨经》云，知，接也）而必不得免，不若无有所以知。无有所以知者，死之谓也。故迫生不如死。

　嗜肉者，非腐鼠之谓也。嗜酒者，非败酒之谓也。尊生者，非迫生之谓也。（《贵生》）

　正因为贵生，所以不愿迫生。贵生是因为生之可贵，如果生而不觉其可贵，只得其所甚恶，故不如死，孟轲所谓"所恶有甚于死者"正是此理。贵生之术本在使所欲皆得其宜，如果生而不得所欲，死而得其所安，那自然是生不如死了。《吕氏春秋》说：

　天下轻于身，而士以身为人。以身为人者如此其重也！（《不侵》）

　因为天下轻于一身，故以身为人死，或以身为一个理想死，才是真正看得起那一死。这才叫做一死重于泰山。岂但重于泰山，直是重于天下。故《吕氏春秋》又说：

　石可破也，而不可夺坚。丹可磨也，而不可夺朱。坚与朱，性之有也。性也者，所受于天也，非择取而为之也。豪士之自好者，其不可漫以污也，亦犹此也。……（此下引伯夷、叔齐饿死的事）……人之情莫不有重，莫不有轻。有所重则欲全之，有所轻则以养所重。伯夷、叔齐此二士者，皆出身弃生以立其意，轻重先定也。（《诚廉》）

　全生要在适性，全性即是全生。重在全性，故不惜杀身"以立其意"。老子曾说：

　故贵以身为天下，若（乃）可寄天下。爱以身为天下，若可托天下。

《吕氏春秋》解释此意道：

　惟不以天下害其生也者，可以托天下。

又说：

　天下轻于身，而士以身为人。以身为人者如此其重也！

明白了这种精神，我们才能了解这种贵生重己的个人主义。

儒家的"孝的宗教"虽不是个人主义的思想，但其中也带有一点贵生重己的色彩。孝的宗教教人尊重父母的遗体，要人全受全归，要人不敢毁伤身体发肤，要人不敢以父母之遗体行殆，这里也有一种全生贵己的意思。"大孝尊亲，其次弗辱"，这更有贵生的精神。推此精神，也可以养成"不降其志，不辱其身"的人格。所不同者，贵生的个人主义重在我自己，而儒家的孝道重在我身所自生的父母，两种思想的流弊大不同，而在这尊重自身的一点上确有联盟的可能。故《吕氏春秋》也很注重孝的宗教，《孝行览》一篇专论孝道，甚至于说：

夫执一术而百善至，百邪去，天下从者，其惟孝也。

这是十分推崇的话了。但他所引儒家论孝的话，都是全生重身的话，如曾子说的：

身者，父母之遗体也。行父母之遗体，敢不敬乎？居处不庄，非孝也。事君不忠，非孝也。莅官不敬，非孝也。朋友不笃，非孝也。战阵无勇，非孝也。五行不遂，灾及乎亲，敢不敬乎？

又如曾子"舟而不游，道而不径"的话；又如乐正子春下堂伤足的故事里的"父母全而生之，子全而归之，不亏其身，不损其形，可谓孝矣"的一段话，都可以算作贵生重己之说的别解。《孝行览》又说：

身也者，非其私有也，严亲之遗躬也。……父母既没，敬行其身，无遗父母恶名，可谓能终矣。

这正是一种变相的贵生重己主义。

二、《吕氏春秋》的政治思想

《吕氏春秋》的政治思想，根据于"法天地"的自然主义，充分发展贵生的思想，侧重人的情欲，建立一种爱利主义的政治哲学。此书开篇第一句话便是：

> 始生之者，天也。养成之者，人也。能养天之所生而勿撄之，谓之天子。天子之动也，以全天为故者也。此官之所自立也。立官者，以全生也。今世之惑主多官而反以害生，则失所为立之矣。譬之若修兵者，以备寇也。今修兵而反以自攻，则亦失所为修之矣。（《本生》）

政府的起源在于"全生"，在于利群。《恃君》篇说：

> 凡人之性，爪牙不足以自守卫，肌肤不足以捍寒暑，筋骨不足以从利辟害，勇敢不足以却猛禁悍，然且犹裁万物，制禽兽，服狡虫，寒暑燥湿弗能害，不唯先有其备而以群聚耶？群之可聚也，相与利之也。利之出于群也，君道立也。故君道立则利出于群，而人备可完矣。昔太古尝无君矣，其民聚生群处，知母不知父，无亲戚兄弟夫妻男女之别，无上下长幼之道，无进退揖让之礼，无衣服履带宫室蓄积之便，无器械舟车城郭险阻之备：此无君之患。……自上世以来，天下亡国多矣，而君道不废者，天下之利也。故废其非君而立其行君道者。

这里可以看出《吕氏春秋》的个人主义在政治上并不主张无政府。政府之设是为一群之利的，所以说：

> 置君非以阿君也，置天子非以阿天子也，置官长非以阿官长也。（《恃君》）

所以说：

> 故废其非君而立其行君道者。

所以说：

> 天下非一人之天下也，天下之天下也。（《贵公》）

政府的功用在于全生，故政府的手段在于利用人的情欲。《用民》篇说：

> 民之用也有故。得其故，民无所不用。用民有纪有纲。壹引其纪，万目皆起。壹引其纲，万目皆张。为民纪纲者何也？欲也，恶也。何欲？

胡适

何恶？欲荣利，恶辱害。辱害所以为罚充也（充，实也）。荣利所以为赏实也。赏罚皆有充实，则民无不用矣。

《为欲》篇说：

　使民无欲，上虽贤，犹不能用。夫无欲者，其视为天子也，与为舆隶同；其视有天下也，与无立锥之地同；其视为彭祖也，与为殇子同。天子，至贵也；天下，至富也；彭祖，至寿也。诚无欲，则是三者不足以劝。舆隶，至贱也；无立锥之地，至贫也；殇子，至夭也。诚无欲，则是三者不足以禁。……

　故人之欲多者，其可得用亦多。人之欲少者，其得用亦少。无欲者不可得用也。

从前老子要人"无知无欲"，要"我无欲而民自朴"，要"不欲以静，天下将自定"。墨者一派提倡刻苦节用，以自苦为极，故其后进如宋钘有"情欲寡浅"（欲字是动词，即"要"字）之说，以为人的情欲本来就是不要多而要少的。（《荀子·正论篇》《正名篇》《庄子·天下篇》；看我的《古代哲学史》第十一篇第三章三，第十二篇第一章二）。这种思想在前三世纪已很受严重地批评了，最有力的批评是荀卿的《正名》和《正论》两篇。荀卿很大胆地说：

　凡语治而待去欲者，无以道欲而困于有欲者也。凡语治而待寡欲者，无以节欲而困于多欲者也。……治乱在于心之所可，亡于情之所欲。（《正名》）

《吕氏春秋》从贵生重己的立场谈政治，所以说得更彻底了，竟老实承认政治的运用全靠人有欲恶，欲恶是政治的纪纲；欲望越多的人，越可得用；欲望越少的人，越不可得用；无欲的人，谁也不能使用。所以说：

　善为上者能令人得欲无穷，故人之可得用亦无穷也。（《为欲》）

这样尊重人的欲恶，这样认为政府的作用要"令人得欲无穷"，便是一种乐利主义的政治学说。墨家也讲一种乐利主义，但墨家律己太严，人人"以自苦为极"；而对人却要"兼而爱之，兼而利之"，这里面究竟有点根本的矛盾。极少数人也许能有这种牺牲自己而乐利天下的精神，但这种违反人情的人生观之上决不能建立真正健全的乐利主义。创始的人可以一面刻苦自己，而一面竭力谋乐利天下，但后来的信徒必有用原来律己之道来责人的；原来只求自己刻苦，后来必到责人刻苦；原来只求自己无欲，后来必至于要人人无欲。如果自苦是不应该的，那么，先生为什么要自苦呢？如果自苦是应该的，那么，人人都应该自苦了。故自苦的宗教决不能有乐利的政治，违反人情的道德观念决不能产生体贴人情的政治思想。

《庄子·天下篇》说得最好：

其生也勤，其死也薄，其道大觳，使人忧，使人悲，其行难为也。……反天下之心，天下不堪。墨子虽能独任，奈天下何？……将使后世之墨者必自苦，以腓无胈胫无毛相进而已矣。乱之上也，治之下也。

故健全的乐利主义的政治思想必须建筑在健全的贵己贵生的个人主义的基础之上（近世的乐利主义［Utilitarianism］的提倡者，如边沁，如穆勒，皆从个人的乐利出发）。《吕氏春秋》的政治思想重在使人民得遂其欲，这便是一种乐利主义。故此书中论政治，时时提出"爱利"的目标，如云：

若夫舜汤则苞裹覆容，缘不得已而动，因时而为，以爱利为本，以万民为义。(《离俗》)

如云：

古之君民者，仁义以治之，爱利以安之，忠信以导之，务除其灾，思致其福。(《适威》)

如云：

圣人南面而立，以爱利民为心，号令未出而天下皆延颈举踵矣。

(《精通》)

胡适

049

如云：

> 爱利之为道大矣！夫流于海者，行之旬月，见似人者而喜矣。及其期年也，见其所尝见物于中国者而喜矣。夫去人滋久而思人滋深欤？乱世之民，其去圣王亦久矣，其愿见之，日夜无间。故贤王秀士之欲忧黔首者，不可不务也。（《听言》）

这一派的思想以爱利为政治的纲领，故虽然时时钦敬墨者任侠好义的行为，却终不能赞同墨家的许多极端主张。他们批评墨家，也就是用乐利主义为立论的根据。如他们批评"非乐"的话：

> 始生人者，天也，人无事焉。天使人有欲，人弗得不求。天使人有恶，人弗得不辟。欲与恶所于天也，人不得兴焉，不可变，不可易。世之学者有非乐者矣，安由出哉？（《大乐》）

这样承认音乐是根据于"不可变，不可易"的天性，便完全是自然主义者的乐利思想。

他们批评"非攻""偃兵"之论，也是从人民的利害上立论。第一，他们认为战争为人类天性上不可避免的：

> 古圣王有义兵而无有偃兵。兵之所自来者久矣，与始有民俱。凡兵也者，威也。威也者，力也。民之有威力，性也。性也者，所受于天也，非人之所能为也。武者不能革，而工者不能移。（《荡兵》）

这仍是自然主义者的话，与上文所引承认欲恶为天性是一样的理论。第二，战争虽是不能革，不能移，其中却有巧拙之分，义与不义之别，分别的标准在于人民的利害。他们说：

> 夫有以噎死者，欲禁天下之食，悖。有以乘舟死者，欲禁天下之船，悖。有以用兵丧其国者，欲偃天下之兵，悖。

> 夫兵不可偃也。譬之若水火然，善用之则为福，不能用之则为祸。若用药者然，得良药则活人，得恶药则死人。义兵之为天下良药也亦大矣！

兵诚义，以诛暴君而振苦民，民之说也，若孝子之见慈亲也，若饥者之见美食也。民之号呼而走之也，若强弩之射于深溪也，若积大水而失其雍堤也。(《荡兵》)

攻无道而伐不义，则福莫大焉，黔首利莫厚焉。禁之者，是息有道而伐有义也，是穷汤、武之事而遂桀、纣之过也。(《振乱》)

在这些话里，我们可以看出秦始皇的武力统一政策的理论。我们不要忘记了吕不韦是秦始皇的丞相，秦始皇是他的儿子，将来帮助秦始皇做到天下统一的李斯也是吕不韦门下的舍人，也许即是当日著作《吕氏春秋》的一个人。

当时秦国的兵力已无敌于中国，而武力的背后又有这种自觉的替武力辩护的理论，明白地排斥那些非攻偃兵的思想，明白地承认吊民伐罪是正当的，这是帝国统一的思想背景。看他们说：

今周室既灭，而天子已绝（秦灭周室在始皇即位前十年，纪元前256年）。乱莫大于无天子。无天子则强者胜弱，众者暴寡，以兵相残，不得休息。今之世当之矣。(《谨听》)

这完全是当仁不让的口气了。

《吕氏春秋》的政治思想虽然侧重个人的欲恶，却不主张民主的政治。

《不二》篇说：

听群众人议以治国，国危无日矣！

为什么呢？因为治国是一件很繁难的事，需要很高等的知识和很谨慎的考虑，不是群众人所能为的。《察微》篇说：

使治乱存亡若高山之与深溪，若白垩之与黑漆，则无所用智，虽愚亦可矣。

可惜天下没有这样简单容易的事！

治乱存亡则不然。如可知，如不可知；如可见，如不可见。故智士贤者

胡
适

051

相与积心愁虑以求之，犹尚有管叔、蔡叔之事，与东夷八国不听之谋。故治乱存亡，其始若秋毫，察其秋毫则大物不过矣。

因为治乱存亡的枢机不容易辨别，"如可知，如不可知；如可见，如不可见"，所以有贤能政治的必要。"弩机差以米则不发"（《察微》篇语），治国之事也是如此。群众往往是短见的，眼光望不出一身一时的利害之外，故可以坐享成功，而不能深谋远虑。

禹之决江水也，民聚瓦砾。事已成，功已立，为万世利。禹之所见者远也，而民莫之知。故民不可与虑化举始，而可以乐成功。（《乐成》）

舟车之始见也，三世然后安之。夫开善岂易哉？（同）

《乐成》一篇中列举孔子治鲁、子产治郑的故事，来说明民众的缺乏远见。

最有趣的是魏襄王请史起引漳水灌邺田的故事：

史起曰："臣恐王之不能为也。"

王曰："子诚能为寡人为之，寡人尽听子矣。"

史起敬诺。言之于王曰，"臣为之，民必大怨臣，大者死，其次乃籍臣（籍是抄没家产）。臣虽死籍，愿王之使他人遂之也。"王曰，"诺。"使之为邺令。史起因往为之。邺民大怨，欲籍史起，史起不敢出而避之。王乃使他人遂为之。水已行，民大得其利，相与歌之曰：邺有圣令，时为史公，决漳水，灌邺旁。终古斥卤，生之稻粱。使民知可与不可，则无所用贤矣。

治国之道，知虑固不易，施行也不易。不知固不能行，行之而草率苟且，也不能有成，行之而畏难中止，或畏非议而中止，也不能有成。计虑固须专家，施行也须要贤者。这是贤能政治的理论。

《吕氏春秋》主张君主政治，其理由如下：

军必有将，所以一之也。国必有君，所以一之也。天下必有天子，所以一之也。天子必执一，所以专之也。一则治，两则乱。今御骊马者

使四人，人操一策，则不可以出于门闾者，不一也。（《执一》）

这是当时政治思想的最普通的主张，无甚深意。墨家的尚同主义不但要一个一尊的天子，还要上同于天。儒家的孟、荀都主张君主。孟子虽有民为贵之论，但也不曾主张民权，至多不过说人民可以反抗独夫而已。古代东方思想只有"民为邦本""民为贵"之说，其实并没有什么民主民权的制度。极端左派的思想确有"无君""无所事圣王"之说，但无政府是一件事，民主制度另是一件事。东方古代似乎没有民主的社会背景，即如古传说的尧、舜禅让，也仍是一种君主制。因为没有那种历史背景，故民权的学说无从产生。西洋的政治史上是先有民权制度的背景，然后有民权主义的政治学说。

但世袭的君主制，究竟和贤能政治的理想不能相容。君主的威权是绝对的，而君主的贤、不肖是不能预定的。以无知或不贤的人，当绝对的大威权，这是绝大的危险。而名分既定，臣民又无可如何，难道只好听他虐民亡国吗？这是古代政治思想的一个中心问题。这问题便是：怎样可以防止避免世袭君主制的危险？前四世纪到三世纪之间，政治哲学对于这个问题，曾有几种重要的解答。第一，是提倡禅国让贤。禅让之说，在这时代最风行，造作的让国神话也最多，似乎都有暗示一种新制度的作用。第二，是主张人民对于暴君有反抗革命的权利。孟子所谓"君之视民如土芥，则臣视君如寇仇"，"闻诛独夫纣矣，未闻弑君也"，都是很明白地承认人民革命的权利。第三，是提倡法治的虚君制度。慎到（《古代哲学史》第十二篇，第一章，一）韩非（同书第十二篇，第二章，四）等人都主张用法治来代替人治。韩非说的最透彻：

"释法术而以心治，尧不能正一国。去规矩而妄意度，奚仲不能成一轮。……使中主守法术，拙匠守规矩尺寸，则万不失矣。君人者能去贤巧之所不能，守中拙之所万不失，则人力尽而功名立"（《韩非子·用人篇》）

这是说，若能守着标准法，则君主的贤不贤都不关重要了。这是一种立宪政体的哲学，其来源出于慎到的极端自然主义。慎到要人"弃知，去己，而缘不得已"。

《庄子·天下篇》说此理最妙：

推而后行，曳而后往，若飘风之还，若羽之旋，若磨石之隧，全而无非，动静无过，未尝有罪。是何故？夫无知之物，无建己之患，无用知之累，动静不离于理，是以终身无誉。故曰，至若无知之物而已，无用贤圣，夫块不失道。

这是当日的法治主义的学理的根据。慎到要人学无知之物，弃知，去己，不用主观的私见，不用一己的小聪明，而完全依着物观的标准，不得已而后动，如飘风之旋，如石头之下坠，动静皆不离于自然之理。这种无知无为的思想，应用到政治上便成了法治的哲学。

《吕氏春秋》的政治哲学大概很受了这种思想的影响，故虽不主张纯粹的法治主义，却主张一种无知无为的君道论。《君守》篇说：

得道者必静，静者无知。知乃无知，可以言君道也（乃字疑当在可字上）。……天无形而万物以成，至精无象而万物已化，大圣无事而千官尽能。此乃谓不教之教，无言之诏。故有以知君之狂也，以其言之当也。有以知君之惑也，以其言之得也。君也者，以无当为当，以无得为得者也。当与得不在于君而在于臣。

故善为君者无识，其次无事。有识则有不备矣，有事则有不恢矣。

《任数》篇说：

君道无知无为，而贤于有知有为，则得之矣。

为什么要无知无为呢？因为：

耳目心智其所以知识甚阙，其所以闻见甚浅。以浅阙博居天下，安殊俗，治万民，其说固不行。十里之间而耳不能闻，帷墙之外而目不能见，三亩之宫而心不能知。其以东至开梧，南抚多鸚，西服寿麻，北怀儋耳，

若之何哉？（《任数》）

因为：

人主好以己为，则守职者舍职而阿主之为矣。阿主之为，有过则主无以责之，则人主日侵而人臣日得。（《君守》）

因为：

人主自智而愚人，自巧而拙人，若此则……请者愈多，且无不请也。主虽巧智，未无不知也。以"未无不知"应"无不请"，其道固穷。为人主而数穷于下，将何以君人乎？（《知度》）

因为这些理由，人主应该无知无事。

去听，无以闻，则聪。去视，无以见，则明。去智，无以知，则公。去三者不任则治，三者任则乱。……耳目知巧固不足恃，惟循其数，行其理，为可。（《任数》。循字旧作修，依《序意》篇改）

这就是上文所引《序意》篇所说"行其数，循其理，平其私。夫私视使目盲，私听使耳聋，私虑使心狂"的意思。用个人的耳目智巧，总不能无私，所以人君之道须学那无知之物，然后可以无建己之患，无用知之累。故说：

至智弃智，至仁忘仁，至德不德。无言无思，静以待时。时至而应，心暇者胜。……无唱有和，无先有随。古之王者，其所为少，其所因多。因者，君术也。为者，臣道也。为则扰矣，因则静矣。因冬为寒，因夏为暑，君奚事哉？（《任数》）

无唱有和，无先有随，即是慎到所谓"推而后行，曳而后往"，即是"因"。

慎到说"因"字最好：

因也者，因人之情也。人莫不自为也。……用人之自为，不用人之为我，则莫不可得而用矣。此之谓因。

人皆欲荣利，恶辱害，国家因而立赏罚，这便是因人之情，便是用人之自为（说详上文）。《分职》篇说：

先王用非其有，如己有之，通乎君道者也。夫君也者，处虚素服而无智，故能使众智也。智反无能，故能使众能也。能执无为，故能使众为也。无智，无能，无为，此君之所执也……

武王之佐五人，武王之于五人者之事无能也，然而世皆曰取天下者武王也。故武王取非其有，如己有之，通乎君道也。……枣，棘之有；裘，狐之有也。食棘之枣，衣狐之皮，先王固用非其有而已有之。

用非其有，如己有之，也是"因"。

今召客者，酒酣歌舞，鼓瑟吹竽。明日不拜乐己者，而拜主人，主人使之也。先王之立功名，有似于此。……

譬之若为宫室必任巧匠。……巧匠之宫室已成，不知巧匠而皆曰，"善，此某君某王之宫室也"。此不可不察也。（《分职》）

我们看了这种议论，可以知道《吕氏春秋》虽然采用自然主义者的无知无为论，却仍回到一种虚君的丞相制，也可以说是虚君的责任内阁制。君主无知无事，故不负责任，所谓"块不失道"，即是虚君立宪国家所谓"君主不会做错事"。不躬亲政事，故不会做错事。政事的责任全在丞相身上。《君守》篇所谓"当与得不在于君而在于臣"是也。慎到是纯粹法治家，故说"无用贤圣，夫块不失道"。但《吕氏春秋》的作者是代一个丞相立言，故有时虽说"正名"，有时虽说"任数"，却终不能不归到信任贤相，所谓"为宫室必任巧匠，匠不巧则宫室不善"。君主是世袭的，位固定而人不必皆贤。丞相大臣是选任的，位不固定而可以选贤与能。故说：

凡为善难，任善易。奚以知之？人与骥俱走，则人不胜骥矣。居于车上而任骥，则骥不胜人矣。人主好治人官之事，则是与骥俱走也，必多所不及矣。夫人主亦有居车，无去车，则众善皆尽力竭能矣。（《审分》）

有司请事于齐桓公，桓公曰，"以告仲父"。有司又请，公曰，"告仲父"。若是三。习者曰："一则仲父，二则仲父，易哉为君！"桓公曰："吾未得

仲父则难。已得仲公之后，曷为其不易也？"（《任数》）

这是虚君的丞相制。《勿躬》篇又说管仲推荐宁遬为大田，隰朋为大行，东郭牙为大谏臣，王子城父为大司马，弦章为大理。

桓公曰，善，令五子皆任其事，以受令于管子。十年，九合诸侯，一匡天下，皆夷吾与五子之能也。

这是虚君的责任内阁制。大臣受令于丞相，丞相对君主负责任，这种制度似乎远胜于君主独裁制了。但在事实上，谁也不能叫君主实行无知无为，这是一大困难。丞相受任于君主，谁也不能叫他必任李斯而不任赵高，这是二大困难。一切理想的虚君论终没有法子冲破这两大难关，所以没有显著的成绩可说。猫颈上挂串铃儿，固然于老鼠有大利益。但叫谁去挂这串铃呢？后世的虚君内阁制所以能有成效，都是因为实权早已不在君主手里了。

我在上文曾指出《吕氏春秋》不信任民众的知识能力，故不主张民主政治，而主张虚君之下的贤能政治。但《吕氏春秋》的政治主张根本在于重民之生，达民之欲，要令人得欲无穷，这里确含有民主政治的精神。所以此书中极力提倡直言极谏的重要，认为是宣达民人欲望的唯一方法，遂给谏官制度建立一个学理的基础。《达郁》篇说：

凡人三百六十节，九窍，五脏，六腑，肌肤欲其比（高注，比犹致也。毕沅注，谓致密。）也，血脉欲其通也，筋骨欲其固也，心志欲其和也，精气欲其行也。若此，则病无所居，而恶无由生矣。病之留，恶之生也，精气郁也。故水郁则为污，树郁则为蠹，草郁则为蒉（毕沅引梁履绳说，《续汉书·郡国志》三注引《尔雅》"木立死曰菑"，又引此"草郁即为蒉"，疑蒉本是蒉字，即菑也，因形近而讹）。国亦有郁，生德不通，民欲不达，此国之郁也。国郁处久则百恶并起而万灾丛至矣。上下之相忍也，由此出矣。故圣王之贵豪士与忠臣也，为其敢直言而决郁塞也。

此下引召公谏周厉王的话：

胡适

057

防民之口，甚于防川。川壅而溃，败人必多。夫民犹是也。是故治川者决之使导，治民者宣之使言。是故天子听政，使公卿列士正谏，好学博闻献诗，蒙箴，师诵，庶人传语，近臣尽规，亲戚补察，而后王斟酌焉。是以下无遗善，上无过举。（此文又见《国语》，文字稍不同）

《自知》篇说：

欲知平直，则必准绳；欲知方圆，则必规矩。人主欲自知，则必直士。故天子立辅弼，设师保，所以举过也。夫人固不能自知，人主独甚。尧有欲谏之鼓，舜有诽谤之木，汤有司过之士，武王有戒慎之铭，犹恐不能自知。今贤非尧舜汤武也，而有掩蔽之道，奚由自知哉？……范氏之亡也，百姓有得钟者，欲负而走，则钟大不可负；以椎毁之，钟况然有音。恐人闻之而夺己也，遽掩其耳。恶人闻之，可也。恶己自闻之，悖矣。为人主而恶闻其过，非犹此耶？

这都是直言极谏的用处：达民欲，决郁塞，闻过失，都可以补救君王政治的缺点。中国古来有这个直言极谏的风气，史传所记的直谏故事不可胜举，最动人的莫如《吕氏春秋》所记葆申笞责楚文王的故事：

荆文王得茹黄之狗，宛路之矰，以畋于云梦，三月不反；得丹之姬，淫期年不听朝。葆申曰："先王卜以臣为葆，吉（《说苑》引此事，葆作保。保即是保傅，申是人名）。今王得茹黄之狗，宛路之矰，畋三月不反；得丹之姬，淫期年不听朝：王之罪当笞。"

王曰："不谷免衣褓襁而齿于诸侯，愿请变更而无笞。"

葆申曰："臣承先王之令，不敢废也。王不受笞，是废先王之令也。臣宁抵罪于王，毋抵罪于先王。"

王曰："敬诺。"

引席，王伏，葆申束细荆五十，跪而加之于背，如此者再。谓王。"起矣！"

王曰："有笞之名一也，遂致之。"（既然打了，爽性用力打罢！）

申曰："臣闻'君子耻之；小人痛之'。耻之不变，痛之何益？"葆申趣出，自流于渊，请死罪。

文王曰："此不谷之过也，葆申何罪？"

王乃变更，召葆申，杀茹黄之狗，折宛路之矰，放丹之姬。（《直谏》）

这一类的故事便是谏诤制度的历史背景。御史之官出于古之"史"，而巫祝史卜同是宗教的官，有宗教的尊严。春秋时代，齐之太史直书崔杼弑君，兄弟相继被杀而不肯改变书法；晋之太史董狐直书赵盾弑君，而赵氏不敢得罪他。史官后来分化，一边仍为记事之史，而执掌天文星占之事，仍有一点宗教的权威；一边便成为秦以下的御史，便纯粹是谏官了。葆申故事里说先王卜他为保，故他能代表先王，这里面也含有宗教的权威。古代社会中有了这种历史背景，加上自觉的理论，故谏官制度能逐渐演进，成为裁制君权的最重要制度。

三、《吕氏春秋》与李斯

我在前面曾说《吕氏春秋》也许有李斯的手笔，这虽是一种臆测，然而此书的政治思想有"不法先王"的议论，上承荀卿"法后王"的思想，而下合李斯当国时的政策，李斯与韩非同是荀卿的弟子，而在这一点历史进化的见解上他们的主张完全相同，这大概不是偶然的事吧？试看《吕氏春秋》说：

上胡不法先王之法？非不贤也，为其不可得而法。先王之法，经乎上世而来者也，人或益之，人或损之，胡可得而法？虽人弗损益，犹若不可得而法。东夏之命（东是东部，秦在西部，故自称夏而称余国为东），古今之法，言异而典殊，故古之命多不通乎今之言者，今之法多不合乎古之法者。殊俗之民有似于此。其所为欲同，其所为异。……先王之法胡可得而法？

虽可得，犹若不可法。凡先王之法，有要于时也。时不与法俱至，法虽今而至，犹若不可法。

故择（一作释）先王之成法，而法其所以为法。先王之所以为法者，何也？先王之所以为法者，人也。而己亦人也。故察己则可以知人，察今则可以知古。古今一也，人与我同耳。有道之士贵以近知远，以今知古，以所见知所不见。故审堂下之阴而知日月之行，阴阳之变；见瓶水之冰而知天下之寒，鱼鳖之藏也。（《察今》）

这里的"古今一也"之说最近于荀子的"古今一度也，类不悖，虽久同理"（《古代哲学史》第十一篇第二章2—3）。其实此说不够说明"不法先王"的主张，并且和"时不与法俱至"的话是恰相冲突的。如果真是"古今一也，人与我同耳"，先王之法何以不可得而法呢？何以还怕"时不与法俱至"呢？大概"法后王"之说出于荀卿，但荀卿所谓"法后王"并不含有历史演化的意义，只是说"文久而灭"，不如后王制度之粲然可考，既然古今同理，何必远谈那"久则论略"的先王制度呢？韩非、李斯一辈人虽然也主张"不法先王"，但他们似受了自然演化论的影响，应用到历史上去，成为一种变法的哲学。韩非所谓"世异则事异，事异则备变"，即是此书所谓"有要于时，时不与法俱"，这才是此书主张不法先王的真意义。（韩非的书流传入秦，史不记何年。《始皇本纪》说用李斯计攻韩在始皇十年，其时始皇已读了韩非的书了。似韩非书传入秦国或在八年吕不韦著书之前）这里偶然杂入了一句荀卿旧说，其实不是著书者的本意。试看此篇下文云：

荆人欲袭宋，使人先表澭水（表是测量）。澭水暴益，荆人勿知，循表而夜涉，溺死者千有余人。……向其先表之时，可导也。今水已变而益多矣，荆人尚犹循表而导之，此所以败也。

今世之主法先王之法也，有似于此。其时已与先王之法亏矣，而曰，"此先王之法也"，而法之以为治，岂不悲哉？

故治国无法则乱，守法而弗变则悖。悖乱不可以持国。世易时移，变法宜矣。譬之若良医，病万变，药亦万变。病变而药不变，向之寿民今变为殇子矣。故凡举事必循法以动，变法者因时而化。若此论则无过举矣。

夫不敢议法者，众庶也。以死守［法］者，有司也。因时变法者，贤主也。是故有天下七十一圣，其法皆不同，非务相反也，时势异也。（《察今》）

这种变法的哲学最像韩非的《五蠹》篇，其根据全在一种历史演进的观念。

此种观念绝非荀卿一辈主张古今虽久而同理的儒家所能造出，乃是从庄子一派的自然演化论出来的，同时又是那个国际竞争最激烈的时势的产儿。其时已有商鞅、赵武灵王的变法成绩，又恰有自然演变的哲学思想，故有韩非、李斯的变法哲学。《察今》篇中的表澭水的故事，说的何等感慨恳切。此故事和同篇的"刻舟求剑"的寓言，和韩非《五蠹》篇的"守株待兔"的寓言，命意都绝相同，很可以看出他们的思想渊源。韩非不得用于韩国，又不得用于秦国，终于死在李斯、姚贾手里。韩非虽死，他的变法的哲学却在李斯手里发生了绝大的影响。李斯佐秦始皇统一中国之后，废除封建制度，分中国为郡县，统一法度，画一度量衡，同一文字，都是中国有历史以来的绝大改革。后来因为博士淳于越等的反对新政，李斯上焚书的提议说：五帝不相复，三代不相袭，各以治，非其相反，时变异也。

此与《察今》篇的"七十一圣"一段相同。议奏中又切责诸生"不师今而学古"，"语皆道古以害今"，又说"三代之事何足法也"，又有"以古非今者族"的严刑。这都是《五蠹》篇和《察今》篇的口气。究竟还是《吕氏春秋》采纳了韩非的思想来做《察今》篇呢？还是李斯借了吕不韦来发挥他自己的变法哲学呢？还是李斯不过实行了韩非的哲学呢？还是李斯、韩非同是时代的产儿，同有这种很相同的思想呢？可惜我们现在已无法解答这些疑问了。

胡适

读《楚辞》

（原载于 1922 年 9 月 3 日《读书杂志》第 1 期）

十年六月，洪熙、思永们的读书会要我讲演，我讲的是我关于《楚辞》的意见。后来记在《日记》里，现在整理出来，作为一篇读书记。我很盼望国中研究《楚辞》的人平心考察我的意见，修正它或反证它。总期待这部久被埋没、久被"酸化"的古文学名著，能渐渐地从乌烟瘴气里钻出来，在文学界里重新占一个不依傍名教的位置。

一、屈原是谁?

屈原是谁? 这个问题是没有人发问过的。我现在不但要问屈原是什么人，并且要问屈原这个人究竟有没有。为什么我要疑心呢，因为：

第一，《史记》本来不很可靠，而屈原、贾生列传尤其不可靠。

（子）传末有云："及孝文崩，孝武皇帝立，举贾生之孙二人至郡守，而贾嘉最好学，世其家，与余通书，至孝昭时，列为九卿。"司马迁何能知孝昭的谥法? 一可疑。孝文之后为景帝，如何可说"及孝文崩、孝武皇帝立"? 二可疑。

（丑）《屈原传》叙事不明。先说："王怒而疏屈平。"次说："屈平既疏，不复在位，使于齐，顾反谏怀王曰，何不杀张仪。王悔，追张仪不及。"又说："怀王欲行，屈平曰，秦虎狼之国，不可信，不如无行。"又说："顷襄王立，以其弟子兰为令尹。楚人既咎子兰以劝怀王入秦而不反也，屈平既嫉之，虽

大师谈读书

放流，眷顾楚国，系心怀王，不忘欲反。"又说："令尹子兰闻之大怒，卒使上官大夫短屈原于顷襄王，王怒而迁之。屈原至于江滨，被发行吟泽畔。……"既"疏"了，既"不复在位"了，又"使于齐"，又"谏"重大的事，一大可疑。前面并不曾说"放流"，出使于齐的人，又能谏大事的人，自然不曾被"放流"，而下面忽说"虽放流"，忽说"迁之"，二大可疑。"秦虎狼之国，不可信"二句，依《楚世家》，是昭睢谏的话。"何不杀张仪"一段，《张仪传》无此语，亦无"怀王悔，追张仪不及"等事，三大可疑。怀王拿来换张仪的地，此传说是"秦割汉中地"。《张仪传》说是"秦欲得黔中地"，《楚世家》说是"秦分汉中之半"。究竟是汉中还是黔中呢？四大可疑。前称屈平，而后半忽称屈原，五大可疑。

第二，传说的屈原，若真有其人，必不会生在秦汉以前。

（子）"屈原"明明是一个理想的忠臣，但这种忠臣在汉以前是不会发生的，因为战国时代不会有这种奇怪的君臣观念。我这个见解，虽然很空泛，但我想很可以成立。

（丑）传说的屈原是根据于一种"儒教化"的《楚辞》解释的。但我们知道这种"儒教化"的古书解是汉人的拿手戏，只有那笨陋的汉朝学究能干这件笨事！

依我看来，屈原是一种复合物，是一种"箭垛式"的人物，与黄帝、周公同类，与希腊的荷马同类。怎样叫做"箭垛式"的人物呢？古代有许多东西是一班无名的小百姓发明的，但后人感恩图报，或是为便利起见，往往把许多发明都记到一两个有名的人物的功德簿上去。最古的，都说是黄帝发明的。中古的，都说是周公发明的。怪不得周公要一饭三吐哺，一沐三握发了！那一小部分的南方文学，也就归到屈原、宋玉（宋玉也是一个假名）几个人身上去。（佛教的无数"佛说"的经也是这样的，不过印度人是有意造假的，与这些例略有不同）譬如诸葛亮借箭时用的草人，可以收到无数箭，故我叫他们做"箭垛"。

我想，屈原也许是二十五篇《楚辞》之中的一部分的作者，后来渐渐被人认作这二十五篇全部的作者。但这时候，屈原还不过是一个文学的箭垛。

后来汉朝的老学究把那时代的"君臣大义"读到《楚辞》里去，就把屈原用作忠臣的代表，从此屈原就又成了一个伦理的箭垛了。

大概楚怀王入秦不返，是南方民族的一件伤心的事。故当时有"楚虽三户，亡秦必楚"的歌谣。后来亡秦的义兵终起于南方，而项氏起兵时竟用楚怀王的招牌来号召人心，当时必有楚怀王的故事或神话流传民间，屈原大概也是这种故事的一部分。在那个故事里，楚怀王是主角，屈原大概是配角，郑袖唱花旦，靳尚唱小丑，但秦亡之后，楚怀王的神话渐渐失去作用了，渐渐消灭了，于是那个原来做配角的屈原反变成正角了。后来这一部分的故事流传久了，竟仿佛真有其事，故刘向《说苑》也载此事，而补《史记》的人也七拼八凑地把这个故事塞进《史记》去。补《史记》的人很多，最晚的有王莽时代的人，故《司马相如列传》后能引扬雄的话;《屈贾列传》当是宣帝时人补的，那时离秦亡之时已一百五十年了，这个理想的忠臣故事就已成立了。

二、《楚辞》是什么?

我们现在可以断定《楚辞》的前二十五篇绝不是一个人作的。那二十五篇是:《离骚》一，《九歌》九，《天问》一，《九章》九，《远游》一，《卜居》一，《渔父》一，《招魂》一，《大招》一。

这二十五篇之中，《天问》文理不通，见解卑陋，全无文学价值，我们可以断定此篇为后人杂凑起来的。《卜居》《渔父》为有主名的著作，见解与技术都可代表一个《楚辞》进步已高的时期。《招魂》用"些"，《大招》用"只"，皆是变体。《大招》似是模仿《招魂》的。《招魂》若是宋玉作的，《大招》绝非屈原作的。《九歌》与屈原的传说绝无关系。细看内容，这九篇大概是最古之作，是当时湘江民族的宗教舞歌。剩下的，只有《离骚》《九章》与《远游》了。依我看来，《远游》是模仿《离骚》作的；《九章》也是模仿《离骚》作的。《九章》中，《怀沙》载在《史记》，《哀郢》之名见于《屈贾传论》，大概汉昭宣帝时尚无"九章"之总名。《九章》中，也许有稍古的，也许有晚出的伪作。我们若不愿完全丢弃屈原的传说，或者可以认《离骚》为屈原作的。《九章》中，至多只能有一部分是屈原作的。《远游》全是晚出的仿作。

我们可以把上述意见，按照时代的先后，列表如下：

（1）最古的南方民族文学《九歌》

（2）稍晚——屈原？《离骚》《九章》的一部分？

（3）屈原同时或稍后《招魂》

（4）稍后——楚亡后《卜居》《渔父》

（5）汉人作的《大招》《远游》《九章》的一部分。《天问》

三、《楚辞》的注家

《楚辞》注家分汉、宋两大派。汉儒最迂腐，眼光最低，知识最陋，他们把一部《诗经》都罩上乌烟瘴气了。一首"关关雎鸠"明明是写相思的诗，他们偏要说是刺周康王后的，又说是美后妃之德的！所以他们把一部《楚辞》也"酸化"了。这一派自王逸直到洪兴祖，都承认那"屈原的传说"，处处把美人香草都解作忠君忧国的话，正如汉人把《诗》三百篇都解作腐儒的美刺一样！宋派自朱熹以后，颇能渐渐推翻那种头巾气的注解。朱子的《楚辞集注》虽不能抛开屈原的传说，但他于《九歌》确能别出新见解。《九歌》中，《湘夫人》《少司命》《东君》《国殇》《礼魂》各篇的注与序里皆无一字提到屈原的传说；其余四篇，虽偶然提及，但朱注确能打破旧说的大部分，已很不易得了。我们应该从朱子入手，参看各家的说法，然后比朱子更进一步，

胡适

打破一切迷信的传说，创造一种新的《楚辞》解。

四、《楚辞》的文学价值

我们须要认明白，屈原的传说不推翻，则《楚辞》只是一部忠臣教科书，但不是文学。如《湘夫人》歌："袅袅兮秋风，洞庭波兮木叶下"，本是白描的好文学，却被旧注家加上"言君政急则众民愁而贤者伤矣"（王逸），"喻小人用事则君子弃逐"（五臣）等等荒谬的理学话，便不见它的文学趣味了。又如：

捐余袂兮江中，遗余褋兮醴浦，搴汀洲兮杜若，将以遗兮远者。

这四句何等美丽！注家却说：

屈原托与湘夫人，共邻而处，舜复迎之而去，穷困无所依，故欲捐弃衣物，裸身而行，将适九夷也。远者谓高贤隐士也。言已虽欲之九夷绝域之外，犹求高贤之士，平洲香草以遗之，与共修道德也。（王逸）

或说：

袂褋皆事神所用，今夫人既去，君复背己，无所用也，故弃遗之。……杜若以喻诚信：远者，神及君也。（五臣）

或说：

既诒湘夫人以袂褋，又遗远者以杜若，好贤不已也。（洪兴祖）

这样说来说去，还有文学的趣味吗？故我们必须推翻屈原的传说，打破一切村学究的旧注，从《楚辞》本身上去寻出它的文学兴味来，然后《楚辞》的文学价值可以有恢复的希望。

找书的快乐

（1959年12月27日在台湾"中国图书馆学会"年会的演讲）

主席、诸位先生：

我不是藏书家，只不过是一个爱读书，能够用书的书生，自己买书的时候，总是先买工具书，然后才买本行书，换一行时，就得另外买一种书。今年我六十九岁了，还不知道自己的本行到底是哪一门。是中国哲学呢，还是中国思想史？抑或是中国文学史？或者是中国小说史？《水经注》？中国佛教思想史？中国禅宗史？我所说的"本行"，其实就是我的兴趣，兴趣愈多就愈不能不收书了。十一年前我离开北平时，已经有一百箱的书，大约有一两万册。离开北平以前的几小时，我曾经暗想着：我不是藏书家，但却是用书家。收集了这么多的书，舍弃了太可惜，带吧，因为坐飞机又带不了。结果只带了一些笔记，并且在那一两万册书中，挑选了一部书，作为对一两万册书的纪念，这一部书就是残本的《红楼梦》。四本只有十六回，这四本《红楼梦》可以说是世界上最老的抄本。收集了几十年的书，到末了只带了四本，等于当兵缴了械，我也变成一个没有棍子，没有猴子的变把戏的叫花子。

这十一年来，又蒙朋友送了我很多书，加上历年来自己新买的书，又把我现在住的地方堆满了，但是这都是些不相干的书，自己本行的书一本也没有。找资料还需要依靠"中研院"史语所的图书馆和别的图书馆，如台湾大学图书馆、"中央图书馆"等救急。

找书有甘苦，真伪费推敲

我这个用书的旧书生，一生找书的快乐固然有，但是，找不到书的苦楚也尝到过。民国九年（1920）7月，我开始写《水浒传考证》的时候，参考的材料只有金圣叹的七十一回本《水浒传》《征四寇》及《水浒后传》等，至于《水浒传》的一百回本、一百一十回本、一百一十五回本、一百二十回本、一百二十四回本，还都没有看到。等我的《水浒传考证》问世的时候，日本才发现《水浒》的一百一十五回本及一百回本、一百一十回本及一百二十回本。同时我自己也找到了一百一十五回本及一百二十四回本。做考据工作，没有书是很可怜的。考证《红楼梦》的时候，大家知道的材料很多，普通所看到的《红楼梦》都是一百二十回本。这种一百二十回本并非真的《红楼梦》。曹雪芹四十多岁死去时，只写到八十回，后来由程伟元、高鹗合作，一个出钱，一个出力，完成了后四十回。乾隆五十六年（1791）的活字版排出了一百廿回的初版本，书前有程、高二人的序文说：世人都想看到《红楼梦》的全本，前八十回中黛玉未死，宝玉未娶，大家极想知道这本书的结局如何，但却无人找到全的《红楼梦》。近因程、高二人在一卖糖摊子上发现有一大卷旧书，细看之下，竟是世人遍寻无着的《红楼梦》后四十回，因此特加校订，与前八十回一并刊出。

可是天下这样巧的事很少，所以我猜想序文中的说法不可靠。

考证《红楼梦》，清查曹雪芹

三十年前我考证《红楼梦》时，曾经提出二个问题，这是研究红学的人值得研究的：

一、《红楼梦》的作者是谁？作者是怎样一个人？他的家世如何？家世传记有没有可考的资料？曹雪芹所写的那些繁华世界是有根据的吗？还是关着门自己胡诌乱说？

二、《红楼梦》的版本问题，是八十回，还是一百二十回？后四十回是哪里来的？

那时候有七八种《红楼梦》的考证，俞平伯、顾颉刚都帮我找过材料。最初发现乾隆五十七年（1792）有程伟元序的乙本，其中并有高鹗的序文及引言七条，以后发现早一年出版的甲本，证明后四十回是高鹗所续，而由程伟元出钱活字刊印。又从其他许多材料里知道曹雪芹家为江南的织造世职，专为皇室纺织绸缎，供给宫内帝后、妃嫔及太子、王孙等穿戴，或者供皇帝赏赐臣下，后来在清理故宫时，从康熙皇帝一秘密抽屉内发现若干文件，知道曹雪芹的祖父曹寅，等于皇帝派出的特务，负责察看民心年成，或是退休丞相的动态，由此可知曹家为阔绰大户。《红楼梦》中有一段说到王熙凤和李嬷嬷谈皇帝南巡，下榻贾家，可知是真的事实。以后我又经河南的一位张先生指点，找到杨钟羲的《雪桥诗话》及《八旗经文》，以及有关爱新觉罗宗室敦诚、敦敏的记载，知道曹雪芹名霑、号雪芹，是曹寅的孙子，接着又找到了《八旗人诗抄》《熙朝雅颂集》，找到敦诚、敦敏兄弟赐送曹雪芹的诗，又找到敦诚的《四松堂集》，是一本清抄未删底本，其中有挽曹雪芹的诗，内有"四十年华付杳冥"句，下款年月日为甲申（即乾隆甲申二十九年，1764年）。从这里可以知道曹雪芹去世的年代，他的年龄为四十岁左右。

险失好材料，再评《石头记》

民国十六年（1927）我从欧美返国，住在上海，有人写信告诉我，要卖一本《脂砚斋评石头记》给我，那时我以为自己的资料已经很多，未加理会。不久以后和徐志摩在上海办新月书店，那人又将书送来给我看，原来是甲戌年手抄再评本，虽然只有十六回，但包括了很多重要史料。里面有"壬午除夕，书未成，芹为泪尽而逝。甲年八月泪笔"的句子，指出曹雪芹逝于乾隆二十七年冬，即1763年2月12日。"字字看来皆是血，十年辛苦不寻常"诗句，

胡
适

充分描绘出曹雪芹写《红楼梦》时的情态。脂砚斋则可能是曹雪芹的太太或朋友。自从民国十七年（1928）二月我发表了《考证红楼梦的新材料》之后，大家才注意到《脂砚斋评本石头记》。不过，我后来又在民国二十二年（1933）从徐星署先生处借来一部庚辰秋定本脂砚斋四阅评过的《石头记》，是乾隆二十五年（1760）本，八十回，其中缺六十四、六十七两回。

谈《儒林外史》，推赞吴敬梓

现在再谈谈我对《儒林外史》的考证:《儒林外史》是部骂当时教育制度的书，批评政治制度中的科举制度。我起初发现的只有吴敬梓的《文木山房集》中的赋一卷（四篇），诗二卷（一三一首），词一卷（四七首），拿这当做材料。但是在一百年前，我国的大诗人金和，他在跋《儒林外史》时，说他收有《文木山房集》，有文五卷。可是一般人都说《文木山房集》没有刻本，我不相信，便托人在北京的书店找，找了几年都没有结果，到了民国七年（1918）才在带经堂书店找到。我用这本集子参考安徽《全椒县志》，写成一本一万八千字的《吴敬梓年谱》，中国小说传记资料，没有一个能比这更多的，民国十四年（1925）我把这本书排印问世。

如果拿曹雪芹和吴敬梓二人做一个比较，我觉得曹雪芹的思想很平凡，而吴敬梓的思想则是超过当时的时代，有着强烈的反抗意识。吴敬梓在《儒林外史》里，严厉地批评教育制度，而且有他的较科学化的观念。

有计划找书，考证神会僧

前面谈到的都是没有计划地找书，有计划地找书更是其乐无穷。所谓有计划地找书，便是用"大胆地假设，小心地求证"方法去找书，现在再拿我找神会和尚的事做例子，这是我有计划地找书:神会和尚是唐代禅宗七祖大师，我从《宋高僧传》的慧能和神会传里发现神会和尚的重要，当时便做了个大胆的假设，猜想有关神会和尚的资料只有在日本和敦煌两地可以发现。因为唐朝时，日本派人来中国留学的很多，一定带回去不少史料，经过"小心的求证"，后来果然在日本找到宗密的《圆觉大疏钞》和《禅源诸诠集》，另外又在巴黎的国家图书馆及伦敦的大英博物馆发现数卷神会和尚的资料。知道神会和尚是湖北襄阳人，到洛阳、长安传布大乘佛法，并指陈当时的两京法祖三帝国师非禅宗嫡传，远在广东的六祖慧能才是真正禅宗一脉相传下来的。但是神会的这些指陈不为当时政府所取信，反而贬走神会。刚好那时发生安史之乱，唐玄宗远避四川，肃宗召郭子仪平乱，这时国家财政贫乏，军队饷银只好用度牒代替，如此必须要有一位高僧宣扬佛法令人乐于接受度牒。神会和尚就担任了这项推行度牒的任务。郭子仪收复两京（洛阳、长安），军饷的来源，不得不归功神会。安史之乱平了后，肃宗迎请神会入宫奉养，并且尊神会为禅宗七祖，所以神会是南宗的急先锋，北宗的毁灭者，新禅学的建立者，《坛经》的创作者，在中国佛教史上没有第二个人有这样伟大的功勋。我所研究的《神会和尚全集》可望在明年由"中央研究院"历史语言研究所出版。

最后，根据我个人几十年来找书的经验，发现我们过去的藏书的范围是偏狭的，过去收书的目标集于收藏古董，小说之类决不在藏书之列。但我们必须了解了解，真正收书的态度，是要无所不收的。

中国书的收集法

（原载于 1934 年 4 月 30 日《中华图书馆协会会报》第 9 卷第 5 期）

　　王（云五）先生告诉我说，众位在这里研究图书馆学，每星期请专家来讲演。我这个人，可以说是不名一家。白话文是大家做的，不能说专家；整理国故，实在说不上家。所以我今天来讲，并不是以专家的资格。并且我今天所讲的，是书的问题。书这样东西，没有人可以说是专家的，是图书馆范围非常广博，尤其不配说专家。我家里书很多，可是乱七八糟，没有方法去整理。当我要书的时候，我写信去说：我要的书是在进门左手第三行第三格。我的书只是凭记忆所及，胡乱地放着。但是近来几次的搬家，这个进门左手第几行第几格的方法，已经不适用了。现在我的书，有的在北平，有的在上海，有的在箱子里，有的在书架上。将来生活安定了，把所有的书集在一处布置起来，还须请众位替我帮忙整理。因为我是完全不懂方法的。

　　近来我在国内国外走走，同一些中国图书馆家谈谈，每每得到一个结论，就是：学图书馆的人很多，但是懂得书的人很少，学图书馆的人，学了分类管理就够了，于是大家研究分类，你有一个新的分类法，他有一个新的分类法，其实这个东西是不很重要的。尤其是小规模的图书馆。在小图书馆里，不得已的时候，只需用两种方法来分类：一是人名，一是书名就够了。图书馆的中心问题，是要懂得书。图书馆学中的检字方法，分类方法，管理方法，比较起来是很容易的。一个星期学几个星期练习就可以毕业。但是必定要懂得书，才可以说是图书馆专家。叫化子弄猴子，有了猴子，才可以弄；舞棍，有了棍，才可以舞。分类法的本身是很抽象的。书很少，自然没有地方逞本事；有了书也要知道它的内容。这本 Pasteur[①] 的传，应该放在什么地方？是化学家呢，还是生物学家，医学或卫生学，就彷徨无措。无论你的方法是如何周全精密，不懂得内容，是无从分类起的。图书馆学者，学了一个星期，实习了几个星期，这不过是门径。如果要把他做终生的事业，就要懂得书。懂得书，才可以买书、收书、鉴定书、分类书。众位将来到各地服务的时候，我要提出一个警告，就是但懂得方法而不懂书是没有用的。你们的地位，只能做馆员，而不能做馆长的。

今天我所要讲的，是怎样去收集书。收书是图书馆很重要的事。可是要收的，实在不少，有旧书，有新书，有外国书，有中国书。外国书自然是懂得外国文字的，才有收的方法。如果不懂得外国文字，便是讲也没有用处的，要懂书，有三个重要的办法：

（一）爱书，把书当做心爱的东西，和守财奴爱钱一样。

（二）读书，时时刻刻的读，继续不断地读。唯有读书才能懂书。最低的限度也要常常去看。

（三）多开生路。生路多了自然会活泛。因此外国语不能不懂。一日语，二英语，三法语，四德语，五俄语，能多懂了一种，便多了一种好处。生路开得多了，才能讲收书，无论旧的，新的，中国的，外国的，都得知道他的内容，这样，便是分类也有了办法。

我今天的题目是"中国书的收集法"。吴稚晖先生这几年来常说中国的线装书，都应该丢到茅厕里去。这句话在精神上是很可赞成的。因为在现在的中国，的确应该提倡些物质文明，无用的书可以丢掉，但是他安顿线装书的法子，实在不好。茅厕不是摆书的好地方，而且太不卫生。所以我提议把

---

① Pasteur：指路易斯·巴斯德（1822—1895），法国著名微生物学家、化学家。发明了巴氏消毒法。

胡适

线装书一起收集起来，放到图书馆里去。所谓束之高阁。整理好了，备而不用，随时由专门学者去研究参考。那么中国书当如何收集呢？从前收集中国书，最容易犯两个大毛病：一是古董家的收集法，一是理学家的收集法。

古董家的收集法，是专讲版本的，比方藏书，大家知道北平的藏书大家傅沅叔先生。他收书，就不收明朝嘉靖以后的书。清朝的书，虽也收一点，但只限康熙、雍正、乾隆三朝的精刻本。亦有些人更进一步非宋不收，而且只限于北宋；他们以为北宋版是初刻本，当然更好。不论是哪一种书，只要是宋版，便要收藏。因此这一类书，价钱就很贵。譬如《资治通鉴》，是一部极平常的史书，什么地方都可以买，好古的收藏家，如果遇见宋刻的《资治通鉴》，都千方百计的要弄到他，就是花三千五千一万两万而得到一部不完整的本子，也是愿意的。现在刚刻出来的一本《宋刑统》这一部书，包括宋朝一代的政治法令，本来没有人注意到。大理院刻了这部书，在历史上很占重要的地位，可是古董式的收藏家，他不肯花数十块钱去买一部《宋刑统》却肯花三千五千一万两万买不完整的宋刻《资治通鉴》。拿这种态度收书，有许多毛病：

（一）太奢侈，用极贵的价钱收极平常的书，太不合算，诸位将来都是到各地去办小规模的图书馆的，这种图书馆当然没有钱做这样的事情。便是有钱我以为也不必的。

（二）范围太窄。譬如说，明朝嘉靖以后的书，一概不收。清朝本子刻得好的，才收一点。他们收的书，都是破铜烂铁，用处实在很少，只有古董的价值，完全没有历史的眼光。唯有给学者作校刊旧本之用。比方一部宋版的《资治通鉴》，他因为刻得最早，比较的错误的可能性少一点。如果用他去校刊旁的版本，当然有许多利益。诸位写一篇千字的文章，自己初抄的时候，抄错一个字，可是给人家第二次抄录的时候，就错了两个字。这样以讹传讹，也许会错到五六字十余字的。如果把原本对照，就可以改正好多。所以买旧本的用处，至多只有供校刊学者的校刊而已。如果要使人知道古书是什么样子的，那么说句干脆话，还不如交给博物院去保存得好，而且严格地说一句，宋本古本不一定是好的。我们一百年来晓得校刊本子不在乎古而在乎精。比方 ABC 三个本子。在宋朝时候据 A 本校刊成为 D 本便称宋版。而 E 本呢，是收 ABC 三本参考校刊而成的可说是明本，这样看来，明本也许比宋本精粹些，说明如左（下）：

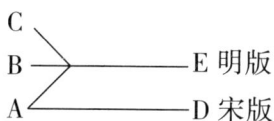

$$
\begin{array}{l}
C \\
B \\
A
\end{array}
\Big\rangle
\begin{array}{l}
\text{——E 明版} \\
\text{——D 宋版}
\end{array}
$$

理学家的收集法，是完全用理学家的眼光来收书的。这一种收集法比古董家还不好。古董家的眼光，如果这本书是古的他就收去，比方《四部丛刊》中的太平乐府是刻得很坏的，这里面的东西，都是元朝堂子里的姑娘所唱的小曲子，经杨朝云编在一处，才保存到现在。如果撞在道学家手里，早不知到什么地方去了，古董家因为看见他难得，所以把他收进去，使我们晓得元朝的小曲子，是一种什么样子的东西。董康先生翻刻的《五代史平话》，原是极破烂的一本书，但是因为古的关系，居然有人把他刻出来保全了这个书，这是第一种比第二种好的地方。还有一种好处，就是古董家虽然不懂这破烂的书，可是放着也好，要是用道学家的眼光收书，有很大的毛病。《四库全书》是一个很大的收集（collection）。但是清乾隆皇帝所颁的上谕，和提要中，口口声声说是要搜集有关世道人心的书。这我们查书的几篇上谕，就可以知道。所以他小曲子不要，小学不要。他所收的，都是他认为与世道人心无妨碍的。拿这个标准收书，就去掉了不少有用的书。他的弊端很大：

（一）门类太窄。《四库全书》是大半根据《永乐大典》集出来的。《永乐大典》的收集法，乱七八糟，什么书都收在里面。戏也有，词曲也有，小学也有，他的收法，是按韵排列的。譬如这部戏曲是微韵，就收入微韵里。

胡适

可是到了清朝，那些学者的大臣，学者的皇帝，带上了道学家的幌子，把《永乐大典》中保存的许多有用的书，都丢掉了。自此用道学的眼光收书，门类未免太狭。

（二）因人废言。用道学家的眼光收书，常常因人的关系，去掉许多有用的书。比方明朝的严嵩，是当初很有名的文学家，诗文词赋，都占极高的地位，可是在道学家的眼光看来，他是一个大奸臣，因此《四库全书》中，便不收他的东西。又如姚广孝，是永乐皇帝——明成祖的功臣。他是一个和尚，诗文都好。但是他因为帮永乐篡位，所以他的作品也不被收，又像明末清初的吴梅村等，都是了不得的人才。三百年来，他的文字，要占极高的地位。不过因为他在明朝做了官，又在清朝做官，便叫他贰臣。他的作品，也就不能存在。

（三）因辞废言。用道学家的眼光收书，对于人往往有成见。其实这是很可笑的，往往因文字上忌讳的缘故，把他的作品去掉，这是很不对的。譬如用国民党的眼光去排斥书，是有成见的。用共产党的眼光去排斥书，也是有成见的。同为某种事实而排斥某种书，都讲不过去的。《四库全书》中有许多书不予收入，而且另外刊入禁书目录，有些明朝末叶的书，有诋毁清朝的，都在销毁之列。因此用道学家的眼光收书，是很不对的。

（四）门户之见太深。门户之见，道学家最免不掉。程朱之学与陆王之学，是互相排斥的，两者便格格不入。所以程朱的一流对于王学每认为异端拒而不收；王阳明的东西尚不肯收，那么等而下之，自然不必说了。王派对于朱派，也积口诋毁。至于佛家道家，也在排斥之列。《四库全书》关于道家的，完全没有放进去。在中国这学派门户之见实在很多，总而言之，门类太窄，因人废言，因辞废言，或者为了学派门户的成见，以批评人的眼光抹杀他的书，这样收书，就冤抑了许多有价值的书。如果在一百余年以前，他们的眼光，能放得大些，不要说把销毁的书保留起来，如能将禁书收进去，也可为我们保留了不少的材料。在那个时候，没有遭大乱，太平天国的乱事没有起，圆明园也没有烧毁，假如能放大眼光，是何等的好。可是因为中了这种种的毒，所以永远办不到。

今天我讲的，是第三种方法。这个方法，还没有相当的有名字，我叫他杂货店的收书法。明白地说，就是无书不收的收书法。不论什么东西，如果是书，就一律都要。这个办法，并不是杜撰的，上次顾颉刚先生代表广州中山大学，拿了几万块钱出来收书，就是这样办法。人家笑话他，他还刊了一本小册说明他的方法。这书，王先生也许看见过。他到杭州、上海、苏州等处，到了一处，就通知旧书铺，叫他把所有的书，统统开个单子，就尽量地收下来。什么三字经，千字文，医书，和从前的朱卷都要。秀才的八股卷子也要，账簿也要，老太太写的不通的信稿子也要，小热昏，滩簧，算命书，看相书，甚至人家的押契，女儿的礼单，和丧事人家账房先生所开的单子和杠夫多少，旗伞多少，如何排场等的东西都要。摊头上印得很恶劣的唱本，画册，一应都收了来。人家以为宝贝的书，他却不收。他怕人家不了解，印了一个册子去说明，可是人家总当他是外行，是大傻子，被人笑煞。不过我今天和诸位谈谈，收集旧书，这个方法最好。他的好处在哪里呢？

（一）把收书的范围扩大所谓无所不收。不管他是古，是今，是好版本，是坏版本，有价值，没有价值，统统收来，材料非常丰富。

（二）可免得自己来去取。不懂得书，要去选择，是多么麻烦的事。照这样子的收书，不管他阿猫阿狗，有价值，没有价值，一概都要。如果用主观来去取书，选择书，还是免不掉用新的道学家的眼光，来替代老的道学家的眼光。是最不妥当的事。

（三）保存无数的史料。比方人家大出丧，这个出丧单子，好像没有用处。但是你如果保存起来，也有不少的用途，在历史上，留下一个很好的记载。像虞洽卿先生的夫人死了，就有大规模的出丧，仪仗很盛。那时人家只

胡适

看见了这样的出丧，却没有人去照相去详细记载。如果找到了虞先生的账房先生，要了那张单子，就知道他这次出丧多少排场，多少费用，给社会学者留下很好的材料。将来的人，也可以知道在中华民国十七年某月某日，上海某某人家，还有这样的大出丧。这种史料是再好不过的。

（四）所费少而所收多，譬如八股文现在看来是最没用的东西，简直和破纸一样，可以称斤地卖去；可是八股文这种东西，在中国五百年来的历史上占极重要的地位。几百万最高的阶级——所谓第一类人才的知识阶级，把他全部的精神，都放在里面，我们想想，这与五百年来学者极有关系的东西，是不是历史上最重要的材料；而且这个东西，再过十年八年，也许要没有了。现在费很少的钱，把他收了，将来价格一贵，就可不收。而且还可以一集二集地印出来卖钱，什么成化啊，弘治啊，嘉靖啊式式都有。到没有的时候，也许会利市三倍呢。

（五）偶然发现极好的材料。这种称斤的东西，里面常有不少的好材料。如果在几十斤几百斤破烂东西中，得到了一本好材料，所费的钱，已经很值得了。

有人问我，你不赞成古董家的收书法，又不赞成道学家的收书法，那么这个杂货店的收书法，原则是什么呢？当然杂货店不能称是原则，他的原则是用历史家的眼光来收书。从前绍兴人章学诚（实斋），他说："六经皆史也。"人家当初，都不相信他，以为是谬论。用现在的眼光来看这句话，其实还幼稚得很。我们可以说："一切的书籍，都是历史的材料。"中国书向来分为经史子集四类，经不过是总集而已。章学诚已认他是史。史当然是历史。所谓集，是个人思想的集体，究其实，也渊源于史，所以是一种史料。子和集，性质相同，譬如《庄子》《墨子》，就是庄子、墨子的文集，亦是史料。所以大概研究哲学史，就到子书里去找。这样看来，一切的书，的确是历史的材料。

虞洽卿家里的礼单是历史，算命单也是历史。某某人到某某地方算命，

大师谈读书

就表示在民国某年某月某日还有人算命，是很好的一种社会历史和思想史料。《三字经》和《百家姓》，好像没有用了，其实都是史料。假如我做一部中国教育史，《三字经》和《百家姓》，就占一个很重要的地位，必须研究他从什么时候起的，他的势力是怎么样。又像描红的小格子，从前卖一个小钱一张，他在什么时候起的，什么时候止的，都是教育史上的好材料，因为从前读书，差不多都写这种字的。从前有某某图书馆征求民国以前的《三字经》刻本，都没有征求到，可知道这种东西到了没有的时候，是极为可贵的。我小时候读书，把南京李广明记得很熟，因为所读的《三字经》《千字文》《百家姓》和《学而》——《论语》首章等，都是从李广明来的。李广明在教育史上，也有一个相当的地位，此外如《幼学琼林》啊，《神童诗》啊，《千家诗》啊，都是教育史料。至于八股文乃是最重要的文学史料，教育史料，思想史料，哲学史料。所谓滩簧、唱本、小热昏，也是文学史料，可以代表一个时代的平民文字。诸位要知道文学中最重要的一部分，乃是大多数人最喜欢唱，喜欢念，喜欢做的东西。还有看相的书，同道士先生画的符，念的咒，都是极好的社会史料，和宗教史料，思想史料。婚姻礼单，又是经济史料和社会史料。讲到账簿可以说是经济史料。比方你们要研究一个时代的生计，如果有这种东西做参考，才能有所根据，得到正确的答案。英国有人（Rojers）专门研究麦价，便是到各地去专找账簿。麦子在某年是多少钱一担？价格的变迁如何？农家的出产多少如何？他是专门搜集农家教堂和公共机关的账簿来比较研究的。这种种的东西，都是极有价值的社会经济史料。我记得我十岁十一岁时记账，豆腐只是三个小钱一块。现在拿账簿一看，总得三个铜板一块，在这短短的时期中，竟增加到十倍。数十年后，如果没有这种材料，那里还会知道当时经济的情况。倘使你有关于和尚庙尼姑庵等上吊的材料，你也可收集起来，因为这是社会风俗史的一部分。人能用这种眼光来看书，无论他是有无道理，都一概收集，才是真正收书家的态度。我们研究历史，高

胡适

明的固然要研究；就是认为下流的，也要研究；才能确切知道一时代的真相。高明到什么地步？下流到什么地步？都要切切实实地研究一下。

　　谈到文学，杜工部李太白的诗，固然是历史上的重要文学，应该懂得；然而当时老百姓的文学，也占同一的地位，所以也必须懂得。李杜的东西，只能代表一般贵族的历史，并不能说含有充分的平民历史；老百姓自己的东西才是真正的平民历史。《金瓶梅》这一部书，大家以为淫书，在禁止之列，其实也是极好的历史材料。日本的佛教大学，还把他当作课本呢，这个就可见他有历史的眼光。《金瓶梅》是代表明代中叶到晚期一个小小的贵族的一种情形，譬如书中的主人，有一个大老婆五个小老婆，还有许多姘头，一家的内幕，是如此如此。如果没有这种书，怎么能知道当时社会上一般的情况。此外如《醒世姻缘》小说，不但可以做当时家庭生活的材料，还可知道从前小孩子怎样上学堂，如何开笔做八股文，都是应该知道的事；要有种种材料给我们参考，我们才能了然于胸中。因此我们的确应该知道，王阳明讲些什么学说，而同时《金瓶梅》中的东西亦应当知道的。因为王阳明和《金瓶梅》同是代表十五世纪到十六世纪一般的情形，在历史上，有同样的价值。无论是破铜烂铁，竹头木屑，好的坏的，一起都收，要知道历史是整个的，无论哪一方面缺了，便不成整个。少了《金瓶梅》，知道王阳明，不能说是知道十六世纪的历史；知道《金瓶梅》，去掉王阳明，也不能说是知道十六世纪的历史。因此《圣谕广训》是史料，《品花宝鉴》也是史料，因为他讲清朝一种男娼的风气，两者缺了一点，就不能算完全。我们还要知道历史是继续不断地变迁的，要懂得他变迁的痕迹，更不能不晓得整个的历史是怎样。拿最近的事情说，国民党容共时代所出的公文布告标语，他的重要与分共时代所出的标语公文布告占同一的地位。而且你们如果不懂容共时代的东西，也断不能懂得现在的东西。

　　材料不在乎好坏，只要肯收集，总是有用处的。比方甘肃敦煌石室里的破烂东西，都是零落不全的，现在大家都当他宝贝，用照像版珂罗版印了几页，要卖八元，九元，二十元的价钱。我们到北京去，也得看见一点敦煌石室中的东西。敦煌石室中的东西，是甘肃敦煌县东南的一个石窟（叫做莫高窟）里所藏的书。敦煌那个地方有一个千佛洞，在佛教最盛的时候，有二三百座庙，石室里都是壁画，大概是唐人的手笔；亦有六朝晋朝时候的壁画。因为北方天气干燥，所以都没有坏。有一个庙是专门藏书用的。当初没有刻本，只有写本。有的是蝇头细楷，有的是草字，差不多式式都有。其中佛经最多，亦有雕本，恐怕是世界上最早的了。这里面有和尚教徒弟的经卷，有和尚念的经咒，女人们刺血写的符箓，和尚的伙食账簿，小和尚的写字本子，和唱本小调，就是敦煌的公文，也留在里面。有许多书，有年代可考，大概在西历五百年起，到一千一百十年的光景——东晋到宋真宗时。这许多年代中，有很多的材料，都不断地保存在这个和尚庙里。到了北宋初年，那里起了战乱，和尚们恐怕烧掉，就筑了墙，把一应文件都封在中间。大概打仗很久，和尚们死的死，逃的逃，从宋真宗时封起，一直到清末庚子年，墙坏了，就修理修理，也不知道中间有什么东西。直到庚子年——西历 1900 年，一个道士偶然发现石室中的藏书，才破了这个秘密。可是这个道士也不当他是宝贝，把他当符箓来卖钱，说是可以治病的。什么人头痛就买一张烧了灰吃下去，说是可以医头痛；什么人脚痛，也买一张烧了灰吃下去，说是可以医脚痛。这样卖了七八年，到了 1907 年，才有洋鬼子来了。那是英国的史坦因[1]（Stein），他从中亚西亚来，是往北探险去的。他并没有中国的学问，据说他有一个助手王世庭，学问也并不高明，不过他曾听见在敦煌发现了许多东西，就去看看，随便给他多少钱买了大半去。因为不好拿，就捆了几大捆，装着走了。过了半年那是 1908 年，法国学者伯希和[2]（Pelliot）来了，他是有名的学问家，他的中国学问，恐怕中国学者，也不能及他。不过伯希和很穷，只能够在敦

---

① 史坦因（1862—1943），英国东方考古学学者。曾诈取千佛洞经卷 9000 余卷。
② 伯希和（1878—1945），法国汉学家。

煌选了二千多卷，拿到北京，他是很诚实的，还去问问人家，请教人家，于是大家就知道了敦煌有这个东西。清朝的学部也得了这个消息，就打电报给陕甘总督，叫他把所有石室里的东西，统统封好了，送到京师图书馆里去。那些官员，到这个时候，才知道他是宝贝；因为外人都买了装回本国去，朝廷又要他封送晋京，于是拣完整的字迹端秀的几卷，大家偷了去送人，所以偷掉的也不少，现在存在北京的，还有八千余卷。从东晋到宋朝初年，六百年间，许多史料，都保存在里头，真是无价之宝，现在六千余卷在英国伦敦，二千余卷在法国巴黎，八千余卷在北平，一共在一万八千卷左右，我都去看过，在英国、法国的数千卷，那真可爱。他们都用极薄极薄的纸，把他裱起来，装订成册；便是残破了的一角，或是扯下的一个字，也统统裱好了，藏在一处。他的内容说来很可笑，我刚才说过，小和尚的写字本子，老和尚念的经卷，和女师太刺血写的东西，样样都有。有些和尚们，在念经的时候忽然春心发动，便胡乱写一首十八摸，哼几句情诗，也都丢在里面。各种材料，差不多都有一点。此外如七字的唱本，像《天雨花》，《笔生花》一类的东西，唐朝已经有了。我们只知后代才有，哪里知道敦煌石室里面，已有这个东西，可以说是唱本的老祖宗。这在文学史上，是多么重要的好材料。这不但使我们知道六百年前的宗教史事；就是我们要研究佛家哲学经济思想之等等许多史料，都可到里面去找，在那时很不经意的，乱七八糟杂货店似的把东西丢在一处，不料到九百年后，成了你争我夺的宝贝，这是此种收书的很好的证据。

因此诸位如果有心去收，破铜烂铁，都有用处，我们知道我们凭个人的主观去选择各书是最容易错误的。这个要那个不要，借自己的爱憎来定去取，是最不对的，我们恨滩簧小调，然而滩簧小调在整个的文学上，也占极重要的地位。孔子是道学家，可是他删诗而不删掉极淫乱的作品，正可充分表现他有远大的目光，《诗经》中有两章如下：

子惠思我，褰裳涉溱：子不我思，岂会他人？狂童之狂也且！

子惠思我，褰裳涉洧：子不我思，岂无他士？狂童之狂也且！

淫乱到了极点，像这首诗，他怀想所欢，竟愿渡河以从，并且是人尽可夫。可是孔子并不删去，否则我们现在要得二三千年以上的材料时，试问到哪里去找。孔子收书，因为有这种态度，这种眼光，所以为中国，为全世界，保存了最古，最美，最有价值的文学史料，社会史料，宗教史料，政治史料。假如一有成见，还会有这样的成功吗？现在流行市面的小报很多，什么叽哩咕罗，噜哩噜苏，《福尔摩斯》《晶报》《大晶报》等，五花八门，为一般人所鄙弃的，可是他们也有他们的用处。我们如果有心收集起来，都是将来极好的文学史料，社会史料。要是在十年二十年后，再要去找一个叽哩咕罗，或是噜哩噜苏也许没法得到。我能把他保存起来，十年二十年后，人家要一个叽哩咕罗，要一个噜哩噜苏，我就可以供给他们，借此能知道民国十七年，上海社会上一般的情形是怎么样。当《申报》五十年纪念的时候，他们出一部纪念册，可是《申报》馆竟没有一份全份的《申报》。于是登报征求。结果全中国只有一个人有这么一份，《申报》馆愿意出很多的钱去收买，结果是二万块钱买了来。照我这样，觉得二十万块钱都值得，以中国之大，或者说是以世界之大，而只有一份不缺之《申报》，你想是多么可贵呢，所以现在看为极平常而可以随手弃掉的东西，你如果有一个思想，觉得他是二十年后二千年后的重要史料，设法保存起来，这些东西，就弥觉可珍了。

我们收集图书，必须有这种历史的眼光，个人的眼光有限，所有的意见，也许是错误的，人家看为有价值的，我以为无价值；人家看为无价值的，我以为有价值，这种事情很多。我们收书，不能不顾到。所以：

（一）要认定我们个人的眼光和意见是有限的，有错误的。

（二）要知道今天看为平常容易得的东西，明天就没有，后天也许成了古董，假如我们能存这个观念，拿历史的眼光来收书，就是要每天看后的报纸，也都觉得可贵的。

讲到这里，诸位对我所说的，也许有一点怀疑，以为照这样说来，不是博而寡要了吗？可是我觉得图书馆是应当要博的，而且从博这个字上，也会自然而然地走到精密的路上去。收文学书的，他从文学上的重要材料起，一直到滩簧小热昏为止，件件都收。或者竟专力于文学中的一部；从专中求博，也未尝不可。有一位陶兰泉先生，绰号叫陶开化，他收书什么都收。但只限于殿版开化纸的书，因此得了这个陶开化的名称，正是博中寓专。因此第一步是博，第二步是由博而专，这也是自然而然的趋向，大概到专，亦有三个缘故：

（一）是天才的发展；

（二）是个人嗜好；

（三）是环境上的便利。

有这三个缘故，自然会走上专门的路，诸位都知道欧洲的北边，有一个小岛，叫冰岛（Iceland），那里许多的文学材料，再不能到冰岛去找，全世界只有我的母校康奈尔大学有这完全的冰岛文学史料，康奈尔图书馆所著名的，也就是这一点。因为当初冰岛上有人专门收集这全部的材料，后来捐给康奈尔，并又出资再由康奈尔到冰岛去搜集，因此我的母校，就以冰岛文学著名于全世界。这种无所不收的材料，实在有非常的价值，非常的用处。

今天我讲书的收集法，是极端主张要博，再从博而专门，古董家和道学家的方法，是绝对要不得的，这不过一个大概，神而明之，存乎其人，详细的办法，还须诸位自己去研究。

一个最低限度的国学书目

（选自《胡适文存二集》卷一，上海亚东图书馆 1924 年版）

序言

这个书目是我答应清华学校胡君敦元等四个人拟的。他们都是将要往外国留学的少年。很想在短时期中得着国故学的常识。所以我拟这个书目的时候，并不为国学有根底的人设想，只为普通青年人想得一点系统的国学知识的人设想。这是我要声明的第一点。

这虽是一个节目，却也是一个法门。这个法门可以叫做"历史的国学研究法"。这四五年来，我不知收到多少青年朋友询问"治国学有何门径"的信。我起初也学着老前辈们的派头，劝人从"小学"入手，劝人先通音韵训诂。我近来忏悔了！那种话是为专家说的，不是为初学人说的；是学者装门面的话，不是教育家引人入胜的法子。音韵训诂之学自身还不曾整理出个头绪系统来，如何可作初学人的入手工夫？十几年的经验使我不能不承认音韵训诂之学只可以作"学者"的工具，而不是"初学"的门径。老实说来，国学在今日还没有门径可说；那些国学有成绩的人大都是下死工夫笨干出来的。死工夫固是重要，但究竟不是初学的门径。对初学人说法，须先引起他的真兴趣，他然后肯下死工夫。在这个没有门径的时候，我曾想出一个下手方法来：就是用历史的线索做我们的天然系统，用这个天然继续演进的顺序做我们治国学的历程。这个书目便是依着这个观念做的。这个书目的顺序便是下手的法门。这是我要声明的第二点。

这个书目不单是为私人用的，还可以供一切中小学校图书馆及地方公共图书馆之用。所以每部书之下，如有最易得的版本，皆为注出。

（一）工具之部

《书目举要》（周贞亮，李之鼎）南城宜秋馆本。这是书目的书目。

《书目答问》（张之洞）刻本甚多，近上海朝记书庄有石印"增辑本"，最易得。

《四库全书总目提要》附存目录，广东图书馆刻本，又点石斋石印本最方便。

《汇刻书目》（顾修）顾氏原本已不适用，当用朱氏增订本，或上海北京书店翻印本，北京有益堂翻本最廉。

《续汇刻书目》（罗振玉）双鱼堂刻本。

《史姓韵编》（汪辉祖）刻本稍贵，石印本有两种。此为《二十四史》的人名索引，最不可少。

《中国人名大辞典》（商务印书馆）

《历代名人年谱》（吴荣光）北京晋华书局新印本。

《世界大事年表》（傅运森）商务印书馆。

《历代地理韵编》，《清代舆地韵编》（李兆洛）广东图书馆本，又坊刻《李氏五种》本。

《历代纪元编》（六承如）《李氏五种》本。

《经籍籑诂》（阮元等）点石斋石印本可用。读古书者，于寻常字典外，应备此书。

《经传释词》（王引之）通行本。

《佛学大辞典》（丁福保等译编）上海医学书局。

（二）思想史之部

《中国哲学史大纲》上卷（胡适）商务印书馆。

二十二子：《老子》《庄子》《管子》《列子》《墨子》《荀子》《尸子》《孙子》《孔子集语》《晏子春秋》《吕氏春秋》《贾谊新书》《春秋繁露》《扬子法言》《文子缵义》《黄帝内经》《竹书纪年》《商君书》《韩非子》《淮南子》《文中子》《山海经》，浙江公立图书馆（即浙江书局）刻本。上海有铅印本亦尚可用。汇刻子书，以此部为最佳。

四书（《论语》《大学》《中庸》《孟子》）最好先看白文，或用朱熹集注本。

《墨子间诂》（孙诒让）原刻本，商务印书馆影印本。

《庄子集释》（郭庆藩）原刻本，石印本。

《荀子集注》（王先谦）原刻本，石印本。

《淮南鸿烈集解》（刘文典）商务印书馆出版。

《春秋繁露义证》（苏舆）原刻本。

《周礼》通行本。

《论衡》（王充）通津草堂本（商务印书馆影印）；湖北崇文书局本。

《抱朴子》（葛洪）《平津馆丛书》本最佳，亦有单行的；湖北崇文书局本。

《四十二章经》金陵刻经处本。以下略举佛教书。

《佛遗教经》同上。

《异部宗轮论述记》（窥基）江西刻经处本。

《大方广佛华严经》（东晋译本）金陵刻经处。

《妙法莲华经》（鸠摩罗什译）同上。

《船若纲要》（葛鼎甹）《大般若经》太繁，看此书很够了。扬州藏经院本。

《般若波罗密多心经》（玄奘译）

《金刚般若波罗密经》（鸠摩罗什译，菩提流支译，真谛译）以上两书，流通本最多。

《阿弥陀经》（鸠摩罗什译）此书译本与版本皆极多，金陵刻经处有《阿弥陀经要解》（智旭）最便。

《大方广圆觉了义经》（即《圆觉经》）（佛陀多罗译）金陵刻经处白文本最好。

《十二门论》（鸠摩罗什译）金陵刻经处本。

《中论》（同上）扬州藏经院本。

以上两种，为三论宗"三论"之二。

《三论玄义》（隋吉藏撰）金陵刻经处本。

《大乘起信论》（伪书）此虽是伪书，然影响甚大。版本甚多，金陵刻经处有沙门真界纂注本颇便用。

《大乘起信论考证》（梁启超）此书介绍日本学者考订佛书真伪的方法，甚有益。商务印书馆将出版。

《小止观》（一名《童蒙止观》，智𫖮撰）天台宗之书不易读，此书最便初学。金陵刻经处本。

《相宗八要直解》（智旭直解）金陵刻经处本。

《因明入正理论疏》（窥基疏）金陵刻经处本。

《大慈恩寺三藏法师传》（慧立撰）玄奘为中国佛教史上第一伟大人物，此传为中国传记文学之大名著。常州天宁寺本。

《华严原人论》（宗密撰）有正书局有合解本，价最廉。

《坛经》（法海录）流通本甚多。

《古尊宿语录》此为禅宗极重要之书，坊间现尚无单行刻本。《大藏经》缩刷本腾字四至六。

《宏明集》（梁僧祐集）此书可考见佛教在晋宋齐梁士大夫间的情形。金陵刻经处本。

《韩昌黎集》（韩愈）坊间流通本甚多。

《李文公集》（李翱）《三唐人集》本。

《柳河东集》（柳宗元）通行本。

《宋元学案》（黄宗羲，全祖望等）冯云濠刻本，何绍基刻本，光绪五年长沙重刊本。坊间石印本不佳。

《明儒学案》（黄宗羲）莫晋刻本最佳。坊间通行有江西本，不佳。

以上两书，保存原料不少，为宋明哲学最重要又最方便之书。此下所列，乃是补充这两书之缺陷，或是提出几部不可不备的专家集子。

《直讲李先生集》（李觏）商务印书馆印本。

《王临川集》（王安石）通行本。商务印书馆影印本。

《二程全书》（程颢、程颐）六安涂氏刻本。

《朱子全书》（朱熹）六安涂氏刻本；商务印书馆影印本。

《朱子年谱》（王懋竑）广东图书馆本，湖北书局本。此书为研究朱子最不可少之书。

《陆象山全集》（陆九渊）上海江左书林铅印本很可用。

《陈龙川全集》（陈亮）通行本。

《叶水心全集》（叶适）通行本。

《王文成公全书》（王守仁）浙江图书馆本。

《困知记》（罗钦顺）嘉庆四年翻明刻本。正谊堂本。

《王心斋先生全集》（王艮）近年东台袁氏编订排印本最好，上海国学保存会寄售。

《罗文恭公全集》（罗洪先）雍正间刻本，《四库全书》本与此本同。

《胡子衡齐》（胡直）此书为明代哲学中一部最有条理又最有精采之书。《豫章丛书》本。

《高子遗书》（高攀龙）无锡刻本。

《学蔀通辨》（陈建）正谊堂本。

《正谊堂全书》（张伯行编）这部丛书搜集程朱一系的书最多，欲研究"正统派"的哲学的，应备一部，全书六百七十余卷，价约三十元。初刻本已不可得，现行者为同治间初刻本。

《清代学术概论》（梁启超）商务印书馆。

《日知录》（顾炎武）用黄汝成《集释》本。通行本。

《明夷待访录》（黄宗羲）单行本。扫叶山房《梨洲遗著汇刊》本。

《张子正蒙注》（王夫之）《船山遗书》本。

《思问录内外篇》（王夫之）同上。

《俟解》一卷，《噩梦》一卷（王夫之）同上。

《颜李遗书》（颜元，李塨）《畿辅丛书》本可用。北京四存学会增补全书本。

《费氏遗书》（费密）成都唐氏刻本。（北京大学出版部寄售）

《孟子字义疏证》（戴震）《戴氏遗书》本。国学保存会有铅印本，但已卖缺了。

《章氏遗书》（章学诚）浙江图书馆排印本，上海刘翰怡新刻全书本。

《章实斋年谱》（胡适）商务印书馆出版。

《崔东壁遗书》（崔述）道光四年陈履和刻本;《畿辅丛书》本只有《考信录》，亦可够用了。全书现由亚东图书馆重印，不久可出版。

《汉学商兑》（方东树）此书无甚价值，但可考见当日汉宋学之争。单行本，朱氏《槐庐丛书》本。

《汉学师承记》（江藩）通行本，附《宋学师承记》。

《新学伪经考》（康有为）光绪辛卯初印本;新刻本只增一序。

《史记探原》（崔适）初刻本;北京大学出版部排印本。

《章氏丛书》（章炳麟）康宝忠等排印本;浙江图书馆刻本。

（三）文学史之部

《诗经集传》（朱熹）通行本。

《诗经通论》（姚际恒）闻商务印书馆将重印。

《诗本谊》（龚橙）浙江图书馆《半广丛书》本。

《诗经原始》（方玉润）闻商务印书馆不久将有重印本。

《诗毛氏传疏》（陈奂）《清经解续编》卷七百七十八以下。

《檀弓》《礼记》第二篇。

《春秋左氏传》通行本。

《战国策》商务印书馆有铅印补注本。

《楚辞集注》，附《辨证后语》（朱熹）通行本；扫叶山房有石印本。

《全上古三代秦汉三国六朝文》（严可均编）广雅书局本。此书搜集最富，远胜于张溥的《汉魏六朝百三家集》。

《全汉三国晋南北朝诗》（丁福保编）上海医学书局出版。

《古文苑》（章樵注）江苏书局本。

《续古文苑》（孙星衍编）江苏书局本。

《文选》（萧统编）上海会文堂有石印胡刻李善注本最方便。

《文心雕龙》（刘勰）原刻本；通行本。

《乐府诗集》（郭茂倩编）湖北书局刻本。

《唐文粹》（姚铉编）江苏书局本。

《唐文粹补遗》（郭麐编）同上。

《全唐诗》（康熙朝编）扬州原刻本，广州本，石印本，五代词亦在此中。

《宋文鉴》（吕祖谦编）江苏书局本。

《南宋文范》（庄仲方编）同上。

《南宋文录》（董兆熊编）同上。

《宋诗抄》（吕留良、吴之振等编）商务印书馆本。

胡适

《宋诗抄补》（管庭芬等编）商务印书馆本。

《宋六十家词》（毛晋编）汲古阁本，广州刊本，上海博古斋石印本。

《四印斋王氏所刻宋元人词》（王鹏运编刻）原刻本，板存北京南阳山房。

《疆邨所刻词》（朱祖谋编刻）原刻本。王朱两位刻的词集都很精，这是近人对于文学史料上的大贡献。

《太平乐府》（杨朝英编）《四部丛刊》本。

《阳春白雪》（杨朝英编）南陵徐氏《随庵丛书》本。

以上两种为金元人曲子的选本。

《董解元弦索西厢》（董解元）刘世衍《暖红室汇刻传奇》本。

《元曲选一百种》（臧晋叔编）商务印书馆有影印本。

《金文最》（张金吾编）江苏书局本。

《元文类》（苏天爵编）同上。

《宋元戏曲史》（王国维）商务印书馆本。

《京本通俗小说》这是七种南宋的话本小说，上海蝉隐庐《烟画东堂小品》本。

《宣和遗事》《士礼居丛书》本；商务印书馆有排印本。

《五代史平话》残本董康刻本。

《明文在》（薛熙编）江苏书局本。

《列朝诗集》（钱谦益编）国学保存会排印本。

《明诗综》（朱彝尊编）原刻本。

《六十种曲》（毛晋编刻）汲古阁本。此书善本已不易得。

《盛明杂剧》（沈泰编）董康刻本。

《暖红室汇刻传奇》（刘世珩编刻）原刻本。

《笠翁十二种曲》（李渔）原刻巾箱本。

《九种曲》（蒋士铨）原刻本。

《桃花扇》（孔尚任）通行本。

《长生殿》（洪昇）通行本。

清代戏曲多不胜举；故举李蒋两集，孔洪两种历史戏，作几个例而已。

《曲苑》上海古书流通处编印本。此书汇集关于戏曲的书十四种，中如焦循《剧说》，如梁辰鱼《江东白苎》，皆不易得。石印本价亦廉，故存之。

《缀白裘》这是一部传奇选本，虽多是零篇，但明末清初的戏曲名著都有代表的部分存在此中。在戏曲总集中，这也是一部重要书了。通行本。

《曲录》（王国维）《晨风阁丛书》本。

《湖海文传》（王昶编）所选都是清朝极盛时代的文章,最可代表清朝"学者的文人"的文学。原刻本。

《湖海诗传》（王昶编）原刻本。

《鲒埼亭集》（全祖望）借树山房本。

《惜抱轩文集》（姚鼐）通行本。

《大云山房文稿》（恽敬）四川刻本，南昌刻本。

《文史通义》（章学诚）贵阳刻本，浙江局本，铅印本。

《龚定盦全集》（龚自珍）万本书堂刻本。国学扶轮社本。

《曾文正公文集》（曾国藩）《曾文正全集》本。

清代古文专集，不易选择;我经过很久的考虑，选出全，姚，恽，章，龚，曾六家来作例。

《吴梅村诗》（吴伟业）《梅村家藏稿》（董康刻本,商务印书馆影印本）本，无注；此外有靳荣藩《吴诗集览》本，有吴翌凤《梅村诗集笺注》本。

《瓯北诗钞》（赵翼）《瓯北全集》本，单行本。

《两当轩诗钞》（黄景仁）光绪二年重刻本。

《巢经巢诗钞》（郑珍）贵州刻本；北京有翻刻本，颇有误字。

《秋蟪吟馆诗钞》（金和）铅印全本；家刻本略有删减。

胡适

《人境庐诗钞》（黄遵宪）日本铅印本。

清代诗也很难选择。我选梅村代表初期，瓯北与仲则代表乾隆一期；郑子尹与金亚匏代表道咸同三期；黄公度代表末年的过渡时期。

明清两朝小说：

《水浒传》亚东图书馆三版本。

《西游记》（吴承恩）亚东图书馆再版本。

《三国志》亚东图书馆本。

《儒林外史》（吴敬梓）亚东图书馆四版本。

《红楼梦》（曹霑）亚东图书馆三版本。

《水浒后传》（陈忱，自署古宋遗民）此书借宋徽钦二帝事来写明末遗民的感慨，是一部极有意义的小说。亚东图书馆《水浒续集》本。

《镜花缘》（李汝珍）此书虽有"掉书袋"的毛病，但全篇为女子争平等的待遇，确是一部很难得的书。亚东图书馆本。

以上各种，均有胡适的考证或序，搜集了文学史的材料不少。

《今古奇观》，通行本。可代表明代的短篇。

《三侠五义》此书后经俞樾修改，改名《七侠五义》。此书可代表北方的义侠小说。旧刻本，《七侠五义》流通本较多。亚东图书馆不久将有重印本。

《儿女英雄传》（文康）蜚英馆石印本最佳；流通本甚多。

《九命奇冤》（吴沃尧）广智书局铅印本。

《恨海》（吴沃尧）通行本甚多。

《老残游记》（刘鹗）商务印书馆铅印本。

以上略举十三种，代表四五百年的小说。

《五十年来的中国文学》（胡适）本书卷二。

（跋）文学史一部，注重总集；无总集的时代，或总集不能包括的文人，始举别集。因为文集太多，不易收买，尤不易遍览，故为初学人及小图书馆计，皆宜先从总集下手。

附录一:《清华周刊》记者来书

适之先生:

在《努力周刊》的增刊、《读书杂志》第七期上，我们看见先生为清华同学们拟的一个最低限度的国学书目。我们看完以后，心中便起了若干问题，现在愿说给先生听听，请先生赐教。

第一，我们以为先生这次所说的国学范围太窄了。先生在文中并未下国学的定义，但由先生所拟的书目推测起来，似乎只指中国思想史及文学史而言。思想史与文学史便是代表国学么？先生在《国学季刊》的发刊的宣言里，拟了一个中国文化史的系统，其中包括（一）民族史，（二）语言文字史，（三）经济史，（四）政治史，（五）国际交通史，（六）思想学术史，（七）宗教史，（八）文艺史，（九）风俗史，（十）制度史。中国文化史的研究，便是国学研究，这是先生在该宣言里指示我们的。既然如此，为什么先生不在国学书目文学史之部以后，加民族史之部，语言文学史之部，经济史之部……呢？

第二，我们一方面嫌先生所拟的书目范围不广；一方面又以为先生所谈的方面——思想史与文学史——谈得太深了，不合于"最低限度"四字，我们以为定清华学生的国学最低限度，应该顾及两种事实:第一是我们的时间，第二是我们的地位。我们清华学生，从中等科一年起，到大学一年止，求学的时间共八年。八年之内一个普通学生，于他必读的西文课程之外，如肯切实地去研究国学，可以达到一个什么程度，这是第一件应该考虑的。第二，清华学生都有留美的可能。教育家对于一般留学生，要求一个什么样的国学程度，这是第二件应该考虑的。先生现在所拟的书目，我们是无论如何读不完的，因为书目太多，时间太少。而且做留学生的，如没有读过《大方广圆觉了义经》或《元曲选一百种》，当代的教育家，不见得会非难他们，以为

胡适

未满足国学最低的限度。

　　因此，我们希望先生替我们另外拟一个书目，一个实在最低的国学书目。那个书目中的书，无论学机械工程的，学应用化学的，学哲学文学的，学政治经济的，都应该念，都应该知道。我们希望读过那书目中所列的书籍以后，对于中国文化，能粗知大略。至于先生在《读书杂志》第七期所列的书目，似乎是为有志专攻哲学或文学的人作参考之用的，我们希望先生将来能继续发表民族史之部，制度史之部等的书目，让有志于该种学科的青年，有一个深造的途径。

　　敬祝先生康健。

《清华周刊》记者。

十二年三月十一日

附录二：答书

记者先生：

　　关于第一点，我要说，我暂认思想与文学两部为国学最低限度；其余民族史经济史等等，此时更无从下手，连这样一个门径书目都无法可拟。

　　第二，关于程度方面和时间方面，我也曾想过，这个书目动机虽是为清华的同学，但我动手之后就不知不觉地放高了，放宽了。我的意思是要用这书目的人，从这书目里自己去选择；有力的，多买些；有时间的，多读些；否则先买二三十部力所能及的，也不妨；以后还可以自己随时添备。若我此时先定一个最狭义的最低限度，那就太没有伸缩的余地了。先生以为是吗？

　　先生说："做留学生的，如有没读过《圆觉经》或《元曲选》，当代教育家不见得非难他们。"这一层，倒有讨论的余地。正因为当代教育家不非难留学生的国学程度，所以留学生也太自菲薄，不肯多读点国学书，所以他们在国外既不能代表中国，回国后也没有多大影响。我们这个书目的意思，一部分也正是要一班留学生或候补留学生知道《元曲选》等是应该知道的书。

如果先生们执意要我再拟一个"实在的最低限度的书目"，我只好在原书目上加上一些圈；那些有圈的，真是不可少的了。此外还应加上一部《九种纪事本末》（铅印本）。

以下是加圈的书：

《书目答问》《法华经》《左传》《中国人名大辞典》《阿弥陀经》《文选》《九种纪事本末》《坛经》《乐府诗集》《中国哲学史大纲》《宋元学案》《全唐诗》《老子》《明儒学案》《宋诗钞》《四书》《王临川集》《宋六十家词》《墨子间诂》《朱子年谱》《元曲选一百种》《荀子集注》《王文成公全书》《宋元戏曲史》《韩非子》《清代学术概论》《缀白裘》《淮南鸿烈集解》《章实斋年谱》《水浒传》《周礼》《崔东壁遗书》《西游记》《论衡》《新学伪经考》《儒林外史》《佛遗教经》《诗集传》《红楼梦》

老舍

老舍（1899—1966），原名舒庆春，字舍予，另有笔名絜青、鸿来、非我等。中国现代小说家、作家，新中国第一位获得"人民艺术家"称号的作家。代表作有小说《骆驼祥子》《四世同堂》，话剧《茶馆》《龙须沟》。

读书

（原载于 1934 年 12 月《太白》第 1 卷第 7 期）

若是学者才准念书，我就什么也不要说了。大概书不是专为学者预备的；那么，我可要多嘴了。

从我一生下来直到如今，没人盼望我成个学者；我永远喜欢服从多数人的意见。可是我爱念书。

书的种类很多，能和我有交情的可很少。我有决定念什么的全权；自幼儿我就会逃学，愣挨板子也不肯说我爱《三字经》和《百家姓》。对，《三字经》便可以代表一类——这类书，据我看，顶好在判了无期徒刑以后去念，反正活着也没多大味儿。

第二类书也与咱无缘：书上满是公式，没有一个"然而"和"所以"。据说，这类书里藏着打开宇宙秘密的小金钥匙。我倒久想明白点真理，如地是圆的之类；可是这种书别扭，它老瞪着我。书不老老实实地当本书，瞪人干吗呀？我不能受这个气！有一回，一位朋友给我一本《相对论原理》，他说：明白这个就什么都明白了。我下了决心去念这本宝贝书。读了两个"配纸"，我遇上了一个公式。我跟它"相对"了两点多钟！往后边一看，公式还多了去啦！我知道和它们"相对"下去，它们也许不在乎，我还活着不呢？

可是我对这类书，老有点敬意。这类书和第一类有些不同，我看得出。第一类书不是没法懂，而是懂了以后使我更糊涂。以我现在的理解力——比上我七岁的时候，我现在满可以做圣人了——我能明白"人之初，性本善"。

明白完了，紧跟着就糊涂了；昨儿个晚上，我还挨了小女儿——玫瑰唇的小天使——一个嘴巴。我知道这个小天使性本不善，她才两岁。第二类书根本就看不懂，可是人家的纸上没印着一句废话；懂不懂的，人家不闹玄虚，它瞪我，或者我是该瞪。

我的心这么一软，便把它好好放在书架上；好打好散，别太伤了和气。这要说到第三类书了。其实这不该算一类；就这么算吧，顺嘴。这类书是这样的：名气挺大，念过的人总不肯说它坏，没念过的人老怪害羞地说将要念。譬如说《元曲》，太炎"先生"的文章，罗马的悲剧，辛克莱的小说，《大公报》——不知是哪儿出版的一本书——都算在这类里，这些书我也都拿起来过，随手便又放下了。这里还就属那本《大公报》有点劲。我不害羞，永远不说将要念。好些书的广告与威风是很大的，我只能承认那些广告做得不错，谁管它威风不威风呢。

"类"还多着呢，不便再说；有上面的三项也就足以证明我怎样的不高明了。该说读的方法。怎样读书，在这里，是个自决的问题；我说我的，没勉强谁跟我学。

第一，我读书没系统。借着什么，买着什么，遇着什么，就读什么。不懂的放下，使我糊涂的放下，没趣味的放下，不客气。我不能叫书管着我。

第二，读得很快，而不记住。书要都叫我记住，还要书干吗？书应该记住自己。对我，最讨厌的发问是："那个典故是哪儿的呢？""那句书是怎么来着？"我永不回答这样的考问，即使我记得。我又不是印刷器养的，管你这一套！

读得快，因为我有时候跳过几页去。不合我的意，我就练习跳远。书要是不服气的话，来跳我呀！看侦探小说的时候，我先看最后的几页，省事。

第三，读完一本书，没有批评，谁也不告诉。一告诉就糟："嘿，你读《啼笑因缘》"要大家都不读《啼笑因缘》，人家写它干吗呢？一批评就糟："尊

老舍

101

家这点意见？"我不惹气。读完一本书再打通儿架，不上算。我有我的爱与不爱，存在我自己心里。我爱念什么就念，有什么心得我自己知道，这是一种享受，虽然显得自私一点儿。

再说呢，我读书似乎只要求一点灵感。"印象甚佳"便是好书，我没工夫去细细分析它，所以根本便不能批评。"印象甚佳"有时候并不是全书的，而是书中的一段最入我的味；因为这一段使我对这全书有了好感；其实这一段的美或者正足以破坏了全体的美，但是我不去管；有一段叫我喜欢两天的，我就感谢不尽。因此，设若我真去批评，大概是高明不了。

第四，我不读自己的书，不愿谈论自己的书。"儿子是自己的好"，我还不晓得，因为自己还没有过儿子。有个小女儿，女儿能不能代表儿子，就不得而知。"老婆是别人的好"，我也不敢加以拥护，特别是在家里。但是我准知道，书是别人的好。别人的书自然未必都好，可是至少给我一点我不知道的东西。自己的，一提都头疼！自己的书，和自己的运气，好像永远是一对儿累赘。

第五，哼，算了吧。

谈读书

（1943 年 3 月 4 日在文化会堂的演讲）

我有个很大的毛病：读书不求甚解。

从前看过的书，十之八九都不记得；我每每归过于记忆力不强，其实是因为阅读时马马虎虎，自然随看随忘。这叫我吃了亏——光翻动了书页，而没吸收到应得的营养，好似把好食品用凉水冲下去，没有细细咀嚼。因此，有人问我读过某部好书没有，我虽读过，也不敢点头，怕人家追问下去，无辞以答。这是个毛病，应当矫正！丢脸倒是小事，白费了时光实在可惜！

矫正之法有二：

一曰随读随做笔记。这不仅大有助于记忆，而且是自己考试自己，看看到底有何心得。我曾这么办过，确有好处。不管自己的了解正确与否，意见成熟与否，反正写过笔记必得到较深的印象。及至日子长了，读书多了，再翻翻旧笔记看一看，就能发现昔非而今是，看法不同，有了进步。可惜，我没有坚持下去，所以有许多读过的著作都忘得一干二净。既然忘掉，当然说不上什么心得与收获，浪费了时间！

第二个办法是：读了一本文艺作品，或同一作家的几本作品，最好找些有关于这些作品的研究、评论等著述来读，也应读一读这个作家的传记。这实在有好处。这会使我们把文艺作品和文艺理论结合起来，把作品与作家结合起来，引起研究兴趣，尽管我们并不想做专家。有了这点兴趣，用不着说，会使我们对那些作品与那个作家得到更深刻的了解，吸取更多的营养。孤立

老舍

103

地读一本作品，我们多半是凭个人的喜恶去评断，自己所喜则捧入云霄，自己所恶则弃如粪土。事实上，这未必正确。及至读了有关这本作品的一些著述，我们就会发现自己的错误。这并不是说我们应该采取人云亦云的态度，不便自作主张。不是的。这是说，我们看了别人的意见，会重新去想一想。这么再想一想便大有好处。至少它会使我们不完全凭感情去判断，减少了偏见。去掉偏见，我们才能够吸取营养，扔掉糟粕——个人感情上所喜爱的那些未必不正是糟粕。

在我年轻的时候，我极喜读英国大小说家狄更斯的作品，爱不释手。我初习写作，也有些效仿他。他的伟大究竟在哪里？我不知道。我只学来些耍字眼儿，故意逗笑等等"窍门"，扬扬得意。后来，读了些狄更斯研究之类的著作，我才晓得原来我所模拟的正是那个大作家的短处。他之所以不朽并不在乎他会故意逗笑——假若他能够控制自己，减少些绕着弯子逗笑儿，他会更伟大！特别使我高兴的是近几年来看到一些以马克思主义文艺观点写成的评论。这些评论是以科学的分析方法把狄更斯和别的名家安放在文学史中最合适的地位，既说明他们的所以伟大，也指出他们的局限与缺点。他们仍然是些了不起的巨人，但不再是完美无缺的神像。这使我不再迷信，多么好啊！是的，有关于大作家的著作有很多，我们读不过来，其中某些旧作读了也不见得有好处。读那些新的吧。

真的，假若（还暂以狄更斯为例）我们选读了他的两三本代表作，又去读一本或两本他的传记，又去读几篇近年来发表的对他的评论，我们对于他一定会得到些正确的了解，从而取精去粗地吸收营养。这样，我们的学习便较比深入、细致，逐渐丰富我们的文学修养。这当然需要时间，可是细嚼烂咽总比囫囵吞枣强得多。

此外，我想因地制宜，各处都成立几个人的读书小组，约定时间举行座谈，交换意见，必有好处。我们必须多读书，可是工作又很忙，不易博览群书。假若有读书小组呢，就可以各将所得，告诉别人；或同读一书，各抒己见；或一人读《红楼梦》，另一人读《曹雪芹传》，另一人读《红楼梦研究》，而后座谈，献宝取经。我想这该是个不错的方法，何妨试试呢。

老舍

读与写

（原载于 1943 年 4 月 20 日《文艺先锋》第 2 卷第 3 期）

今天要谈的是读书与写作。我只是就自己读了些什么书来谈谈，供诸位的参考，并不想勉强别人照我一样来读书。至于写作，我也是有自己的方法，不希望别人也应照我这样写。而且我很知道自己所写的东西都不大好，决不敢在这儿向诸位作自我鼓吹，说我写的都是文艺杰作。

首先，我想提到读和写的关系。无论我们写小说或戏剧，恐怕最困难的一点儿就是不容易找到一个决定的形式。譬如我要写一篇小说，可以用第三身来写，说他怎样怎样也可以用通信的方式来写，还可以用自传的方式来写。这些便是形式。假如一个人没有读很多书，那么要想写出一篇小说，尽管有极好的材料，因为难想到一个合适的形式，终使这篇小说减色。如果说你只念过《少年维特之烦恼》，于是你便照着这本书的形式来写，或者你只念过《鲁宾逊漂流记》，就照这本书的形式来写，并不想想你这篇小说的内容与这种形式适合不适合，这实在是一件很吃亏的事。要是你书念得多，不用人家告诉你，自己便可清楚，心中这些材料，用何种方式表现得最恰当。

你现在要想写一篇描写自己心理的小说，你顶好用第一身，说我怎样怎样，若是你要描写第二人或第三人的心理，那你就该把你自己不放在里面，而用客观方式详细地来分析他们。这虽是一个浅显的比方，可是除非你书念得多，你就许做不到。书一念多啦，心中有这样一个故事，这样一些思想，马上就能找到一个最好的表现的形式。

有人说，自从有新文学以来，并没有见到多少具有很好形式的小说，如郁达夫先生写了某一种形式的小说，马上有许多人都写郁达夫式的小说，夏衍写了某一形式的剧本，立刻即有许多人写夏衍式的剧本。这种事实我们不否认，其所以有这样的事实，正因为他们书念得少，只好模仿人家的形式，把自己的内容装进去，两者不能相合，结果自然失败。

所以多念书是养成自己判断能力必要的条件，不管新书也好，旧书也好，它总有一贯的道理。从古至今，一本文艺作品流传下来，当然不是偶然的事，我们可以从一本两千年前流传下来的书，来帮助我们判断最近出的一本书。西洋有一句话说："你可看到一本新书出版时，可拿一本老书去念。"这种方法不一定对，假如这样，岂不新书店都得关门？不过这里面也自有一部分真理，就是这些老书里面有它不变的道理存在。譬如美，美的观念是随时代地方而变的，我国在前数十年以小脚妇女为美，现在我们再看见小脚，就觉得那是不美了。美虽然变，然而美是不灭的。从最古的书一直到现在的书，能够流传，必定具有美的因素，若说一本书的文理不通，组织乱七八糟，而能流传五千年，乃是绝对没有的事。

其次，人情是不变的。社会关系变了，人情也变了，比如武松、李逵，是英雄豪杰，随便杀人，无半点同情心，在现在的我们看来，便觉得不大人道。我们现在写小说中的人物不会像《水浒传》中那些人一样，所以人情是随历史社会而变。虽然如此，但这种变化很慢。在五千年前，爸爸爱儿子，今日的爸爸仍然爱儿子，不过方式不同而已！从前的人爱儿子，给儿子抽大烟，因为抽大烟就很老实，躺在烟床上不出去乱跑。现在我们再没有爱儿子给他抽大烟的人了，只是父亲爱儿子。再过一万年两万年，这种心理就是有变化，也变得极慢。

我们看看《书经》，这是一部很古的书，读下去便容易判断这不是一本文艺书，里面没有人情，没有写尧怎样爱他的儿子，舜怎样爱他的弟弟。别的书如《史记》，那就不同，虽则太史公写的《史记》中有的是报告，还有一些年表，可是有的地方写得非常生动活跃，像鸿门宴，及霸王之霸与汉高祖怎样对功臣，都是栩栩如生，能使人感动，便是由于有人情之故。所以人情虽随时代而变，文艺作品中不能缺乏人情，则是一定不变的道理。

思想变得更快，比感情尤甚。孔子时代的思想不是诸葛亮时的思想，诸葛亮时的思想又不是现在的思想，两千年一千年前的《四书》中的思想决不适用于今日，可是我们还高兴去念它，就因书中有它的美和人情，叫你觉得那时候，应当那样思想，就不觉得陈腐。所以汉朝有汉朝的文字，唐朝有唐朝的文字，今日有今日的文字，文字虽在不断地变，所不变的是那一朝代所留下的东西，其文字最足以表现那一时代所要说的话。因此我们知道唐朝有韩愈这些人，宋朝有苏东坡这些人，便在于他们是那时代中最能用文字表现出他们的思想者，这是一定不变的道理。

我们知道了文学的条件，必须有美，有感情，有思想和好文字，则我们越多念书，越能判断什么是好作品，什么是坏的作品。一篇作品能流传，非具有这四种条件，至少具有此四者之大部分条件不可。根据这一意义，我们就可以知道何以古代流传下来的书，没有多少的原因，也可以判断今日作品的价值。

我很惋惜在我国社会中文艺的空气太不浓厚，不如欧西各国一样，在欧西各国，每逢出了一本新书，不但报纸杂志上有批评，就是在茶馆里，在一般人家中，大家也都热烈地批评和讨论最近出版的书籍。在我国则不同，遇到某人问他对一本新的著作有何意见，他只能告诉你这本书很好，究竟怎样好，都说不上来。所以今日一本极坏的书，因为没人批评，销路居然很好。要是大家读的书多，自然造成了一种批评的空气。大家敢于批评判断，文艺也才能走上发展的途径。

第三，我们读理论书永远不如读真正的作品。要知道凡是一种理论，都

大
师
谈
读
书

108

是由作品里面提出来。我们读十本书，书中用"然而"都是这样用法，故我们就知道凡"然而"必这样用，这即是理论。或者我先有一个主见，我是研究社会学的，可以从社会学的观点，来讨论文艺，或你是学美术的，可以从美学方面讨论文艺。这都是由书里面出来。我们可先立下一个原则，然后从书中去找，以证实他的理论。其实这都是空的。理论好像是开的药方，若想以药方焙成灰，用开水喝下去，便可治病，当然不可能，必须按方配药才成，作品就是药。现在社会上很多青年吃了这种亏，他们就要先问理论是什么，自己并没有念过几本书，而高谈理论和做文章的方法，正等于焙药方治病一般。我最头痛的就是遇见青年问我什么叫浪漫主义，什么叫写实主义？我就是花上十点钟来解释，又能有什么用？如果问的人把浪漫派的代表作和写实派的代表作各念了十本，自然可以明白。所以我们应当先念作品，然后再去谈理论。

上面是随便谈谈读与写的关系，现在再说我是怎样去读和怎样去写的一点经过，供各位的参考。

在最初我并没有想到自己要写小说，那时候因为念英文，在街上买了些二角钱一本的英文小说来念，念了后自己也想写点儿小说，这是写和我的第一次关系。当时所读的是些什么书，现在已不大记得，大概都是如傻爱人等第二三等的小说。因为念的是这种英文，没有给我害怕，我也就敢于有勇气来写，写时当然顾不到形式和技巧。好在英文比中文流畅，句子完美复杂生动，所以我写的东西也在使其流畅活泼就够了！《老张的哲学》即为这一时期的产物。

这本书在现在看来，非常给我惭愧，书的内容好像是有点儿神经病的人写的似的，要怎样就怎样，没有精密的结构。文字有的地方流畅，有的地方则讨厌，事实内容也是这样，尽管把自己所想到的搁进去，而不加选择。由这本书我得到两个相反的观念：

老舍

第一，写东西不要急求发表。假如《老张的哲学》能搁一两年再拿出来，便可大大修改一遍，使它不致像现在样子令我脸红。

第二，少年时应该有多写的勇气。不然年纪一大，书念多了，就会不敢下笔。

这两种相反的意念凑合折中起来，便是青年人念了几本书，可以不管好坏地写，但是写完了不可立刻想发表，应当多搁一搁。等读的书多，慢慢修改好它，再拿出去。

在这以后，我念书还是没有系统，但因自己外国文能力高一点儿，所读的书便也较高深，外国的经典文学都有便宜的版本，来便利大家阅读。我选择了这些作品来读，颇有点儿迷乱，因为它们都是出自各时代各大家的手笔，有的是信笔写成，有的则经过详细的计划，有的是极端浪漫，有的则绝对的写实。叫我怎样来判断其好坏？自己没法来调和，只好随自己的兴致，爱什么就什么，因为我是一个急性人，永远不能订好详细的计划再动手，故对于那些钩心斗角，有多少波折，多少离合的小说，或如布局精密，情节奇离的侦探小说，都不是我所能学的。像这类小说，我就把它们搁在一边。还有描写男女间极端浪漫的小说，或将一件很小的事，把它写得天样大，这都是我所做不到的。我自己是一个穷人，小时候就被衣食钱财压迫着老在地上站着，我想入非非，飞到云里去，我不会，也只好把这类小说放在一边。因为我一天到晚总是在现实生活上，只会写与现实有关的东西。

这时候我特别注意念迭更司的《块肉余生记》①《双城记》等，由他的作品中，我就发现了他初期的作品是乱七八糟，写到第三部小说，便找到了一条路线，文句相当完整，也有适当的形式，以后越写越精密，使我理解到写作有进步，必会注意形式。在此时期，我还念了几本法国小说的英译本如《茶花女》等，感到法国文学与英国文学迥然不同，英国人所写的东西，好像一

---

① 《块肉余生记》，今译为《大卫·科波菲尔》，英国作家狄更斯的著名长篇小说。

个人穿的衣服不十分整洁，也许有一扣子没有扣，或者什么地方破了一块，但总显得飘飘洒洒。法国人的作品则像一个美女要到跳舞场，连一个指甲都修饰得漂漂亮亮。所以法国的作品虽写得平常，因为讲究形式，总是写得四平八稳，好像杨小楼的戏一样。那些英国二三等小说，则好似海派的武戏，以四十个旋子、六十个筋斗见长。

我有了这样的认识，便决定我不能学的东西就是不读，且知道每一本小说中必定有活生生的人，不是先空空洞洞描述一件事，第三，明白形式的重要。于是我就开始写《赵子曰》，这本书的坏不说，无论如何在形式上是稍微完整一点儿，前后有一个呼应，自己在开始写的时候，便已想到最末一段。这实在是一种最有把握的写法，因为有了这种计划，前后尽管会有曲折，也不会抵触得很远。这也就是说明多读书的结果，迟早必受影响。

我国的文学作品实在太不发达了，几百年来所产生的好小说极少，有一部《聊斋志异》，便出了许多什么什么志异，有一部唐人小说，也就出了些什么人什么人小说，有一部《红楼梦》，就接着出现《青楼梦》等，仅是这样的模仿，自然是黄鼠狼下刺猬，越下越不对。假若我们能多读些外国作品，眼界一宽，或可免去模仿《聊斋》等之弊了。

写完《赵子曰》，就稍有系统点儿念书，决定了一个计划，大概有二年都是如此，就是一方面念文学，一方面念历史，从古代史开头，念哪一时代就同时念那时代的文学作品，如念古希腊历史，便同时念古希腊的文学，当然我都是用英文译本来念。这种方法我愿介绍给各位先生，因为我采用这种方法，第一我知道了希腊罗马时代和欧洲中古时代的文艺是什么样，无需再去买一本文学史来念，也就知道文学在历史上的地位是什么。历史总是死的，只能告诉你某一时期怎样怎样，而且所告诉的不过一个简单的结论。文学则不然，他从容地把那一时期的生活方式都写出来告诉你，这样，使你不仅深刻地明白了历史的内容，也知道那一时代文学形式为什么那样的原因。所以

老舍

111

现在大学里面专教学生念些世界文学史，英国文学史，法国文学史，结果四年毕业，没有念多少外国文学作品，乃是一种不妥善的方法，必须学生多念些外国原著，才不致流于空洞。我觉得历史好像是一棵树，文学是树上的花，文学史则是树的一枝，我们仅仅从一节树枝来观察整个树，当然所见不完全，正如我们仅知道杏花是蔷薇科一样，是没有什么用的。

我到英国第五年，也就是末了一年，念的多是英国最近的作品，每一大文学家，不能都读完他的作品，也起码挑一两本来念。同时我也开始写第三部小说《二马》。念英国的最近文学作品，有这样一种觉悟，即是那时正在欧战以后，欧洲出了不知多少文学上的派别。譬如我们今日大家在文化会堂相聚，我想创一派就叫文化派，在座的有五十位同志跟我来创造这一派的小说，以求好奇立异，不一定有很好的东西。他们每一派的兴起，差不多就是这样，究竟他们能否在将来立得住脚？谁也不敢说。文学史上告诉过我们，当浪漫派兴起时，一年不知出了多少本小说和剧本，到现在究竟留了下来的有几本？由此可知大多数的都是被牺牲淘汰了！在欧战结束后不久的欧洲，什么样的小说都有，有的不写人，光写人的眉毛，写了几万字；有的诗没有字，只有划和点，各自逞奇立异，也各有他的理论，然而今日都不再存在。这即是刚才所说的，文艺不断在变，但自有不变的东西，缺少这些不变的东西，不成其为真正的文学作品。所以到这次世界大战前，欧洲的文艺慢慢又恢复了原状，再没人花几万字去描写眉毛，而回到注重形式，有人物，有思想感情的路上去。要是我们看见文学上某一派兴起，就学某一派，则过了十年这派不再存在，我们也就随着没有了。

在《二马》这书中，自己也是上当，因为念到欧战以后的文艺，里面有几本是描写中国，我便写一个中国人怎样在伦敦，结果就变成了一种报告。要知道，报告这种东西，很难成为一种很好的文艺作品。假如你存心要报告某件事，是以为别人不知道。文艺则最好是写谁都知道的事，这才是本事。

例如我的家在北方沦陷区，正盼望家信，到晚上想家时一定念出杜甫的"烽火连三月，家书抵万金"的句子，就因这种句子所含蓄的感情为人人所具有。我们写报告，以为这事只有自己知道，乃是轻看了人家的感情思想。其实在文艺上越奇怪的事越不感动人，如在一次空袭中，日本轰炸机不投炸弹，投下了许多豆沙包子，或者有一天在都邮街天空忽然掉下一辆汽车，这种事固然新奇，可是我们报告出来，终不过新奇而已！我们描写空袭，是要道出每一人民内心的愤恨，这才真正有价值。《二马》的失败，便在报告两个中国人在伦敦住着，闹了些什么笑话，立意根本不高。不过这书也有一个特点，即是文字上有了变化。在《老张的哲学》和《赵子曰》两书中，我往往用旧文字来修辞，以为文言白话搁在一块很优美和生动俏皮。到《二马》一书中，因当时北平国语运动盛行，有几位干这运动的朋友写信劝我不要再那样写，要尽量将白话的美，提炼到文字中。因此在《二马》中我极力避免用旧字句，能够有这种成绩，这不能不感谢那几位提倡白话的朋友！同时我还得感谢一位英国先生，他是一位教阿拉伯文学的老教授，一天问我英文书念了哪一些，我老实地告诉了他。他又问我《阿丽丝梦游奇境记》^① 念过没有？这本书是著名的童话，在英国无人不读。我当时还不知道这书，便说我没念过。他就说："那你还叫念英文吗？"回到家中我问房东，这位房东学问也很好，通法文西班牙文等。他说这是一本童话。问应不应念，他说极应念，因为这是最好的英文。可见文字之好并不要掉书袋用典故，于是我明白一篇作品用最浅显的白话文字写出来与用深涩的文字写出来，两者相较，一定是白话文好，而且也很难。我国的四六文章，任何人下点儿功夫都可写出来，反正只要把典故用上就得。但是要用浅显的白话文来形容一件事，一处风景，可就难了。以远山如黛四个字可描画出遥遥的山景，用洋车夫说的话来描写这种景致，便不容易。在英文作品中最好的文字，首推英文《圣经》（与德文、拉丁文《圣

① 《阿丽丝梦游奇境记》，今译为《爱丽丝梦游仙境》，英国作家刘易斯·卡罗尔创作的著名儿童文学作品。

经》同为世界三大名译），英文《圣经》的好处就在简明流畅。英国传统的大作家的文字，也都如此。最近林语堂先生在美国这样红，主要就是他的英文精简活泼。可惜我们许多青年朋友不大注意这些，现成的白话不用，一开头就原野，祖国，写得莫名其妙。我从写《二马》起，便对这方面努力，凡想到一句文言，必定同时想这句的白话，要是白话想不出，宁肯另外作一种说法，总求能够用白话来表达意思，什么祖国、原野等名词决不用，您要是发现我在书中有一个，我可给您一块钱！您想想看，我们现在又不是在新加坡、在美国，自己脚踏在自己的国土上，为什么还要叫祖国，这可见是不通。所以我要告诉各位，写文艺时最要注意用白话，那些生硬的文言字句决不能有什么帮助于你。

写完《二马》，我回国了，本来还可以在英国住下去，这次回来却侥幸得很，要不然，我仍在英国，会永远照《二马》的形式写下去，越写必没出息。因为什么，因为那时的英国很太平，我们国内则正是北伐时候。我一到新加坡，即感觉东西洋的空气不同，自己究竟对自己的国家隔阂了。当时国内新文艺已发展到一个高潮，好多作家都用他们的笔来写国家社会的各方面，写的或者不大好，而立意很高。除了一两个专写三角四角恋爱的小说以外，大多数都是想利用自己的文字对世界、对国家、对社会有点儿好处。以前我以为只要照英国二三流作家那样，写一点儿小故事，教大家愉快就可以。一回到新加坡，才明白自己观念的错误。可见读书尽管是读书，生活还更要紧。离开了现实的生活，读多少书也是没有用。

在新加坡停留了一个时期，想写一本华侨千辛万苦开辟南洋的事迹的小说，可是因为生活不够，没写成。第一，在那边言语隔阂，华侨不是广东人即是福建人，他们说的都是家乡话，本地土人说的是马来话，言语不通，无法多接近，材料也搜集不到。因此便把原来的计划放弃，改写了《小坡的生日》，这是一个小童话。自己满意之点是继《二马》之后，把文字写得更加浅明，至于像一个童话不像，我就不敢说了。

随后我回到国内，写了一本《猫城记》，这是最失败的一篇东西，目的想讽刺，大概天下最难写的便是讽刺，小小的几句讽刺或者很容易，长篇大套可就费力不讨好。在我国的旧小说中，《镜花缘》是一本不坏的讽刺小说。我这本《猫城记》糟糕得很，本来写讽刺小说除非你是当代第一流作家才能下笔。因为这是需要最高的智慧和最敏锐的思想。我对这些都不够格，当然写得失败了！

写完了《猫城记》，又写《离婚》，用的文字差不多有了定型，结构也比较自然，看去相当有趣味。我看到国内的翻译小说以俄国的为最多，如契诃夫、安得烈夫 [①] 的形式极完整，有时看去几乎没有形式的痕迹，非有很大的功夫看不出来。我这篇《离婚》虽不是学俄国文学，可是多少总受了点儿影响。俄国文学不仅形式好，描写也极深刻，如托尔斯泰，他的作品的深度为其他各国作家所没有。英国作家描写一个人，只要描写得漂漂亮亮就差不多，俄国作家则描写得把他的灵魂也表现了出来。我回国后看了不少俄国小说，觉得自己所写的东西分量太轻，虽说这种深度没方法可学到，它是一方面有关于个人的教养，另一方面更是有关于民族性。但我不妨以他们的作品作一个借镜。

接着我写《骆驼祥子》，把所知道的一个拉洋车的人的情形写出，结果也没写到多少深，这是由于天才修养的不够，但还可勉强过得去。我也希望能长此保持这种方向往前走，那就是说我的小说给人家一种消遣不算错误，如果能把读者的灵魂感动，那是更好。

到"一·二八"以后，我开始写短篇小说，到如今也写不好。我曾念过不少短篇小说，轮到自己写，却还是感到抓不住要如何才能写好，这是我前

[①] 安得烈夫，今译为列昂尼德·安德列耶夫，俄国作家，著有《红笑》《七个被绞死的人》等作品。

老舍

面说过的自己没有很细腻的思想；第二，我的文字修养不够，长篇大论还可应付下去，短篇就控制不住。

到了抗战后，我也学着作一点儿诗，诗是作得根本不成东西，仅仅因为有点儿机会，我作了比较长的几篇诗。以后不想再写。我在外国读英文诗很少，加以我幼时颇喜欢旧诗，现在作新诗便脱不掉旧诗味。不过写旧诗对于文字训练，有相当好处，我希望作新诗的朋友们，也不妨试一试旧诗，因为旧诗可以告诉你用字行文上一些技巧。您有新诗的天才，加上旧诗的锻炼，那么，您的诗必定可写得更好。

末了，要谈到剧本。我写剧本完全是学习的意思，将来我若出一本全集，或者不应把现在所写的剧本收入，我自己从来少念剧本，即使念得多，也不会写好。因为剧本与舞台关系太深，我缺少舞台的经验，写出的剧本只能放在桌上念，不能适用到舞台上，当然不算好剧本。舞台的一切设备，是一个综合的艺术。不懂得此综合的艺术，剧本自亦无法写好。我希望今后能对舞台艺术多加研究，能多和演戏的朋友接触，同时多读些剧本。否则我再写剧本，怕仍会成为小说式的剧本，十之八九上演就不行。小说的伸缩性本来很大，可以东边说几句，西边扯几句，后头再找补几笔。剧本不然，上来就是戏，时时紧张，不能说演完一幕教观众打瞌睡，再开始有戏，观众早就要退票了。小说的内容好不好，只要思想成，文字美，也可通融，剧本没有这一套，你不能说咱们这戏本并没有戏，只是文字不坏。

学写剧本有一样好处，就是能使自己对文字练得紧凑。通常写小说的常患拉长说废话的毛病。经过写剧本的练习，尽管剧本写不好，再写小说也就懂得怎样使文字简洁明快起来。以前用二十万字才能写好的一篇小说，现在用十万字便能写了！所以我写剧本虽没赚到什么，也没有增加好名誉，但没白费事，得了这样点儿好处。

还有近年写了点儿通俗文字。如旧戏大鼓书之类，这也都是练习写作。

大师谈读书

真正说起来，多少人（连我在内）所写的通俗文字，全不通俗，现在的大鼓书等都已都市化文人化了。真正的通俗文字是茶馆里说评书唱金钱板①，或者北平天桥的相声等，才是真正的民间文艺，这些文字才是活的，虽然粗俗，可是极有力量。关于这点，我还希望到抗战结束后能多下点儿功夫，写出点儿真正的民间东西。

今天诸位很踊跃地来听我乱讲一气，我非常感谢。各位要是打算学学文学，请记住多读、多写、多生活这三位一体的东西。

---

① 金钱板，由快板、莲花闹演变而成，表演以打、说、唱、演四种表现形式为主，演出由一人或数人进行，演员打、唱结合，辅以表演。金钱板主要流行于四川、重庆城乡、云南、贵州临近四川的部分地区。

老舍

写与读

（原载于 1945 年 7 月《文哨》第 1 卷第 2 期）

要写作，便须读书。读书与著书是不可分离的事。当我初次执笔写小说的时候，我并没有考虑自己应否学习写作，和自己是否有写作的才力。我拿起笔来，因为我读了几篇小说。这几篇小说并不是文艺杰作，那时候我还没有辨别好坏的能力。读了它们，我觉得写小说必是很好玩的事，所以我自己也愿试一试。《老张的哲学》便是在这种情形下写出来的。无可避免的，它必是乱七八糟，因为它的范本——那时节我所读过的几篇小说——就不是什么高明的作品。

一边写着"老张"，一边我抱着字典读莎士比亚的《韩姆烈德》①。这是一本文艺杰作，可是它并没给我什么好处。这使我怀疑：以我们的大学里的英文程度，而只读了半本莎士比亚，是不是白费时间？后来，我读了英译的《浮士德》，也丝毫没得到好处。这使我非常苦闷，为什么被人人认为不朽之作的，并不给我一点好处呢？

有一位好友给我出了主意。他教我先读欧洲史，读完了古希腊史，再去读古希腊文艺；读完了古罗马史，再去读古罗马文艺……这的确是个好主意。从历史中，我看见了某一国在某一时代的大概情形，而后在文艺作品中我看见了那一地那一时代的社会光景，二者相证，我就明白了一点儿文艺的内容

---

① 《韩姆烈德》，今译为《哈姆雷特》。英国剧作家威廉·莎士比亚（1564—1616）创作的悲剧作品。

与形式都是事有必至，理有固然。不过说真的，那些古老的东西往往教我瞪着眼咽气！读到半本英译的《衣里亚德》①，我的忍耐已用到极点，而想把它扔得远远的，永不再与它谋面。可是，一位会读希腊原文的老先生给我读了几十行荷马，他不是读诗，而是在唱最悦耳的歌曲！大概荷马的音乐就足以使他不朽吧？我决定不把它扔出老远去了！他的《奥第赛》②比《衣里亚德》更有趣一些——我的才力，假若我真有点儿才力的话，大概是小说的，而非诗歌的；《奥第赛》确乎有点儿像冒险小说。

希腊的悲剧教我看到了那最活泼而又最悲郁的希腊人的理智与感情的冲突和文艺的形式与内容的调谐。我不能完全明白它们的技巧，因为没有看见过它们在舞台上"旧戏重排"。从书本上，我只看到它们的"美"。这个美不仅是修辞上的与结构上的，而也是在希腊人的灵魂中的；希腊人仿佛是在"美"里面呼吸着的。

假若希腊悲剧是鹤唳高天的东西，我自己的习作可仍然是爬伏在地上的。一方面，古希腊的三大悲剧家是世界文学史中罕见的天才，高不可及；另一方面，我读了阿瑞司陶风内司③的喜剧，而喜剧更合我的口胃。假若我缺乏组织的能力与高深的思想，我可是会开玩笑啊，这时候，我开始写《赵子曰》——一本开玩笑的小说。

在悲剧喜剧之外，我最喜爱希腊的短诗。这可只限于喜爱。我并不敢学诗，我知道自己没有诗才。希腊的短诗是那么简洁，轻松，秀丽，真像是"他只有一朵花，却是玫瑰"那样。我知道自己只是粗枝大叶，不敢高攀玫瑰！

---

① 《衣里亚德》，今译《伊利亚特》，古希腊史诗，相传为盲诗人荷马（约前9世纪—前8世纪）所作。

② 《奥第赛》，今译《奥德赛》或《奥德修纪》，古希腊史诗，相传为荷马作品，与《伊利亚特》统称《荷马史诗》。

③ 阿瑞司陶风内司，今译阿里斯托芬（约前446—前385），古希腊喜剧作家，著有《阿卡奈人》《骑士》等11部喜剧。

老舍

119

赫罗都塔司 ①、赛诺风内 ②、与修西地第司 ③ 的作品，我也都耐着性子读了，他们都没给我什么好处。读他们，几乎像读列国演义，读过便全忘掉。

古罗马的作品使我更感到气闷。能欣赏米尔顿 ④ 的，我想，一定能喜爱乌吉尔 ⑤。可是，我根本不能欣赏米尔顿。我喜爱跳动的，天才横溢的诗，而不爱那四平八稳的功力深厚的诗。乌吉尔是杜甫，而我喜欢李白。罗马的雄辩的散文是值得一读的，它们常常给我们一两句格言与宝贵的常识，使我们认识了罗马人的切于实际，洞悉人情。可是它们并不能给我们灵感。一行希腊诗歌能使我们沉醉，一整篇罗马的诗歌或散文也不能使我们有些醉意——罗马伟大，而光荣属于希腊。

对中古时代的作品，我读得不多。北欧、英国、法国的史诗，我都看了一些，可是不感趣味。它们粗糙、杂乱，它们确是一些花木，但是没经过园丁的整理培修。尤其使我觉得不舒服的是它们硬把历史的界限打开，使基督的英雄去做中古武士的役务。它们也过于爱起打与降妖。它们的历史的、地方的、民俗的价值也许胜过了文艺的，可是我的目的是文艺呀。

使我受益最大的是但丁的《神曲》。我把所能找到的几种英译本，韵文的与散文的，都读了一过儿，并且搜集了许多关于但丁的论著。有一个不短的时期，我成了但丁迷，读了《神曲》，我明白了何谓伟大的文艺。论时间，它讲的是永生。论空间，它上了天堂，入了地狱。论人物，它从上帝、圣者、

---

① 赫罗都塔司，今译为希罗多德（约前 480—前 425），古希腊历史学家，被尊称为"历史之父"，著有史学名著《历史》。

② 赛诺风内，今译为色诺芬（约前 440—前 355），雅典人，历史学家，苏格拉底的弟子。著有《长征记》《希腊史》《雅典的收入》《回忆苏格拉底》等作品。

③ 修西地第司，今译为修昔底德（约前 460—约前 396），雅典人，古希腊历史学家。著有《伯罗奔尼撒战争史》。

④ 米尔顿，今译为弥尔顿（1608—1674），英国诗人。著有长诗《失乐园》《复乐园》和《力士参孙》。

⑤ 乌吉尔，今译为维吉尔（前 70—前 19），古罗马诗人，著有《牧歌》《农事诗》《埃涅阿斯纪》。

魔王、贤人、英雄，一直讲到当时的"军民人等"。它的哲理是一贯的，而它的景物则包罗万象。它的每一景物都是那么生动逼真，使我明白何谓文艺的方法是从图像到图像。天才与努力的极峰便是这部《神曲》，它使我明白了肉体与灵魂的关系，也使我明白了文艺的真正的深度。

文艺复兴时期的作品永远给人以灵感。尽管阿比累①是那么荒唐杂乱，尽管英国的戏剧是那么夸大粗壮，可是它们教我的心跳，教我敢冒险的去写作，不怕碰壁。不错，浪漫派的作品也往往失之荒唐与夸大，但是文艺复兴的大胆是人类刚从暗室里出来，看到了阳光的喜悦，而浪漫派的是失去了阳光，而叹息着前途的黯淡。文艺复兴的啼与笑都健康！

因为读过了但丁与文艺复兴的文艺，直到如今，我心中老有个无可解开的矛盾：一方面，我要写出像《神曲》那样完整的东西；另一方面，我又想信笔写来，像阿比累那样要笑就笑个痛快，要说什么就说什么。细腻是文艺者必须有的努力，而粗壮又似乎足以使人们能听见巨人的狂笑与嚎啕。我认识了细腻，而又不忍放弃粗壮。我不知道站在哪一边好。我写完了《赵子曰》，它粗而不壮，它闹出种种的笑话，而并没能在笑话中闪耀出真理来。《赵子曰》也会哭会笑，可不是巨人的啼笑。用不着为自己吹牛啊，拿古人的著作和自己比一比，自己就会公平的给自己打分数了！

在我做事的时候，我总愿意事前有个计划，而后去一一的"照计而行"。不过，这个心愿往往被一点儿感情或脾气给弄乱，而自己破坏了自己的计划。在事后想起自己这种愚蠢可笑，我就无可如何的名之为"庸人的浪漫"。在我的作品里，我可是永远不会浪漫。我有一点点天赋的幽默之感，又加上我是贫寒出身，所以我会由世态与人情中看出那可怜又可笑的地方来；笑是理智的胜利，我不会皱着眉把眼盯在自己的一点感触上，或对着月牙儿不住地落泪，因此，我很喜欢十七八世纪假古典主义的作品。不错，这种作品没有

---

① 阿比累，今译为阿里斯托芬。

浪漫派的那种使人迷醉颠倒的力量；可是也没有浪漫派的那种信口开河、唠里唠叨的毛病。这种作品至少是具有平稳、简明的好处。在文学史中，假古典主义本来是负着取法乎古希腊与罗马文艺的法则而美化欧西①各国的文字的责任的；对我，它依样的还有这个功能——它使我知道怎样先求文字上的简明及思路上的层次清楚，而后再说别的。我佩服浪漫派的诗歌，可是我喜欢假古典派的作品，正像我只能读咏唐诗，而在自己作诗的时候却取法乎宋诗。至于浪漫派小说，我没读过多少，也不想再读。假若我在十六七岁的时候就接触了浪漫派的小说，我也许能像在十二三岁时读《三侠剑》与《绿牡丹》那样的起劲入神，可是它们来到我眼中的时候，我已是快三十岁的人，我只觉得它们的侠客英雄都是二黄戏里的花脸儿，他们的行动也都配着锣鼓。我要看真的社会与人生，而不愿老看二黄戏。

一九二八年至二九年，我开始读近代的英法小说。我的方法是：由书里和友人的口中，我打听到近三十年来的第一流作家，和每一作家的代表作品。我要至少读每一名作家的"一"本名著。这个计划太大。近代是小说的世界，每一年都产出几本可以传世的作品。再说，我又不能严格的遵守"一本书"的办法，因为读过一个名家的一本名著之后，我就还想再读他的另一本；趣味破坏了计划。英国的威尔斯、康拉德、美瑞地茨②和法国的福禄贝尔③与莫泊桑，都拿去了我很多的时间。在这一年多的时间中，我昼夜地读小说，好像是落在小说阵里。它们对我的习作的影响是这样的：

(1) 大体上，我喜欢近代小说的写实的态度，与尖刻的笔调。这态度与笔调告诉我，小说已成为社会的指导者、人生的教科书；他们不只供给消遣，

① 欧西，这里指欧洲及西方各个国家。
② 美瑞地茨，今译为梅瑞狄斯（1828—1909），英国作家，著有《理查·弗维莱尔的苦难》《利己主义者》。
③ 福禄贝尔，今译为福楼拜（1821—1880），法国作家。著有《包法利夫人》《萨朗波》《情感教育》《圣安东尼的诱惑》。

而是用引人入胜的方法作某一事理的宣传。

(2) 我最心爱的作品，未必是我能仿造的。我喜欢威尔斯与赫胥黎的科学的罗曼司，和康拉德的海上的冒险，但是我学不来。我没有那么高深的学识与丰富的经验。"读"然后知"不足"啊！

(3) 各派的小说，我都看到了一点，我有时候很想仿制。可是，由多读的关系，我知道摹仿一派的作风是使人吃亏的事。看吧，从古至今，那些能传久的作品，不管是属于那一派的，大概都有个相同之点，就是它们健康、崇高、真实。反之，那些只管作风趋时，而并不结实的东西，尽管风行一时，也难免境迁书灭。在我的长篇小说里，我永远不刻意地摹仿任何文派的作风与技巧；我写我的。在短篇里，有时候因兴之所至，我去摹仿一下，为是给自己一点变化。

(4) 多读，尽管不为是去摹仿，也还有个好处：读得多了，就多知道一些形式，而后也就能把内容放到个最合适的形式里去。

回国之后，我才有机会多读俄国的作品。我觉得俄国小说是世界伟大文艺中"最"伟大的。我的才力不够去学它们的，可是有它们在心中，我就能因自惭才短而希望自己别太低级，勿甘自弃。

对于剧本，我读过不多。抗战后，我也试写剧本，成绩不好是无足怪的。

文艺理论是我在山东教书的时候，因为预备讲义才开始去读的；读得不多，而且也没有得到多少好处。我以为"论"文艺不如"读"文艺。我们的大学文学系，恐怕就犯有光论而不读的毛病。

读书而外，一个作家还须熟读社会人生。因为我"读"了人力车夫的生活，我才能写出《骆驼祥子》。它的文字、形式、结构，也许能自书中学来的；它的内容可是直接取自车厂，小茶馆与大杂院中的；并没有看过另一本专写人力车夫的生活的书。

怎样读小说

（原载于 1943 年 3 月 10 日《国文杂志》第 1 卷第 4 期、
第 5 期合刊）

　　写一本小说不容易，读一本小说也不容易。平常人读小说，往往以为既是"小"说，必无关宏旨，所以就随便一看，看完了顺手一扔，有无心得，全不过问。这个态度，据我看，是不大对的。光阴是宝贵的，我们既破工夫去念一本书，而又不问有无心得，岂不是浪费了光阴么？我们要这样去读小说，何不去玩玩球，练练武术，倒还有益于身体呀？再说，小说之所以能够存在，并不是完全因为它"小"而易读，可供消遣。反之，它之所以能够存在，正因为它有它特具的作用，不是别的书籍所能替代的。化学不能代替心理学，物理学不能代替历史；同样的，别的任何书籍也都不能代替小说。小说是讲人生经验的。我们读了小说，才会明白人间，才会知道处身涉世的道理。这一点好处不是别的书籍所能供给我们的。哲学能教咱们"明白"，但是它不如小说说得那么有趣，那么亲切，那么感动人，因为哲学太板着面孔说话，而小说则生龙活虎地去描写，使人感兴趣，因而也就不知不觉地发生了潜移默化的作用。历史也写人间，似乎与小说相同。可是，一般地说，历史往往缺乏着文艺性，使人念了头疼；即使含有文艺性，也不能像小说那样圆满生动，活灵活现。历史可以近乎小说，但代替不了小说。世间恐怕只有小说能源源本本、头头是道地描画人世生活，并且能暗示出人生意义。就是戏剧也没有这么大的本事，因为戏剧须摆在舞台上去，而舞台的限制就往往教剧本不能像小说那样自由描画。于此，我们知道了，小说是在书籍里另成一格，也就与别种书籍同样地有它独立的、无可代替的价值与使命。它不是仅供我们念着"玩"的。

读小说，第一能教我们得到益处的，便是小说的文字。世界上虽然也有文字不甚好的伟大小说，但是一般地来说，好的小说大多数是有好文字的。所以，我们读小说时，不应只注意它的内容，也须学习它的文字：看它怎么以最少的文字，形容出复杂的心态物态来；看它怎样用最恰当的文字，把人情物状一下子形容出来，活生生地立在我们的眼前。况且一部小说中，又是有人有景有对话，千状万态，包罗万象，更是使我们心宽眼亮，多见多闻；假若我们细心去读的话，它简直就是一部最好的最丰富的模范文。反之，假若我们读到一部文字不甚好的小说，即使它有些内容，我们也就知道这部小说是不甚完美的，因为它有个文字拙劣的缺点。在我们读过一段描写人，或描写事物的文字以后，试把小说放在一边，而自己拟作一段，我们便得到很不小的好处，因为拿我们自己的拟作与原文一比，就看出来人家的是何等简洁有力，或委婉多姿。而且还可以看出来，人家之所以能体贴入微者，必是由真正的经验而来，并不是先写好了"人生于世"而后敷衍成章的。假若我们也要写好文章，我们便也应该去细心观察人生与事物，观察之后，加以揣摩，而后我们才能把其中的精彩部分捉到，下笔如有神矣。闭着眼瞎想是写不出来东西的。

文字以外，我们应该注意的是小说的内容。要断定一本小说内容的好坏，颇不容易，因为世间的任何一件事都可以作为小说的材料，实在不容易分别好坏。不过，大概地说，我们可以这样来决定：关心社会的便好，不关心社会的便坏。这似乎是说，要看作者的态度如何了。同一件事，在甲作家手里便当作一个社会问题而提出之，在乙作家手里或者就当作一件好玩的事来说。前者的态度严肃，关切人生；后者的态度随便，不关切人生。那么，前者就给我们一些知识，一点教训，所以好；后者只是供我们消遣，白费了我们的光阴，所以不好。青年们读小说，往往喜爱剑侠小说。行侠仗义，好打不平，本是一个黑暗社会中应有的好事。倘若作者专向着"侠"字这一方面去讲，他多少必能激动我们的正义感，使我们也要有除暴安良的抱负。反之，倘若作者专注意到"剑"字上去说什么口吐白光，斗了三天三夜的法而不分胜负，便离题太远，而使我们渐渐走入魔道了。青年们没有多少判断能力，而且又血气方刚，喜欢热闹，故每每以惊奇与否断定小说的好歹，而不知惊奇的事未必有什么道理，我们费了许多光阴去阅读，并不见得有丝毫的好处。同样的，小说的穿插若专为故作惊奇，并不见得就是好作品，因为卖关子，要笔调，都是低卑的技巧；而好的小说，虽然没有这些花样，也自能引人入胜。一部好的小说，必是真有的说，真值的说；它绝不求助于小小的技巧来支持门面。作者要怎样说，自然有个打算，但是这个打算是想把故事如何表现得更圆满更生动更经济，绝不是多绕几个圈子把故事拉得长长的，好多赚几个钱。所以，我们读一本小说，绝不该以内容与穿插的惊奇与否而定去取，而是要以作者怎样处理内容的态度，和怎样设计去表现，去定好坏。假若我们能这样去读小说，则小说一定不是只供消遣的东西，而是对我们的文学修养，与处世的道理，都大有裨益的。

文艺中的典型人物

（1936 年 1 月 20 日在山东大学的学术演讲）

假若文学只是为大学文学系所设的功课，文学便很可怜了。在实际上，文学之所以成为几种必修选修的课目的是学校中不得已的，也是很勉强的一种办法；文学自己并不就是这样。文学的分门研究给予研究一些便利，研究的结果给予对文学的了解一些帮助；文学的生命，可是，并不寄生在研究上。文学生命的营养来自人生，不来自课本与讲义。虽然课本与讲义有种行旅指南的作用，但行旅指南不就是旅行。真正的文学是人生的课本。设若不是这样，文学便失去，也应该失去，它的重要。

所谓人生的课本者，它包括着一切与人生有关系的东西，而其中心是人。人是大自然的良知：图画家给一片山水加以边框，音乐家给声音以解释与意义，科学家替自然找出理由与系统来；同时，文学尽它的所能道出人生的经验。文学，这样，与别种艺术及所有的科学都不同，可是至少与它们有同一的重要。它在复杂的人生里，如画家在不自觉的自然里那样，给人生加以边框。它说：人生是这样。你可以请教一位生物学家，假如你要明白某种生物的情形或能力；你要明白人，你就要请教文学。文学有种任何别的东西所不能给你的，就是它创造出些人来给你看看，它给你些活的标本。这些标本也许像你的哥，或你的朋友，甚至于是你自己。有这样亲切的关系，文学便成了生活上必不可少的东西。你一天到晚的操作，思索，受刺激或发泄感情；但是，你不见得明白你自己，更不用说别人了。这也就是你的苦闷之一。文学使你知道什么是人，和人与人的关系；它所给的标本是足以代表一个团体，一个阶级或一个时代的人物。这个人的思想、信仰、行为、举动都有极可靠的根据，好像上帝另造出一些特别的标准人似的。没有文学的时代是黑暗的时代，因为它没记录下来这标准人来。哲学、心理学、生理学与伦理学等等都能使你明白一些人之所以为人，但是谁也没这种标准人告诉你的这么多，这么完全，这么有趣，这么生动，这么亲切。把人解剖开来讲人，绝不会比把活人放在目前，放在心里，来琢磨更有趣味。活的人是活在社会里，和你我一样。

这种标准人，我们管它叫作典型。自然，文学所包含的不限于讲人，文学的效能与趣味也不都来自讲人；不过讲人的部分是最重要的。自然，文艺作品不能都达到创造出典型来的目的，但这确是个写家都想着与希望达到的目的。

假冒为善是一个典型。严格地说，生活在一个没有自由的社会里，人人都至少有一点儿假冒为善。社会的拘束是那么多，那么沉重，一个人想要成功或想要平安的与众无忤，他得至少在表面上相信别人所信的，与大家一致，不个别另样。人服从社会，社会才容纳人，不假充好人是不行的。可是，文学中的这种典型并不这样泛泛，它有更确定的根据。Tartufe[①] 觉得自己有罪，Uriah Heep[②] 口口声声说自己微贱。这就有了文章。自贱自责在表面上看来是很好的欺人的工具；再细看看，这正是假冒为善的原因。因为这种人自觉的知道自己卑微，同时没有力量打破那个不平等的社会，所以他们唯一的办法是以假冒为善为个人发展的手段。他们并不相信什么，除了自己的志愿。他们不相信革命，而是拿他们所恨恶的人改为所羡慕的人，他们要由卑微而达到不卑微的地位，所以自卑自责正是一种巧妙的手段。他们在表面上是乞

---

① Tartufe，译为答丢夫，法国作家莫里哀喜剧作品《伪君子》中的主人公，义为"伪君子""假信徒"。

② Uriah HeeP，译为赖亚·赫普，英国作家狄更斯小说作品《大卫·科波菲尔》中的人物。

怜，实际上是用尽力量想打入另一环境而证明自己的本事。他们并不谦卑，他们是觉得自己委屈而应当往高处走，而且纯粹是为自己。因为这个，我们才觉得被这种人骗了的是傻瓜，而这种人本身是坏胎。假若他们不纯为自己，我们几乎就得同情于他们了。不安于卑贱而利用卑贱以期实现个人的愿望者是假冒为善。

不过，假冒为善的得有本事。另有一种骗子是没有本事，而想很容易的，不甚费力的，得到利益或美誉。这种人比假冒为善的还要多，因为不需要什么真本领。正因为没有本事，他们不像假冒为善的那样装出卑微的样子，而是以嘴为战斗的工具。他们非常的会把一个芝麻粒说成太阳那么大。他们死不要脸。因为自己无知，所以他们觉得天下尽可欺也。这种人不一定卑微或贫穷，他们的病根在没本事。他们要是没事做呢，就用嘴去找事；他们有事做呢，就用嘴去做他们的事。在都市生活里这是不可免的，因为都市文化里产生并且收养这种人。在社会正在转变的时期这是不可免的，因为社会动摇使教育失去恰合社会需要的妥定，而人人可以用嘴做事。这种人在文艺里是常见的，而在今日的社会里更多。这叫作 humbug，如提倡吃茶，救国者即是。

以上的两种，往往是用幽默的笔调写出，可是很少得到读者对这种人的同情。有一种人，像 Falstaff[1]，虽然有许多坏处，可是因为他的幽默而使人爱他。他知道他坏，而且常常自己揭发自己的坏处。这就与前两种典型不同了。他是因为体强心壮，机智与幽默仿佛因精力的充足而自然流露。他能欣赏自己的错处与缺点，因为他十二分明白人生，与人生的种种缺欠与弱点。没有任何东西可以破坏他的自信与自私；假如他遇见阻碍，他能随时发明可以破坏的方法去维持自己。他有天才，有胆气，爱生命，不管道德。他可恶，同时也可爱，因为他不假冒为善，也不屑于做无聊的事。所以他幽默，他可爱。

---

① Falstaff，译为福斯塔夫，英国作家莎士比亚历史剧《亨利四世》中的人物。

另一种幽默的人是傻子：唐吉柯德① 与狄更司② 的 Mr.Peckwick③ 是代表人物。他们简单，真诚，敢浪漫，有理想。他们的行为与举动非常的可笑，可是在这可笑的行动中表现着他们的伟大。他们的真诚与理想使他们成为傻子，而世界上的大艺术家、大思想家、大科学家都有些傻气。

反之，一个认识自己，深知世故，非常的精明而决不肯冒险的，是极不可爱的人。他遇到自己做错了事的时候，他微笑着反抗社会的道德，因此对别人的错误他也不由道德上去判断，而任着人们遭受所应得的惩罚。他毫无同情心，他老恶意的徽笑。他的消极的反抗多于积极的主张，这叫作 Cynical。这样的人多是有经验，有聪明，有学识的人。他能看清人情世故，可是任着自己与全人类走向禽兽的世界里去。这种只有破坏而无建设，他的幽默与机智永远是嘲弄与冷笑的。

我们还有好几个典型都是非说不可的，可是时间不允许再作详细的介绍。不过像 Hamlet④ 这个典型仿佛无论如何也不应遗漏的，那么我们再略说几句好了。这个典型即通常被称为优柔寡断的。为什么优柔寡断呢？因为他的思想永远和他的欲望相反。他的欲望使他执行，可是理智不帮他的忙，而且阻止他对实际上的执行。他的理智时时在情感正强的时候建议给他：你再想一想，有没有更高更好的办法？他想了，把他要执行的暂时放下。及至想出更好的办法，临到执行又遇到同样的阻碍。他老要那最理想的，而计划越精密毒辣越使他害怕。他的思索使他的想象走到还没有做的事的旁边去。他恐怖，他着急，他迟迟不决，结果呢，只好疯了。

这么点极不精到，极不完全的说明，简直不是想说这些典型的本身，而

---

① 唐吉柯德，今译为堂·吉诃德，西班牙作家塞万提斯小说作品《堂·吉诃德》的主人公。
② 狄更司，今译为狄更斯，英国作家，著有《匹克威克外传》《雾都孤儿》《双城记》等作品。
③ Mr.Peckwick，今译为匹克威克，狄更斯小说作品《匹克威克外传》的主人公。
④ Hamlet，今译为哈姆雷特，英国作家莎士比亚悲剧作品《哈姆雷特》的主人公。

只是粗粗的拿来作些例证，证明伟大文艺中的人物是怎样有社会的、人情的、心理的根据而成。他们使我们明白了人生，从而得到一些极可宝贵的教训，假若我们能反省一下。

老舍

文学遗产应怎样接受

（原载于 1943 年 4 月《文坛》第 2 卷第 1 期）

对此题，我差不多没有资格插口，因读书太少，复昧于文学理论，姑妄言之而已。

（一）语言：语言是一代传给一代的东西，不能一笔勾销，从新另造。读过去的文艺作品，在明白此语言曾经如何用了而已。言语一代一代的变动，古曰呜呼，今言哎哟，不必强古以律今，今天的人应当说今天的话也。但语言的系统则有定形，且不易变。中国话有"声"，故旧诗词皆调动平仄，以求悦耳动心。今日之诗，可无格式，但平仄排列欠佳，即乏音乐之美。我们要作我们今天的诗，但此诗须有音乐之美，而此音乐之美曾被古人发现并试验过，故不可不知，借作参考。今日之美非昔日之美，但也逃不出那个圈儿去，因中文还未变成英文也。音韵方面如此，文法方面亦如此，知道一些旧的，好去创作新的；此新与旧原是同根，故不能以桃代李，硬造出另一套也。

（二）思想：古人有古人的思想，今人有今人的思想。今人而作复古之想，只是糊涂，别无是处。今人之思想，必取全人类之最良者，不能夸示家传秘方，敝帚千金。知道了人类思想之最良者，乃能有判断能力，如何去取；读古籍时遂亦有了胆量去批判。如此承受遗产，则能不惑于古，而能取精去粕，为祖先增光。

（三）形式：新文艺之形式，多取法欧西。此后大概还是取法欧西，新诗不会变成《离骚》或词曲，戏剧不会返归元曲，小说也不会再像随笔或笔

大师谈读书

记。此点要在取法乎上，不必拘泥用国货也。

（四）内容：内容用不着范本，一时代有一时代的事与人，不尽相同也。古人之生活如彼，故说那些事；今人之生活如此，故说这些事。把此点弄清，则对古人所说，如渔人与樵夫共话，各道经验，而不相强。假若读了渊明，就必也"归去来兮"，而忘了今日的人生责任，是渔夫听了樵夫的话，他舍网而持斧，必是两相耽误。

以上所言，盖谓一民族的语言思想有其根源，不可置之不理。但今人是今人，今人讲究一事须以"世界的"为主，故治文艺者亦宜把遗产二字含意扩大，要为世界的文艺遗产之承受者，不可只抱着几本线装书自称家资巨万也。

老舍

133

废

名

　　废名（1901—1967），湖北黄梅人，原名冯文炳，中国现代作家、诗人、小说家，在文学史上被视为"京派文学"的鼻祖。代表作品《竹林的故事》《桃园》《莫须有先生传》《阿赖耶识论》。

小时读书

（原载于 1947 年 5 月 5 日南昌《中国新报·新文艺》第 29 期）

现在我常想写一篇文章，题目是"四书的意义"，懂得《四书》的意义便真懂得孔孟程朱，也便真懂得中国学问的价值了。这是一回事。但《四书》我从小就读过的，初上学读完《三字经》便读《四书》，那又是一回事。回想起来那件事何其太愚蠢、太无意义了，简直是残忍。战时在故乡避难，有一回到一亲戚家，其间壁为一私塾，学童正在那里读书，我听得一个孩子读道："子谓南容！子谓南容！"我不禁打一个寒噤，怎么今日还有残害小孩子的教育呢？我当时对于那个声音觉得很熟，而且我觉得是冤声，但分辨不出是我自己在那里诵读呢，还是另外一个儿童学伴在那里诵读？我简直不暇理会那声音所代表的字句的意义，只深切地知道是小孩子的冤声罢了。再一想，是《论语》上的这一句："子谓南容，邦有道不废，邦无道免于刑戮，以其兄之子妻之。"可怜的儿童乃读着："子谓南容！子谓南容！"了。要说我当时对于这件事愤怒的感情，应该便是"火其书"！别的事很难得激怒我，谈到中国的中小学教育，每每激怒我了。

我自己是能不受损害的，即是说教育加害于我，而我自己反能得到自由。但我绝不原谅它。我们小时所受的教育确实等于有期徒刑。我想将我小时读《四书》的心理追记下来，算得儿童的狱中日记，难为他坐井观天到底还有他的阳光哩。

"子曰，视其所以，观其所由，察其所安，人焉廋哉！人焉廋哉！"我记得我读到这两句"人焉廋哉",很喜悦,其喜悦的原因有二,一是两句书等于一句,(即是一句抵两句的意思)我们讨了便宜;二是我们在书房里喜欢瘦人家的东西,心想就是这个"廋"字罢?

读"大车无輗,小车无軏"很喜悦,因为我们乡音车猪同音,大"猪"小"猪"很是热闹了。

先读"林放问礼之本",后又读"曾谓泰山不如林放乎?"仿佛知道林放是一个人,这一个人两次见,觉得喜悦,其实孔子弟子的名字两次见的多得很。不知何以无感触,独喜林放两见。

读子入太庙章见两个"入太庙每事问"并写着,觉得喜悦,而且有讨便宜之意。

读"赐也尔爱其羊"觉得喜悦,心里便在那里爱羊。

读"一则以喜,一则以惧"觉得喜悦,不知何故?又读"是可忍也,孰不可忍也"亦觉喜悦,岂那时能赏识《论语》句子写得好乎?又读"左丘明耻之,丘亦耻之"亦觉喜悦。

先读"哀公问弟子孰为好学",后又读"季康子问弟子孰为好学",觉得喜悦,又是讨便宜之意。

读"暴虎冯河"觉得喜悦,因为有一个"冯"字,这是我的姓了。但偏不要我读"冯",又觉得寂寞了。

读"子钓而不纲"仿佛也懂得孔子钓鱼。

读"鸟之将死"觉得喜悦,因为我们捉着鸟总是死了。

读"乡人傩"喜悦,我已在别的文章里说过,联想到"打锣",于是很是热闹。

读"山梁雌雉子路共之"觉得喜悦,仿佛有一种戏剧的动作,自己在那里默默地做子路。

读"小子鸣鼓而攻之"觉得喜悦,那时我们的学校是设在一个庙里,庙

废名

137

里常常打鼓。

读"君子之德风，小人之德草，草上之风必偃"觉得喜悦，因为我们的学校面对着城墙，城外又是一大绿洲，城上有草，绿洲又是最好的草地，那上面又都最显得有风了，所以我读书时是在那里描画风景。

读"在邦必闻，在家必闻"，"在邦必达，在家必达"，觉得好玩，又讨便宜，一句抵两句。

读樊迟问仁"子曰，举直错诸枉"句，觉得喜悦，大约以前读上论时读过"举直错诸枉"句。故而觉得便宜了一句。底下一章有两句"不仁者远矣"，又便宜了一句。

读"其父攘羊而子证之"仿佛有一种不快的感觉，不知何故。

读"斗筲之人"觉得好玩，因为家里煮饭总用筲箕滤米。

读"子击磬于卫"觉得喜欢，因为家里祭祖总是击磬。又读"深则厉，浅则揭"喜欢，大约因为先生一时的高兴把意义讲给我听了，我常在城外看乡下人涉水进城，（城外有一条河）真是"深则厉，浅则揭"。

读"老而不死是为贼"喜欢。

读"子曰，不曰如之何如之何者，吾未如之何也已矣"觉得奇怪。又读上论"觚不觚，觚哉觚哉"亦觉奇怪。

读"某在斯某在斯"觉得好玩。

读"割鸡焉用牛刀"觉得好玩。

读"子路拱而立"觉得喜欢，大约以前曾有"子路共之"那个戏剧动作。底下"杀鸡为黍"更是亲切，因为家里常常杀鸡。

上下论读完读《大学》《中庸》，读《大学》读到"秦誓曰，若有一个臣……"很是喜欢，仿佛好容易读了"一个"这两个字了，我们平常说话总是说一个两个。我还记得我读"若有一个臣"时把手指向同位的朋友一指，表示"一个"了。读《中庸》"鼋鼍蛟龍魚鼈生焉"，觉得这么多的难字。

读《孟子》，似乎无可记忆的，大家对于《孟子》的感情很不好，"孟子孟，打一头的洞！告子告，打一头的皰"！是一般读《孟子》的警告。我记得我读孟子时也有过讨便宜的欢喜，如"五亩之宅树之以桑"那么一大段文章，有两次读到，到得第二次读时，大有胜任愉快之感了。

废名

二十五年我的爱读书

（原载于 1937 年 1 月 1 日《宇宙风》第 32 期）

（一）三百篇

（二）左传

（三）周易

民国二十五年我的爱读书可以提出三种，一是《三百篇》，一是《左传》，一是《周易》。不凑巧这三部书都是经，与北平尊经社的人冲突——因为他们同我雷同，故我说与他们冲突。《三百篇》与《左传》最表现着一种风趣，这风趣是中国的，中国后来所没有的也正是没有这个风趣了。可惜这两部书我还没有工夫仔细读。《周易》我也只是稍微翻了一翻，还没有仔细读，我读《易》的宗旨同江绍原先生处于反对的方向，即是说我是注重"微言大义"的，不过此事亦甚难，是孔夫子的话"人能弘道非道弘人"也。

大师谈读书

读《论语》

（原载于 1934 年 4 月 20 日《人间世》第 2 期）

　　小时读熟的书，长大类能记得，《论语》读得最早，也最后不忘，懂得它一点却也是最后的事。这大约是生活上经验的响应，未必有心要了解圣人。日常之间，在我有所觉察，因而忆起《论语》的一章一句，再来翻开小时所读的书一看，儒者之徒讲的《论语》，每每不能同我一致，未免有点懊丧。我之读《论语》殆真是张宗子之所谓"遇"欤。闲时同平伯闲谈，我的意见同他又时常相合，斯则可喜。

二十三年三月二十三日

一

　　子曰，诗三百，一言以蔽之曰，"思无邪"。愚按思无邪一言，对于了解文艺是一个很透彻的意见，其意若曰，做成诗歌的材料没有什么要不得的，只看作意如何。圣保罗的话，"凡物本来没有不洁净的，唯独人以为不洁净，在他就不洁净了"，是一个意思两样的说法，不过孔丘先生似乎更说得平淡耳。宋儒不能懂得这一点，对于一首恋歌钻到牛角湾里乱讲一阵，岂知这正是未能"思无邪"欤，宁不令人叹息。中国人的生活少情趣，也正是所谓"正墙面而立"，在《中庸》则谓"人莫不饮食也，鲜能知味也"。愚前见吾乡熊十力先生在一篇文章里对于"人而不为周南召南其犹正墙面而立"很发感慨，说他小时不懂，现在懂得，这个感慨我觉得很有意义。后来我同熊先生见面时也谈到这一点，我戏言，孔夫子这句话是向他儿子讲的，这不能不说是一位贤明的父亲。

废名

二

《中庸》言"诚"，孟子亦曰"反身而诚,乐莫大焉。"《论语》则曰"直"。我觉得这里很有意义。"直"较于"诚"然自平凡得多,却是气象宽大令人亲近,而"诚"之义固亦"直"之所可有也。大概学问之道最古为淳朴,到后来渐渐细密,升堂与入室在此正未易言其价值。子曰,"人之生也直",又曰"斯民也三代之所以直道而行也",又曰"以直报怨,以德报德",从以直报怨句看,直大约有自然之义,便是率性而行,而直报与德报对言,直又不无正直之义。吾人日常行事,以直道而行,未必一定要同人下不去,但对于同我有嫌怨的人,亦不必矫揉造作,心里不能释然,亦人之情也。孔子比后来儒者高明,常在他承认过失,他说"直",而后来标"诚",其中消息便可寻思。曰"克己复礼为仁",曰"观过斯知仁",此一个"礼"与"过"认识不清,"克己"与"仁"俱讲不好,礼中应有生趣,过可以窥人之性情。愚欲引申"直"之义,推而及此,觉得其中有一贯之处。

三

陶渊明诗曰,"遥遥沮溺心,千载乃相关。"愚昔闲居山野,又有慨于孔丘之言,"鸟兽不可与同群也,吾非斯人之徒与而谁与。"此言真是说得大雅。夫逃虚空者,闻人足音,跫然而喜,人之情总在人间。无论艺术与宗教,其范围可以超人,其命脉正是人之所以为人也。否则宇宙一冥顽耳。孔子栖栖惶惶,欲天下平治,因隐居志士而发感慨,对彼辈正怀无限之了解与同情,故其言亲切若此,岂责人之言哉。愚尝反复斯言,谓古来可以语此者未见其人。若政治家而具此艺术心境,更有意义。因此我又忆起"吾岂匏瓜也哉,焉能系而不食"之句,这句话到底怎么讲,我也不敢说,但我很有一个神秘的了悟,憧憬于这句话的意境。大约匏瓜之为物,系而不给人吃的,拿来做"壶卢",孔子是热心世事的人,故以此为兴耳。朱注,"匏瓜系于一处,而不能饮食,人则不如是也",未免索然。

我怎样读《论语》

（原载于 1948 年 6 月 28 日天津《民国日报·文艺》第 132 期）

我以前写了一篇《读〈论语〉》的小文，那时我还没有到三十岁，是刚刚登上孔子之堂，高兴作的，意义也确实很重要。民国二十四年，我懂得孟子的性善，于是跳出了现代唯物思想的樊笼，再来读《论语》，境界与写《读〈论语〉》时又大不同，从此年年有进益，到现在可以匡程朱之不逮，我真应该注《论语》了。今天我来谈谈我是怎样读《论语》的。

我还是从以前写《读〈论语〉》时的经验说起。那时我立志做艺术家，喜欢法国弗禄倍尔①以几十年的光阴写几部小说，我也要把我的生命贡献给艺术，在北平香山一个贫家里租了屋子住着，专心致志写一部小说，便是后来并未写完的《桥》。我记得有一天我忽然有所得，替我的书斋起了一个名字，叫做"常出屋斋"，自己很是喜悦。因为我总喜欢在外面走路，无论山上，无论泉边，无论僧伽蓝，都有我的足迹，合乎陶渊明的"怀良辰以孤往"，或是"良辰入奇怀"，不在家里伏案，而心里总是有所得了。而我的书斋也仿佛总有主人，因为那里有主人的"志"，那里静得很，案上有两部书，一是英国的《莎士比亚全集》，一是俄国的《契诃夫全集》英译本，都是我所喜欢读的。我觉得"常出屋斋"的斋名很有趣味，进城时并请沈尹默先生替我写了这四个字。后来我离开香山时，沈先生替我写的这四个字我忘记取下，仍然挂在那贫家的壁上，至今想起不免同情。我今天提起这件事，是与我读

---

① 弗禄倍尔，今译为福楼拜，法国著名作家。

废
名

《论语》有关系。有一天我正在山上走路时，心里很有一种寂寞，同时又仿佛中国书上有一句话正是表现我这时的感情，油然记起孔子的"鸟兽不可与同群"的语句，于是我真是喜悦，只这一句话我感到孔子的伟大，同时我觉得中国没有第二个人能了解孔子这话的意义。不知是什么缘故我当时竟能那样的肯定。是的，到现在我可以这样说，除孔子而外，中国没有第二个人有孔子的朴质与伟大的心情了。庄周所谓"空谷足音"的感情尚是文学的，不是生活的已经是很难得，孔子的"鸟兽不可与同群，吾非斯人之徒与而谁与"的话，则完全是生活的，同时也就是真理，令我感激欲泣，欢喜若狂。孔子这个人胸中没有一句话非吐出不可，他说话只是同我们走路一样自然要走路，开步便是在人生路上走路了，孔子说话也开口便是真理了，他看见长沮桀溺两个隐士，听了两人的话，便触动了他有话说，他觉得这些人未免狭隘了，不懂得道理了，你们在乡野之间住着难道不懂得与人为群的意思么？恐怕你们最容易有寂寞的感情罢？所以"鸟兽不可与同群，吾非斯人之徒与而谁与？"是山林隐逸触起孔子说话。我今问诸君，这些隐逸不应该做孔子的学生吗？先生不恰恰是教给他们一个道理么？百世之下乃令我，那时正是"五四运动"之后，狂者之流，认孔子为不足观的，崇拜西洋艺术家的，令我忽然懂得了，懂得了孔子的一句话，仿佛也便懂得了孔子的一切，我知道他是一个圣人了。我记得我这回进北平城内时，曾请友人冯至君买何晏《论语集解》送我。可见我那时是完全不懂得中国学问的，虽然已经喜欢孔子而还是痛恶程朱的，故读《论语》而决不读朱子的注本。这是很可笑的。

民国二十四年，我懂得孟子的性善，乃是背道而驰而懂得的，因为我们都是现代人，现代人都是唯物思想，即是告子的"生之谓性"，换一句话说以食色为性，本能为性，很以孟子的性善之说为可笑的。一日我懂得"性"，懂得我们一向所说的性不是性是习，性是至善，故孟子说性善，这时我大喜，不但救了我自己，我还要觉世！世人都把人看得太小了，不懂得人生的意义，以为人生是为遗传与环境所决定的，简直是"外铄我也"，换一句话说人不能胜天，而所谓天就是"自然"。现代人都在这个樊笼的人生观之中。同时现代人都容易有错处，有过也便不能再改，仿佛是命定了，无可如何的。当我觉得我自己的错处时，我很是难过，并不是以为自己不对，因为是"自然"有什么不对呢？西谚不说"过失就是人生"吗？但错总是错了，故难过。我苦闷甚久。因为写《桥》而又写了一部《莫须有先生传》，二十年《莫须有先生传》出版以后我便没兴会写小说。我的苦闷正是我的"忧"。因为"忧"，我乃忽然懂得道理了，道理便是性善。人的一生便是表现性善的，我们本来没有决定的错误的，不贰过便是善，学问之道便是不贰过。"人不能胜天"，这个观念是错的，人就是天，天不是现代思想所谓"自然"，天反合乎俗情所谓"天理"，天理岂有恶的吗？恶乃是过与不及，过与不及正是要你用功，要你达到"中"了。中便是至善。人懂得至善时，便懂得天，所谓人能弘道。这个关系真是太大。现代人的思想正是告子的"生之谓性"，古代圣人是"天命之谓性"。天命之谓性，孟子便具体地说是性善。从此我觉得我可以没有错处了，我的快乐非言语所能形容。我仿佛想说一句话。再一想，这句话孔子已经说过，便是"朝闻道，夕死可矣"。我懂得孔子说这话是表示喜悦。这是我第二回读《论语》的经验。

我生平常常有一种喜不自胜的感情，便是我亲自得见一位道德家，一位推己及人的君子，他真有识见，他从不欺人，我常常爱他爱小孩子的态度，他同小孩子说话都有礼！我把话这样说，是我有一种实感，因为我们同小孩子说话总可以随便一点了，说错了总不要紧了，而知堂先生——大家或者已经猜得着我所说的是知堂先生了，他同小孩子说话也总是有礼，这真是给了我好大的修养，好大的欢喜，比"尚不愧于屋漏"要有趣得多。他够得上一个"信"字，中国人所缺少的一个字。他够得上一个"仁"字，存心总是想于人有益处。我说知堂先生是一位道德家，是我最喜欢的一句话，意味无穷。

但知堂先生是唯物论者，唯物论者的道德哲学是"义外"，至多也不过是陶渊明所说的"称心固为好"的意思。陶渊明恐怕还不及知堂先生是一位道德家，但"信"字是一样，又一样的是大雅君子。两人又都不能懂得孔子。此事令我觉得奇怪，不懂得道德标准来自本性，而自己偏是躬行君子，岂孔子所谓"盖有不知而作之者欤？"于是我大喜，《论语》这章书我今天懂得了！"子曰：盖有不知而作之者，我无是也。多闻择其善者而从之，多见而识之，知之次也。"我一向对于这章书不了解，朱注毫无意义，他说，"不知而作，不知其理而妄作也。孔子自言未尝妄作。盖亦谦辞。然亦可见其无所不知也。"孔子为什么拿自己与妄作者相提并论？如此"谦辞"，有何益处？孔子不如此立言也。是可见读书之难。我不是得见知堂先生这一位大人物，我不能懂得孔子的话了。我懂得了以后，再来反复读这章书，可谓学而时习之不亦悦乎。孔子这个人有时说话真是坚决得很，同时也委婉得很，这章书他是坚决地说他"知"，而对于"不知而作之者"言外又大有赞美与叹息之意也。其曰"盖有"，盖是很难得，伯夷柳下惠或者正是这一类的人了。孔子之所谓"知"，便是德性之全体，孔子的学问这章书的这一个"知"字足以尽之了，朱子无所不知云云完全是赘辞了。总之孔子是下学而上达的话，连朱子都不懂，何况其余。朱子不懂是因为朱子没有这个千载难遇的经验，或者宋儒也没有这个广大的识见，虽然他们是真懂得孔子的。我首先说我常常有一种喜不自胜的感情，是说我生平与知堂先生亲近，关于做人的方面常常觉得学如不及，真有意义。及至悟得孔子"不知而作"的话，又真到了信仰的地位，孔子口中总是说"天"，他是确实知之为知之的。儒家本来是宗教，这个宗教又就是哲学，这个哲学不靠知识，重在德行。你要知"天"，知识怎么知道呢？不靠德行去体验之吗？我讲《论语》讲到这里，有无上的喜悦，生平得以知堂先生大德为师了。

抗战期间我在故乡黄梅做小学教师，做初级中学教师，卞之琳君有一回从四川写信问我怎么样，我觉得很难答复，总不能以做小学教员中学教员回答朋友问我的意思，连忙想起《论语·学而》一章，觉得有了，可以回答朋友了，于是我告诉他我在乡间的生活可以"学而"一章尽之，有时是"不亦悦乎"，有时是"不亦乐乎"，有时是"不亦君子乎"。"有朋自远方来"的事实当然没有，但想着有朋自远方来应该是如何的快乐，便可见孔子的话如何是经验之谈了，便是"不亦乐乎"了。总之我在乡间八九年的生活是寂寞的辛苦的。我确实不觉得寂寞不觉得辛苦，总是快乐的时候多。有一年暑假，我在县中学住着教学生补习功课，校址是黄梅县南山寺，算是很深的山中了，而从百里外水乡来了一位小时的同学胡君，他现在已是四十以上的一位绅士了，他带了他的外甥同来，要我答应收留做学生。我当然答应了，而且很感激他，他这样远道而来。我哪里还辞辛苦。要说辛苦也确是辛苦的，学生人数在三十名左右，有补习小学功课的，有补习初中各年级功课的。友人之甥年龄过十五岁，却是失学的孩子，国语不识字不能造句，算术能做简单加减法，天资是下愚。慢慢地我教他算乘法，教他读九九歌诀，他读不熟。战时山中没有教本可买，学生之中也没有读九九歌诀的，只此友人之甥一人如此，故我拿了一张纸抄了一份九九歌诀教给他读。我一面抄，一面教时，便有点迁怒于朋友，他不该送这个学生来磨难我了。这个学生确实难教。我看他一眼，我觉得他倒是诚心要学算术的。连忙我觉得我不对，我有恼这个学生的意思，我不应该恼他。连忙我想起《论语》一章书："子曰：有教无类。"我欢喜赞叹，我知道圣人之所以为圣人了。这章书给了我很大的安慰。我们不从生活是不能懂得圣人了。朱子对于这章书的了解是万不能及我了，因为他没有这个经验。朱注曰，"人性皆善，而其类有善恶之殊者，气习之染也。故君子有教，则人皆可以复于善，而不当复论其类之恶矣。"这些话都是守着原则说的，也便是无话想出话来说，近于做题目，因为要注，便不得不注了，《论语》的生命无有矣。

废名

读朱注

（原载于 1948 年 8 月 30 日天津《民国日报·文艺》第 141 期）

　　我以前读《论语》总没有读注解，也并不拿着《论语》的书读，因为小时在私塾读熟了，现在都还记得，本着生活的经验有所触发，便记起《论语》来，便是我的读《论语》了。十年以来，佩服程朱，乃常读朱注。在故乡避难时期，有两回读《论语》朱子注解，给了我甚大的喜悦，至今印象不忘，而且感激不尽。一是朱子注"季文子三思而后行"章，他引程子之言曰："为恶之人未尝知有思，有思则为善矣。然至于再则已审，三则私意起而反惑矣，故夫子讥之"。程子的话差不多做了我做事的标准，我阅历了许多大人物，我觉得他们都不及我了，因为他们都是"私意起而反惑矣"，我则像勇士，又像小孩，做起事来快得很，毫不犹疑，因之常能心安理得了，都是程子教给我的，也就是我读《论语》的心得了。我记得避难时有一穷亲戚的孩子到我家里来，我想筹点钱给他，连忙又想，这不怕他养成依赖性吗？连忙我想起程子的话，我第一个想头是对的，应该筹点钱给穷孩子，第二个想头，其实就是"三思"，是自己舍不得了。我不知怎样喜欢程子的话哩。孔子也就真是圣人。"季文子三思而后行，子闻之曰：'再，斯可矣。'"你看这个神气多可爱，然而不是程子给我们一讲，我们恐怕不懂得了，这是朱注给我的一回喜悦。还有一回是朱子注这一章书："子曰，不仁者不可以久处约，不可以长处乐，仁者安仁，知者利仁。"朱注有云："约，穷困也，利犹贪也，盖深知笃好而必欲得之也。"我读之大喜，给了我好大的安慰，好大的修养了，那是民国三十四年春，我本来在黄梅县中学当教员，新来的校长令我不能不辞职，我失业闲居，一心想把已经动手而未完成的《阿赖耶识论》完成，正是朱子所谓"贪也"，一日我读到这个注解，像小学生见了先生的面，一句话也没得说了，我们原来都是知者好学，较之颜回"一箪食，一瓢饮，在陋巷，人不堪其忧，回也不改其乐"，愧不如了，因此我很喜欢孔子"仁者安仁，知者利仁"的话，然而利仁毕竟是仁，知者也终于安仁了，大约世间终于还是有两种人格，一种是不忧，一种是不惑，故孔子曰："仁者不忧，知者不惑。"又曰："好学近乎知，力行近乎仁。"

今年暑假，看《朱子语类》，关于《论语》子使漆雕开仕章第一条是：

"陈仲卿问子使漆雕开仕章。曰，此章当于斯字上看，斯是指个什么，未之能信者，便是于这个道理见得未甚透彻，故信未及，看他意思便把个仕都轻看了"。

这话我乍看颇出乎意料，因为这章书我向来没有看朱注，也不十分注意这章书，只是觉得漆雕开这个人对于出去做官的事情不敢相信罢了，"吾斯之未能信"的"斯"字便是指上面的"仕"字。今朱子曰，"此章当于斯字上看，斯是指个什么"，可见朱子的意思要深一层了，连忙我觉得朱子的话大概是对的，于是我再打开《论语》看：

"子使漆雕开仕，对曰，'吾斯之未能信。'子说。"（"说"同"学而时习之不亦说乎"的"说"字是一样，就是"悦"字。）

这一来我很喜欢这章书，诚如朱子所说，"此章当于斯字上看，斯是指个什么。"我还不是就意义说，我是就文章说，《论语》的文章真是好文章，令我读着不亦说乎了。懂得《论语》的文章，《论语》的意义也就懂得了。这章书，把先生的神气，把学生的神气，表现得真是可爱。先生的神气在"子说"二字传神。学生的神气便是这个"斯"字传神。好像漆雕开正在那里好学，手上捧一个什么东西的样子，所谓得一善则拳拳服膺，故曰"吾斯之未能信"了。你看他的话答得多快，好像不暇顾及的样子。你看先生看着这个学生该是多高兴，故"子说"。我记得我小时在私塾里读书读到这里的"子说"，很觉得奇怪，为什么忽然两个字就完了？好像小孩子不能住口似的。今日乃懂得《论语》文章之佳了。这真是一件有趣味的事。因为这章书的一个"斯"字，我乃想起《论语》里面好几个斯字，都是善于传神。我们先看这一章：

"或问禘之说。子曰：'不知也。知其说者之于天下也，其如示诸斯乎？'指其掌。"

这个"斯"字是指孔子自己的手掌，孔子说话时把自己的手掌一指了，故记者接着说明"指其掌"。这里不加说明千秋万世之后便不知道"斯是指个甚么"了。

又如这章书：

"子在川上曰，'逝者如斯夫，不舍昼夜。'"

记者要传达孔子说话的神情，故先说明"子在川上"，其实孔子当时只说着"逝者如斯"，是他自己眼前有所指罢了。所以漆雕开之"斯"也必是当下实有所指，显得他正在那里用功了。

又如这一章：

"子谓子贱，'君子哉若人！鲁无君子者，斯焉取斯？'"

朱注，"上斯，斯此人；下斯，斯此德。"此下斯同朱子注"吾斯之未能信"之斯徒在句子里头找都找不着何所指了。

此外孔子说话，常常前无所指，而直呼曰："斯道"，曰"斯文"，我们读着都觉其自然。"子曰：'谁能出不由户，何莫由斯道也！'"这或者是孔子站在门前说——一面指着门说"谁能出不由户"，一面指着门口的路说："何莫由斯道也"亦未可知，总之神情非常之亲切可爱。至于"斯文"二字，自从孔子说话之后，我们大家现在都习用了，如说你是"斯文中人"。

陶渊明爱树

（原载于 1936 年 10 月 20 日北平《世界日报·明珠》第 20 期）

世人皆曰陶渊明爱菊，我今来说陶渊明爱树。说起陶公爱树来，在很早的时候我读《闲情》一赋便已留心到了。《闲情赋》里头有一件一件的愿什么愿什么，好比说愿在发而为泽，又恐怕佳人爱洗头发，岂不从白水以枯煎？愿做丝而可以做丝鞋，随素足周旋几步，又恐怕到时候要脱鞋，岂不空委弃于床前？这些都没有什么，我们大家都想得起来，都可以打这几个比方，独有"愿在昼而为影，常依形而西东，悲高树之多荫，慨有时而不同"，算是陶公独出心裁了，我记得我读到这几句，设身处地地想，他大约是对于树阴凉儿很有好感，自己又孤独惯了，一旦走到大树荫下，遇凉风暂至，不觉景与罔两俱无，唯有树影在地。大凡老农老圃，类有此经验，我从前在乡下住了一些日子，亦有此经验也。所以文章虽然那么做，悲高树之多荫，实乃爱树荫之心理。稍后我读《影答形》的时候，见其说着"与子相遇来，未尝异悲悦，憩荫若暂乖，止日终不别"，已经是莫逆于心了。在《止酒》一诗里，以"坐止高荫下"与"好味止园葵，大懽止稚子"相提并论，陶公非爱树而何？我屡次想写一点文章，说陶渊明爱树，立意却还在介绍另外一首诗，不过要从爱树说起。陶诗《读山海经》之九云：

夸父诞宏志，乃与日竞走。俱至虞渊下，

似若无胜负。神力既殊妙，倾河焉足有。

余迹寄邓林，功竟在身后。

废名

这首诗我真是喜欢。《山海经》云，夸父不量力，欲追日景，逮之于禺谷，渴欲得饮，饮于河渭，河渭不足，北饮大泽，未至，道渴而死，弃其杖，化为邓林。这个故事很是幽默。夸父杖化为邓林，故事又很美。陶诗又何其庄严幽美耶，抑何质朴可爱。陶渊明之为儒家，于此诗可以见之。其爱好庄周，于此诗亦可以见之。"余迹寄邓林，功竟在身后"，是作此诗者画龙点睛。语云，前人栽树，后人乘荫，便是陶诗的意义，是陶渊明仍为孔丘之徒也。最令我感动的，陶公仍是诗人，他乃自己喜欢树荫，故不觉而为此诗也。"连林人不觉，独树众乃奇，提壶挂寒柯，远望时复为"，他总还是孤独的诗人。

谈杜甫的"登楼"

（原载于 1961 年 10 月 22 日《吉林日报》）

我最爱杜甫的《登楼》。我想说出我的理由来。先把这首诗抄下来：

花近高楼伤客心，万方多难此登临。

锦江春色来天地，玉垒浮云变古今。

北极朝廷终不改，西山寇盗莫相侵。

可怜后主还祠庙，日暮聊为梁甫吟。

沈德潜对这首诗也赞美得很，他评道："气象雄伟，笼盖宇宙，此杜诗之最上者。"我认为这是杜甫的一首抒情诗。抒情诗还是律诗，这是了不起的事，因为律诗讲对仗，容易逞技巧，见作者的功夫，未必有抒情诗的效用。而杜甫的《登楼》是中国古典文学里一首伟大的抒情诗。我还没有见过古代诗人有谁表现过像杜甫这样深厚的感情。这首诗的表现方法是直接地写出，即是把一刹那一刹那的感情记下来，然后给读者以整个的艺术形象。

第一句"花近高楼伤客心"，这一句诗就是杜甫了，除了杜甫没有别人，他登上高楼，看见了花，并感伤于怀。这一句里面有一个"客"字，因为他在外面漂流很久了。就这一句说，也是直接的写法，从最后一刹那写起，要说登楼，而已在楼上，要说楼上，而已见高楼外，所以首先是"花"。又难得第六个字是一个"客"字，即登楼之人。此人是"万方多难此登临"了。所以这首诗的第二句是"万方多难此登临"。第一句"客"字的位置，第二句"此"字的位置，都是直接的写法，其时其地其人自知了。杜诗所表现的感情总是极其直接的，作者不容许一点间接。然而直接的感情究竟是要传达给读者，于是不能不有三四两句，即是解释"此登临"的"此"字。此是何地呢？此地水有锦江，山有玉垒，换句话说客在成都。但不能这样告诉读者，这样告诉读者，便不是直接的感情，是间接的文字了。所以杜诗只能是抒情："锦江春色来天地，玉垒浮云变古今。"这样的两句就是沈德潜说的"笼盖宇宙"。一句写空间，一句写时间。江上春色不就是世界的存在吗？山上浮云不等于古今的变换吗？杜甫一点没有"人生如梦"的意思，他是写景，他是抒情，他有的是对祖国的献身感，对历史的责任感。所以诗接着写："北极朝廷终不改，西山寇盗莫相侵。"这都是直接的感情。在杜甫写《登楼》的时候，吐蕃曾经侵入到长安，然而被击退了，所以有"北极朝廷终不改"句，这一句也确实表示杜甫的信心。在四川方面吐蕃也为患，故有"西山寇盗莫相侵"句。最后两句我非常爱好，我认为杜甫的思想感情极深刻，表现得极直接，他是写成都的刘后主庙，刘后主是亡国之君，所以他用了"可怜"两个字，这一来与"北极朝廷终不改"的思想好像有矛盾似的。然而杜甫有信心，所以马上接一句："日暮聊为梁甫吟。"这用的是诸葛孔明的故事，诸葛孔明好为梁甫吟，这是一种兴奋的精神。"日暮"两个字我们应该注意，登楼是在日暮，所以"日暮"是写实，但杜甫没有一丝一毫"只是近黄昏"的意思，他有的是屈原的"吾令羲和弭节兮，望崦嵫而勿迫"的精神。不过杜甫也和屈原不同，他这首诗表现的是现实主义，不是浪漫主义，他是"日暮聊为梁甫吟"。就作诗的技巧说，题目是"登楼"，作者应该告诉读者他在什么时候什么地方登楼的，杜甫当然没有这么笨，然而我们读完了诗也都知道了，地方在四川成都，时间是春天日暮。

我爱杜甫的这一首诗，有两点：

一、它反映了中国古代长期封建统治的历史，一方面诗人相信"北极朝廷终不改"，一方面又"西山寇盗"相侵；

二、这首诗的语言充分表现汉语之美，它利于作对仗，而杜甫用以抒情。

鲁迅

鲁迅（1881—1936），浙江绍兴人。著名文学家、思想家，新文化运动的重要参与者，中国现代文学的奠基人之一。代表作品《呐喊》《彷徨》《朝花夕拾》《野草》《华盖集》《中国小说史略》等。

青年必读书——应《京报副刊》的征求

（原载于 1925 年 2 月 21 日《京报副刊》）

青年必读书从来没有留心过，所以现在说不出。

附注：

但我要趁这机会，略说自己的经验，以供若干读者的参考——

我看中国书时，总觉得就沉静下去，与实人生离开；读外国书——但除了印度——时，往往就与人生接触，想做点事。

中国书虽有劝人入世的话，也多是僵尸的乐观；外国书即使是颓唐和厌世的，但却是活人的颓唐和厌世。我以为要少——或者竟不——看中国书，多看外国书。

少看中国书，其结果不过不能作文而已。

但现在的青年最要紧的是"行"，不是"言"。只要是活人，不能作文算什么大不了的事。

读书杂谈

（1927 年 7 月 16 日在广州知用中学的演讲）

因为知用中学的先生们希望我来演讲一回，所以今天到这里和诸君相见。不过我也没有什么东西可讲。忽而想到学校是读书的所在，就随便谈谈读书。是我个人的意见，姑且供诸君的参考，其实也算不得什么演讲。

说到读书，似乎是很明白的事，只要拿书来读就是了，但是并不这样简单。至少，就有两种：一是职业的读书，一是嗜好的读书。

所谓职业的读书者，譬如学生因为升学，教员因为要讲功课，不翻翻书，就有些危险的就是。我想在座的诸君之中一定有些这样的经验，有的不喜欢算学，有的不喜欢博物，然而不得不学，否则，不能毕业，不能升学，和将来的生计便有妨碍了。我自己也这样，因为做教员，有时即非看不喜欢看的书不可，要不这样，怕不久便会于饭碗有妨。我们习惯了，一说起读书，就觉得是高尚的事情，其实这样的读书，和木匠的磨斧头，裁缝的理针线并没有什么分别，并不见得高尚，有时还很苦痛，很可怜。你爱做的事，偏不给你做，你不爱做的，倒非做不可。这是由于职业和嗜好不能合一而来的。倘大家能够去做爱做的事，而仍然各有饭吃，那是多么幸福。但现在的社会上还做不到，所以读书的人们的最大部分，大概是勉勉强强的，带着苦痛的为职业的读书。

现在再讲嗜好的读书吧。那是出于自愿，全不勉强，离开了利害关系的。——我想，嗜好的读书，该如爱打牌的一样，天天打，夜夜打，连续地

鲁迅

157

去打，有时被公安局捉去了，放出来之后还是打。诸君要知道真打牌的人的目的并不在赢钱，而在有趣。牌有怎样的有趣呢，我是外行，不大明白。但听得爱赌的人说，它妙在一张一张地摸起来，永远变化无穷。我想，凡嗜好的读书，能够手不释卷的原因也就是这样，他在每一页每一页里，都得着深厚的趣味。自然，也可以扩大精神，增加知识的，但这些倒都不计及，一计及，便等于意在赢钱的博徒了，这在博徒之中，也算是下品。

不过我的意思，并非说诸君应该都退了学，去看自己喜欢看的书去，这样的时候还没有到来；也许终于不会到，至多，将来可以设法使人们对于非做不可的事发生较多的兴味罢了。我现在是说，爱看书的青年，大可以看看本分以外的书，即课外的书，不要只将课内的书抱住。但请不要误解，我并非说，譬如在国文讲堂上，应该在抽屉里暗看《红楼梦》之类；乃是说，应做的功课已完而有余暇，大可以看看各样的书，即使和本业毫不相干的，也要泛览。譬如学理科的，偏看看文学书，学文学的，偏看看科学书，看看别人在那里研究的，究竟是怎么一回事。这样子，对于别人，别事，可以有更深的了解。现在中国有一个大毛病，就是人们大概以为自己所学的一门是最好，最妙，最要紧的学问，而别的都无用，都不足道的，弄这些不足道的东西的人，将来该当饿死。其实是，世界还没有如此简单，学问都各有用处，要定什么是头等还很难。也幸而有各式各样的人，假如世界上全是文学家，到处所讲的不是"文学的分类"便是"诗之构造"，那倒反而无聊得很了。

不过以上所说的，是附带而得的效果，嗜好的读书，本人自然并不计及那些，就如游公园似的，随随便便去，因为随随便便，所以不吃力，因为不吃力，所以会觉得有趣。如果一本书拿到手，就满心想道，"我在读书了！""我在用功了！"那就容易疲劳，因而减掉兴味，或者变成苦差事了。

我看现在的青年，为兴味读书的是有的，我也常常遇到各样的询问。此刻就将我所想到的说一点，但是只限于文学方面，因为我不明白其他的。

第一，是往往分不清文学和文章。

甚至于已经来动手做批评文章的，也免不了这毛病。其实粗粗的说，这是容易分别的。研究文章的历史或理论的，是文学家，是学者；做做诗，或戏曲小说的，是做文章的人，就是古时候所谓文人，此刻所谓创作家。创作家不妨毫不理会文学史或理论，文学家也不妨做不出一句诗。然而中国社会上还很误解，你做几篇小说，便以为你一定懂得小说概论，做几句新诗，就要你讲诗之原理。我也尝见想做小说的青年，先买小说法程和文学史来看。据我看来，是即使将这些书看烂了，和创作也没有什么关系的。

事实上，现在有几个做文章的人，有时也确去做教授。但这是因为中国创作不值钱，养不活自己的缘故。听说美国小名家的一篇中篇小说，时价是两千美金；中国呢，别人我不知道，我自己的短篇寄给大书铺，每篇卖过二十元。当然要寻别的事，例如教书，讲文学。研究是要用理智，要冷静的，而创作须情感，至少总得发点热，于是忽冷忽热，弄得头昏——这也是职业和嗜好不能合一的苦处。苦倒也罢了，结果还是什么都弄不好。那证据，是试翻世界文学史，那里面的人，几乎没有兼做教授的。

还有一种坏处，是一做教员，未免有顾忌；教授有教授的架子，不能畅所欲言。这或者有人要反驳：那么，你畅所欲言就是了，何必如此小心。然而这是事前的风凉话，一到有事，不知不觉地他也要从众来攻击的。而教授自身，纵使自以为怎样放达，下意识里总不免有架子在。所以在外国,称为"教授小说"的东西倒并不少，但是不大有人说好，至少，是总难免有令人发烦的炫学的地方。

所以我想，研究文学是一件事，做文章又是一件事。

第二，我常被询问：要弄文学，应该看什么书?

这实在是一个极难回答的问题。先前也曾有几位先生给青年开过一大篇书目。但从我看来，这是没有什么用处的，因为我觉得那都是开书目的先生自己想要看或者未必想要看的书目。我以为倘要弄旧的呢，倒不如姑且靠着张之洞的《书目答问》去摸门径去。倘是新的，研究文学，则自己先看看各种的小本子，如本间久雄的《新文学概论》，厨川白村的《苦闷的象征》，瓦浪斯基们的《苏俄的文艺论战》之类，然后自己再想想，再博览下去。因为文学的理论不像算学，二二一定得四，所以议论很分歧。如第三种，便是俄国的两派的争论——我附带说一句，近来听说连俄国的小说也不大有人看了，似乎一看见"俄"字就吃惊，其实苏俄的新创作何尝有人介绍，此刻译出的几本，都是革命前的作品，作者在那边都已经被看作反革命的了。倘要看看文艺作品呢，则先看几种名家的选本，从中觉得谁的作品自己最爱看，然后再看这一个作者的专集，然后再从文学史上看看他在史上的位置；倘要知道得更详细，就看一两本这人的传记，那便可以大略了解了。如果专是请教别人，则各人的嗜好不同，总是格不相入的。

　　第三，说几句关于批评的事。

　　现在因为出版物太多了——其实有什么呢，而读者因为不胜其纷纭，便渴望批评，于是批评家也便应运而起。批评这东西，对于读者，至少对于和这批评家趣旨相近的读者，是有用的。但中国现在，似乎应该暂作别论。往往有人误以为批评家对于创作是操生杀之权，占文坛的最高位的，就忽而变成批评家；他的灵魂上挂了刀。但是怕自己的立论不周密，便主张主观，有时怕自己的观察别人不看重，又主张客观；有时说自己的作文的根底全是同情，有时将校对者骂得一文不值。凡中国的批评文字，我总是越看越糊涂，如果当真，就要无路可走。印度人是早知道的，有一个很普通的比喻。他们说：一个老翁和一个孩子用一匹驴子驮着货物去出卖，货卖去了，孩子骑驴回来，老翁跟着走。但路人责备他了，说是不晓事，叫老年人徒步。他们便换了一个地位，而旁人又说老人忍心；老人忙将孩子抱到鞍鞒上，后来看见的人却说他们残酷；于是都下来，走了不久，可又有人笑他们了，说他们是呆子，空着现成的驴子却不骑。于是老人对孩子叹息道，我们只剩了一个办法了，是我们两人抬着驴子走。无论读，无论做，倘若旁征博访，结果是往往会弄到抬驴子走的。

不过我并非要大家不看批评，不过说看了之后，仍要看看本书，自己思索，自己做主。看别的书也一样，仍要自己思索，自己观察。倘只看书，便变成书橱，即使自己觉得有趣，而那趣味其实是已在逐渐硬化，逐渐死去了。我先前反对青年躲进研究室，也就是这意思，至今有些学者，还将这话算作我的一条罪状哩。

听说英国的培那特萧①（Bernard Shaw），有过这样意思的话：世间最不行的是读书者。因为他只能看别人的思想艺术，不用自己。这也就是勖本华尔②（Schopen hauer）之所谓脑子里给别人跑马。较好的是思索者。因为能用自己的生活力了，但还不免是空想，所以更好的是观察者，他用自己的眼睛去读世间这一部活书。

这是的确的，实地经验总比看，听，空想确凿。我先前吃过干荔枝，罐头荔枝，陈年荔枝，并且由这些推想过新鲜的好荔枝。这回吃过了，和我所猜想的不同，非到广东来吃就永不会知道。但我对于萧的所说，还要加一点骑墙的议论。萧是爱尔兰人，立论也不免有些偏激的。我以为假如从广东乡下找一个没有历练的人，叫他从上海到北京或者什么地方，然后问他观察所得，我恐怕是很有限的，因为他没有练习过观察力。所以要观察，还是先要

① 培那特萧，今译为萧伯纳（1856—1950），英国作家，1925年获诺贝尔文学奖。著有《圣女贞德》《伤心之家》《华伦夫人的职业》。
② 勖本华尔，今译为叔本华（1788—1860），德国哲学家，著有《作为意志和表象的世界》《附录与补遗》。

经过思索和读书。

总之，我的意思是很简单的：我们自动地读书，即嗜好的读书，请教别人是大抵无用，只好先行泛览，然后抉择而入于自己所爱的较专的一门或几门；但专读书也有弊病，所以必须和实社会接触，使所读的书活起来。

读几本书

（原载于 1934 年 5 月 18 日《申报·自由谈》）

读死书会变成书呆子，甚至于成为书橱，早有人反对过了，时光不绝地进行，反读书的思潮也愈加彻底，于是有人来反对读任何一种书。他的根据是叔本华的老话，说是倘读别人的著作，不过是在自己的脑里给作者跑马。

这对于读死书的人们，确是一下当头棒，但为了与其探究，不如跳舞，或者空暴躁，瞎牢骚的天才起见，却也是一句值得介绍的金言。不过要明白：死抱住这句金言的天才，他的脑里却正被叔本华跑了一趟马，踏得一榻糊涂了。

现在是批评家在发牢骚，因为没有较好的作品；创作家也在发牢骚，因为没有正确的批评。张三说李四的作品是象征主义，于是李四也自以为是象征主义，读者当然更以为是象征主义。然而怎样是象征主义呢？向来就没有弄分明，只好就用李四的作品为证。所以中国之所谓象征主义，和别国之所谓 Symbolism 是不一样的，虽然前者其实是后者的译语，然而听说梅特林[1]是象征派的作家，于是李四就成为中国的梅特林了。此外中国的法朗士[2]，

---

[1] 梅特林，今译为梅特林克（1862—1949），比利时作家，1911 年获诺贝尔文学奖。著有《青鸟》《盲人》《佩利亚斯与梅丽桑德》《蒙娜·凡娜》。

[2] 法朗士（1844—1924），法国作家，1921 年获诺贝尔文学奖，著有《金色诗篇》《波纳尔之罪》。

鲁迅

163

中国的白璧德①，中国的吉尔波丁②，中国的高尔基……还多得很。然而真的法朗士他们的作品的译本，在中国却少得很。莫非因为都有了"国货"的缘故吗？

在中国的文坛上，有几个国货文人的寿命也真太长；而洋货文人的可也真太短，姓名刚刚记熟，据说是已经过去了。易卜生大有出全集之意，但至今不见第三本；柴霍甫③和莫泊桑的选集，也似乎走了虎头蛇尾运。但在我们所深恶痛疾的日本，《吉诃德先生》④和《一千一夜》⑤是有全译的：莎士比亚、歌德……都有全集，托尔斯泰的有三种，陀思妥也夫斯基的有两种。

读死书是害己，一开口就害人；但不读书也并不见得好，至少，譬如要批评托尔斯泰，则他的作品是必得看几本的。自然，现在是国难时期，哪有工夫译这些书，看这些书呢，但我所提议的是向着只在暴躁和牢骚的大人物，并非对于正在赴难或"卧薪尝胆"的英雄。因为有些人物，是即使不读书，也不过玩着，并不去赴难的。

① 白璧德（1865—1933），美国文学批评家，新人文主义美学创始人之一。主要著有《新拉奥孔》《卢梭与浪漫主义》《批评家与美国生活》。
② 吉尔波丁，苏联批评家、文艺学家。参加过国内战争。著有《年轻的陀思妥耶夫斯基》。
③ 柴霍甫，今译为契诃夫（1860—1904），俄国作家，著有《变色龙》《套中人》《小公务员之死》《草原》《凡卡》《樱桃园》。
④ 《吉诃德先生》，今译为《堂·吉诃德》，西班牙作家塞万提斯创作的长篇反骑士小说。
⑤ 《一千一夜》，今译为《一千零一夜》或《天方夜谭》，为古代阿拉伯民间故事集。

随便翻翻

（原载于1934年11月《读书生活》月刊第1卷第2期）

我想讲一点儿我的当作消闲的读书——随便翻翻。但如果弄得不好，会受害也说不定的。

我最初去读书的地方是私塾，第一本读的是《鉴略》，桌上除了这一本书和习字的描红格，对字（这是作诗的准备）的课本之外，不许有别的书。但后来竟也慢慢的认识字了，一认识字，对于书就发生了兴趣，家里原有两三箱破烂书，于是翻来翻去，大目的是找图画看，后来也看看文字。这样就成了习惯，书在手头，不管它是什么，总要拿来翻一下，或者看一遍序目，或者读几页内容，到得现在，还是如此，不用心，不费力，往往在作文或看非看不可的书籍之后，觉得疲劳的时候，也拿这玩意来作消遣了，而且它也的确能够消除疲劳。

倘要骗人，这方法很可以冒充博雅。现在有一些老实人，和我闲谈之后，常说我书是看得很多的，略谈一下，我也的确好像书看得很多，殊不知就为了常常随手翻翻的缘故，却并没有本本细看。还有一种很容易到手的秘本，是《四库书目提要》，倘还怕繁，那么，《简明目录》也可以，这可要细看，它能做成你好像看过许多书。不过我也曾用过正经功夫，如什么"国学"之类，请过先生指教，留心过学者所开的参考书目。结果都不满意。有些书目开得太多，要十来年才能看完，我还疑心他自己就没有看；只开几部的较好，可是这须看这位开书目的先生了，如果他是一位糊涂虫，那么，开出来的几

鲁迅

部一定也是极顶糊涂书.不看还好,一看就糊涂。

我并不是说,天下没有指导后学看书的先生,有是有的,不过很难得。

这里只说我消闲地看书——有些正经人是反对的,以为这么一来,就"杂"!"杂",现在又算是很坏的形容词。但我以为也有好处。譬如我们看一家的陈年账簿,每天写着"豆腐三文,青菜十文,鱼五十文,酱油一文",就知道先前这几个钱就可买一天的小菜,吃够一家;看一本旧历本,写着"不宜出行,不宜沐浴,不宜上梁",就知道先前是有这么多的禁忌。看见了宋人笔记里的"食菜事魔",明人笔记里的"十彪五虎",就知道"哦呵,原来'古已有之'。"但看完一部书,都是些那时的名人轶事,某将军每餐要吃三十八碗饭,某先生体重一百七十五斤半;或是奇闻怪事,某村雷劈蜈蚣精,某妇产生人面蛇,毫无益处的也有。这时可得自己有主意了,知道这是帮闲文士所做的书。凡帮闲,他能令人消闲消得最坏,他用的是最坏的方法。倘不小心,被他诱过去.那就坠入陷阱,后来满脑子是某将军的饭量,某先生的体重.蜈蚣精和人面蛇了。

讲扶乩的书,讲婊子的书,倘有机会遇见,不要皱起眉头,显示憎厌之状,也可以翻一翻;明知道和自己意见相反的书,已经过时的书,也用一样的办法。例如杨先生的《不得已》是清初的著作,但看起来,他的思想是活着的,现在意见和他相近的人们正多得很。这也有一点危险,也就是怕被它诱过去。治法是多翻,翻来翻去,一多翻,就有比较,比较是医治受骗的好方子。乡下人常常误认一种硫化铜为金矿,空口是和他说不明白的,或者他还会赶紧藏起来,疑心你要白骗他的宝贝。但如果遇到一点真的金矿,只要用手掂一掂轻重,他就死心塌地:明白了。

"随便翻翻"是用各种别的矿石来比的方法,很费事,没有用真的金矿来比得明白,简单。我看现在青年的常在问人该读什么书,就是要看一看真金,免得受硫化铜的欺骗。而且一识得真金,一面也就真的识得了硫化铜,一举两得了。

但这样的好东西，在中国现有的书里，却不容易得到。我回忆自己得到的一点儿知识，真是苦得可怜。幼小时候，我知道中国在"盘古氏开辟天地"之后，有三皇五帝，……宋朝，元朝，明朝，"我大清"。到二十岁，又听说"我们"的成吉思汗征服欧洲，是"我们"最阔气的时代。到二十五岁，才知道所谓这"我们"最阔气的时代，其实是蒙古人征服了中国，我们做了奴才。直到今年八月里，因为要查一点故事，翻了三部蒙古史，这才明白蒙古人的征服"斡罗思"，侵入匈奥，还在征服全中国之前，那时的成吉思还不是我们的汗，倒是俄人被奴的资格比我们老，应该他们说"我们的成吉思汗征服中国，是我们最阔气的时代"的。

我久不看现行的历史教科书了，不知道里面怎么说；但在报章杂志上，却有时还看见以成吉思汗自豪的文章。事情早已过去了，原没有什么大关系，但也许正有着大关系，而且无论如何，总是说些真实的好。所以我想，无论是学文学的、学科学的，他应该先看一部关于历史的简明而可靠的书。但如果他专讲天王星，或海王星，蛤蟆的神经细胞，或只咏梅花，叫妹妹，不发关于社会的议论，那么，自然，不看也可以的。

我自己，是因为懂一点儿日本文，在用日译本《世界史教程》和新出的《中国社会史》应应急的，都比我历来所见的历史书类说得明确。前一种中国曾有译本，但只有一本，后五本不译了，译得怎样，因为没有见过，不知道。后一种中国倒先有译本，叫作《中国社会发展史》，不过据日译者说，是多错误，有删节，靠不住的。

我还在希望中国有这两部书。又希望不要一哄而来，一哄而散，要译，就译他完；也不要删节，要删节，就得声明，但最好还是译得小心，完全，替作者和读者想一想。

鲁迅

167

梁
启
超

梁启超（1873—1929），字卓如，号任公，又号饮冰室主人，"戊戌变法"领袖,清华国学院四大导师之一。中国近代史上著名的政治活动家。著有《饮冰室合集》《夏威夷游记》《中国近三百年学术史》《中国历史研究法》《新中国未来记》等作品。

读书法讲义

（节选于 1927 年为商务印书馆函授学社国语科编写的讲义）

一

为什么读本国书？读本国书有何用处？这两句话，从前绝对不成问题，今日却很成问题了。依我看，有左列三种用处，所以本国书应读。

第一，为帮助身心修养及治事的应用，本国书应读。

身心修养及治事，本来要从实际上磨炼出来，并非专靠读书。但书本上所看见的前言往行，最少可以给我们很好的刺激、启发、印证。这种帮助，实属有益而且必要。这种帮助，虽不必限定于本国书——外国书里头的资料当然也不少，但本国书最少也和外国书有同等价值。而且本国人和本国先辈到底接近些，他们的嘉言懿行，读起来格外亲切有味，以效率论，有时比读外国书更胜一筹。

第二，为要知道本国社会过去的变迁情状，作研究现在各种社会问题之基础，本国书应读。

这种学问，我们名之曰"文献学"——大部分是历史，但比普通所谓历史的范围更广。我们若相信环境和遗传的势力，那么，这门学问之紧要，不必更加说明了。我们做宇宙间一个人，同时又做国家底下一个国民，做人要有做人的常识，做国民要有做国民的常识。晓得本国文献，便是国民常识的主要部分。我们祖宗曾经做过什么事，所做的事留下好的、坏的影响给我们的共有多少，这是和我们现在、将来的命运关系最切之问题。我们无论做何种事业，都要看准了这些情形才能应付。像中国这样有几千年历史的国家，这部分学问自然更重要而且有趣味了。我们所提倡的国学，什有九属于这个范围。

第三，为养成对于本国文学之赏鉴或了解的能力及操练自己之文章技术，本国书应读。

有人说："白话文学通行了，旧书可以不读。"此话不然。我们不妨专做白话文，但不能专看白话书。现在流传下来最有价值的书，百分中之九十九是用文言写的。我们最少要有自由翻读的能力，才配做一国中之智识阶级。即以文学论，文言文自有文言文之美，既属中国人，不容对于几千年的好作品一点不能领略。况且在现在及近的将来，文言文在公私应用上还很占势力，纵使不必人人会做，最少也要人人会看。还有一义，将来白话文技术进步以后情形如何，我不敢说，截至今日止，白话文做得好的人，大率都是文言文有相当的根底。所以为自己文章技术进步起见，古书也不可不读。

我们既为这三项目的读中国旧书，那么，可以把应读的书分出种类，那类书是为第一项应用的，那类书是为第二或第三项应用的，读法自然各各不同。

每项应读的书及其读法，本来应该由教育机关摘编成书，分配于高等小学及中学之七八年间，可以替青年省多少精力，而人人得有国学基本知识。今既未能，则青年对于国学，不是完全抛弃，便要走无数冤枉路。二者必居一于是。我这篇极简单的讲义，不敢望把这两种毛病救济，只求能减轻一点，便算意外荣幸了。

二

梁启超

讲身心修养及治事接物之方法的书籍，全世界各国怕没有比中国更多的了。就中国所有书籍论，也是这类书最多，内中宋、元、明理学家的著述几乎全部都属这类。老实说，许多陈陈相因的话，连我读去也觉得讨厌，何况青年？然而，这部分学问始终是必要而且有益的，既如前述，所以我们总要想方法吸收他的精华资助我的养料。依我看，先把两套话撇开，剩下的便是我们切实受用所在了。

第一，撇开虚玄的哲理谈。性命理气一派的"形而上"话头，在哲学上价值如何，暂且不论。但宋以来学者指为修养关键所在，我们敢说是错了。这种修养，彻头彻尾要用静坐体悟工夫——全部袭用佛家方法，内中少数特别天才的人，或者从这里头得着高尚的理想，把他们的人格扩大，我们也是承认的。但这种方法，无论如何，断不能适用于一般人，而且在现代尤多窒碍。所以这类话头，只好让专门研究中国哲学史的人去审查他的内容和价值。我们为实际上修养应用起见，竟把他"束之高阁"也罢了。

第二，撇开形式的践履谈。践履工夫，自然是修养所最必要。但专从形式上检点，也是不适用。形式有两种：

一、礼教上虚文。例如家庭及社会交际上种种仪节，沿袭既久，含有宗教性，违反了便认为不道德。其实这些事都与大体无关，而且许多为今日所不可行。古书中断断于此类者很多，大半可认为废话。

二、外部行为之严谨的检束。例如古人所最乐道的"动必以礼"——什么"手容恭，足容重"一类话，专教人做凿四方眼的枯窘生活，无论做不到，做到也是无益。这两种形式的践履谈，从正面看，已经看不出什么好处；从反面看，还有个奖励虚伪的绝大毛病。所以我们要根本反对他。

把这两部分撇开，那么，古书中所剩下的修养谈，也就不很繁重了。从这里头找些话自己切实受用，则视乎各人的素性和环境，各有会心，很难说哪一类话最要，哪一类话姑舍。但据我个人的实感，则现代一般青年所应该特别注意者如下：

一、我们生在这种混浊社会中，外界的诱惑和压迫如此其厉害，怎么样才能保持我的人格，不与流俗同化？

二、人生总不免有忧患痛苦的时候，这种境遇轮到头上，怎么样才能得精神上的安慰，不致颓丧？

三、我们要做成一种事业或学问，中间一定经过许多曲折困难，怎么样才能令神志清明、精力继续？

这三项我认为修养最要关头，必须通过做个人才竖得起。这种修养，要靠实际上遇事磨炼，自无待言。但平日没有一点预备工夫，事到临头，又从哪里应用起？平日工夫不外乎两种：一是良师益友的提撕督责，二是前言往行的鞭辟浸淫。良师益友，可遇而不可求；前言往行，存在书册上，俯拾即是。读书之对于修养上最大功用、最大利便就在此。

这类书全在各人特别领会，有时极平常的人说一句极平常的话，拿起来可以终身受用不尽，所以很难说哪几部书、哪几段话最好。若勉强要我说，我请把我自己生平最爱读的几部书说来：

《孟子》

《宋元学案》内的《象山学案》

《明儒学案》内的《姚江学案》《泰州学案》（《泰州》专读心斋、东崖）

王阳明的《传习录》（内中言性理的一部分可不读）

顾亭林①的《日知录》（内提倡气节各条）

王船山②的《俟解》

① 顾亭林：即顾炎武（1613—1682），明末清初思想家、学者，著有《日知录》《音学五书》《天下郡国利病书》《肇域志》《亭林诗文集》等书。

② 王船山：即王夫之（1619—1692），字而农，号姜斋。因晚年隐居石船山，学者称船山先生，明末清初三大家之一。著有《周易外传》《黄书》《尚书引义》《永历实录》《春秋世论》《噩梦》《读通鉴论》《宋论》等书。

梁启超

戴子高①编的《颜氏学记》（记颜习斋、李刚主一派学说）

以上所举，不过我一个人私好，自然不免偏颇或窒漏。但《红楼梦》里头贾宝玉说得好："任凭弱水三千，我只取一瓢饮。"何必贪多，一两句格言，便够终身。

受用至于我喜欢饮这一瓢，你喜欢饮那一瓢，这是各人胃口不同，只要解得渴，那价值并无差别。

这一瓢，那一瓢，无所不可，只要饮得透。如何才算饮得透？看见一段话，觉得"犁然有当于吾心"，或切中自己的毛病，便把那段话在心中口中念到极熟，体验到极真切，务使他在我的"下意识"里头浓熏深印。那么，临起事来，不假勉强，自然会应用。应用过几回，所印所熏，越加浓深牢固，便成了一种"人格力"。而不然者，什么好话，只当作口头禅，在"口耳四寸之间"溜过，临到实际，依然一毫得不着用处。孟子说："君子深造之以道，欲其自得之也；自得之则居之安，居之安则资之深。"又说："夫仁，亦在乎熟之而已矣。"修养无他谬巧，只争熟不熟。熟便"得"，得便"安"了。

"只取一瓢饮"，是守约工夫。一面守约，一面仍不妨博涉以为辅，所谓"多识前言往行以畜其德"也。认定了几件大节目做修养中坚，凡与这些节目引申发明的话，多记一句，自然所印所熏加深一度。要记的既多，最好备一个随身小册子，将自己心赏的话钞出，常常浏览。意识将近麻睡，便给他一番刺激，令他惊醒，这便是"熟之"的妙法。

专记格言，也会干燥生厌。还有最好的修养资料，是多读名人传记和信札。我记得很小的时候，读了一部《曾文正公家训》（给他儿子的信），不知受多

---

① 戴子高：即戴望（1837-1873），字子高，清代朴学家。著作主要有《论语注》《管子校正》《颜氏学记》《谪麐堂遗集》等。

大激刺。稍微长大一点，读了全谢山^①做的黄梨洲^②顾亭林两篇墓碑，又不知受多大激刺。直到今日，曾、黄、顾这些人的面影，永远盘踞住我的"下意识"。孟子说："舜何人也，予何人也，有为者亦若是。"激扬志气的方法，再没有好得过"尚友古人"了。

二十四史，列传占了什之七八。以现代历史观念而论，可以说内中所记载，有一大半不应纳入历史范围。但中国无论何种著述，总以教人学做人为第一目的。各史列传，大半为这个目的而存在。与其认为社会史迹的资料，不如认为个人修养的资料。我常想，亟应该把历史上名人——大学者、大文学家、大美术家、大政治家、大军人，以及气节峻拔的人，挑选百来个，重新替他们各做一篇有趣味的传，以此教导青年，比什么都有益。现在既没有这样书，将就一点，把正史中现有的传挑出一二百篇来浏览，也是必要。读这些传时，且不必当作历史读，专当作修养书读。看他们怎样地做人，怎样地做事，怎样的做学问。设想我处着他的境遇，我便如何？碰着这类事情，我便怎么办法？常用这种工夫，不独可以磨炼德性，更可以濬发才智。先辈论读史益处，大抵最注重此点。

读名人传记，其人愈近愈好，因为观感更切；其传愈详愈好，因为激发更多。近代详传，多用年谱体裁行之。试推荐几部（以著者年代为次）：孙奇逢自著的《孙夏峰年谱》（门人补注）、李塨著的《颜习斋年谱》、冯辰著的《李刚主年谱》、王懋竑著的《朱子年谱》、顾栋高著的《司马温公年谱》《王荆公年谱》、段玉裁著的《戴东原年谱》、焦廷琥著的《焦里堂年谱》、丁

---

① 全谢山：即全祖望（1705-1755），字绍衣，号谢山，清代著名学者。主要著作有：《鲒埼亭集》《困学纪闻三笺》《七校水经注》《续甬上耆旧诗》《经史问答》《读易别录》《汉书地理志稽疑》《古今通史年表》等。
② 黄梨洲：即黄宗羲（1610-1695），浙江余姚人，别号梨洲老人、梨洲山人，学者称梨洲先生，明末清初三大家之一。主要著作有《明儒学案》《宋元学案》《明夷待访录》《孟子师说》等。

晏著的《郑康成年谱》、黄炳垕著的《黄梨洲年谱》、张穆著的《顾亭林年谱》《阎百诗年谱》、李鸿章著的《曾文正公年谱》、刘毓崧著的《王船山年谱》、梁启超著的《朱舜水年谱》、胡适著的《章实斋年谱》。这些书读了都令人闻风兴起，裨益青年不少。可惜还有许多伟大人物没有人替他作谱。又各谱体例，我们也未尽满意。

名人信札，和他并时的朋友论事论学，读之最可益人神智。我也推荐几部：张江陵的《张太岳文集》、顾亭林的《亭林文集》、戴东原的《东原集》、焦里堂的《雕菰楼集》、曾涤生的《曾文正公全集》、胡润之的《胡文忠公遗书》、郭筠仙的《养知书屋集》。在这些集中专取信札一门读之，极有益而且有趣。

以上所举各书及其读法，皆以帮助身心修养及治事之应用为目的。孔子说："古之学者为己。"读这类书，专以自己直接得着益处为主。把自己这个人训练好了，才配说有益于社会，所以把他列在第一。若以为这是迂腐之谈，则我不敢知了。

学问之趣味

（1922 年 8 月 6 日在东南大学为暑期学校学员讲演）

　　我是个主张趣味主义的人，倘若用化学化分"梁启超"这件东西，把里头所含一种原素名叫"趣味"的抽出来，只怕所剩下仅有个〇了。我以为，凡人必常常生活于趣味之中，生活才有价值。若哭丧着脸捱过几十年，那么，生命便成沙漠，要来何用？中国人见面最喜欢用的一句话，"近来作何消遣？"这句话我听着便讨厌，话里的意思，好像生活得不耐烦了，几十年日子没有法子过，勉强找些事情来消他遣他。一个人若生活于这种状态之下，我劝他不如早日投海。我觉得天下万事万物都有趣味，我只嫌二十四点钟不能扩充到四十八点，不够我享用。我一年到头不肯歇息，问我忙什么？忙的是我的趣味。我以为这便是人生最合理的生活，我常常想运动别人也学我这样生活。

　　凡属趣味，我一概都承认他是好的，但怎么样才算"趣味"？不能不下一个注脚，我说："凡一件事做下去，不会生出和趣味相反的结果的，这件事便可以为趣味的主体。"赌钱趣味吗？输了怎么样。吃酒趣味吗？病了怎么样。做官趣味吗？没有官做的时候怎么样。……诸如此类，虽然在短时间内像有趣味，结果会闹到俗语说的"没趣一齐来"。所以我们不能承认他是趣味，凡趣味的性质，总要以趣味始，以趣味终。所以能为趣味之主体者，莫如下列的几项：一、劳作，二、游戏，三、艺术，四、学问。诸君听我这段话，切勿误会，以为我用道德观念来选择趣味，我不问德不德，只问趣不趣。我并不是因为赌钱不道德，才排斥赌钱，因为赌钱的本质，会闹到没趣，

177

闹到没趣便破坏了我的趣味主义，所以排斥赌钱。我并不是因为学问是道德，才提倡学问，因为学问的本质，能够以趣味始，以趣味终，最合于我的趣味主义条件，所以提倡学问。

学问的趣味，是怎么一回事呢？这句话我不能回答，凡趣味总要自己领略，自己未曾领略得到时，旁人没有法子告诉你。佛典说的"如人饮水，冷暖自知"，你问我这水怎样的冷，我便把所有形容辞说尽，也形容不出给你听，除非你亲自嚜一口。我这题目——学问之趣味，并不是要说学问如何如何的有趣味，只要如何如何便会尝得着学问的趣味。

诸君要尝学问的趣味吗？据我所经历过的，有下列几条路应走：

第一，"无所为"。趣味主义最重要的条件是"无所为而为"，凡有所为而为的事，都是以别一件事为目的，而以这件事为手段，为达目的起见，勉强用手段，目的达到时，手段便抛却。例如学生为毕业证书而做学问，著作家为版权而做学问，这种做法，便是以学问为手段，便是有所为。有所为，虽然有时也可以为引起趣味的一种方便，但到趣味真发生时，必定要和"所为者"脱离关系。你问我："为什么做学问？"我便答道："不为什么。"再问，我便答道："为学问而学问。"或者答道："为我的趣味。"诸君切勿以为我这些话掉弄虚机，人类合理的生活本来如此。小孩子为什么游戏？为游戏而游戏。人为什么生活？为生活而生活。为游戏而游戏，游戏便有趣；为体操分数而游戏，游戏便无趣。

第二，不息。"鸦片烟怎样会上瘾？""天天吃。""上瘾"这两个字，和"天天"这两个字是离不开的。凡人类的本能，只要那部分阁久了不用，他便会麻木，会生锈。十年不跑路，两条腿一定会废了，每天跑一点钟，跑上几个月，一天不得跑时，腿便发痒。人类为理性的动物，"学问欲"原是固有本能之一种，只怕你出了学校，便和学问告辞，把所有经管学问的器官一齐打落冷宫。把学问的胃弄坏了，便山珍海味摆在面前，也不愿意动筷子。诸君啊！诸君倘若现在从事教育事业，或将来想从事教育事业，自然没有问题，很多机会来培养你学问胃口。若是做别的职业呢，我劝你每日除本业正当劳作之外，最少总要腾出一点钟，研究你所嗜好的学问。一点钟那里不消耗了，千万别要错过，闹成"学问胃弱"的证候，白白自己剥夺了一种人类应享之特权啊。

第三，深入的研究。趣味总是慢慢的来，越引越多，像那吃甘蔗，越往下才越得好处。假如你虽然每天定有一点钟做学问，但不过拿来消遣消遣，不带有研究精神，趣味便引不起来。或者今天研究这样，明天研究那样，趣味还是引不起来。趣味总是藏在深处，你想得着，便要入去。这个门穿一穿，那个窗户张一张，再不会看见"宗庙之美，百官之富"，如何能有趣味？我方才说："研究你所嗜好的学问。""嗜好"两个字很要紧。一个人受过相当的教育之后，无论如何，总有一两门学问和自己脾胃相合，而已经懂得大概，可以作加工研究之预备的，请你就选定一门作为终身正业（指从事学者生活的人说），或作为本业劳作以外的副业（指从事其他职业的人说）。不怕范围窄，越窄越便于聚精神；不怕问题难，越难越便于鼓勇气。你只要肯一层一层的往里面追，我保你一定被他引到"欲罢不能"的地步。

第四，找朋友。趣味比方电，越磨擦越出。前两段所说，是靠我本身和学问本身相磨擦，但仍恐怕我本身有时会停摆，发电力便弱了，所以常常要仰赖别人帮助。一个人总要有几位共事的朋友，同时还要有几位共学的朋友。共事的朋友，用来扶持我的职业；共学的朋友，和共顽的朋友同一性质，都是用来磨擦我的趣味。这类朋友，能够和我同嗜好一种学问的，自然最好，我便和他打伙研究。即或不然——他有他的嗜好，我有我的嗜好，只要彼此都有研究精神，我和他常常在一块，或常常通信，便不知不觉把彼此趣味都磨擦出来了。得着一两位这种朋友，便算人生大幸福之一。我想只要你肯找，断不会找不出来。

我说的这四件事，虽然像是老生常谈，但恐怕大多数人都不曾会这样做。

梁启超

179

唉，世上人多么可怜啊！有这种不假外求、不会蚀本、不会出毛病的趣味世界，竟自没有几个人肯来享受。古书说的故事"野人献曝"，我是尝冬天晒太阳的滋味尝得舒服透了，不忍一人独享，特地恭恭敬敬的来告诉诸君，诸君或者会欣然采纳吧。但我还有一句话，太阳虽好，总要诸君亲自去晒，旁人却替你晒不来。

怎样的涵养品格和磨练智慧

（1924 年 6 月在清华学校讲演）

校长，诸君，我今年所担任的演讲，缺课太多，实在对不起诸君。讲起道德，我自己就首先惭愧。不过这是因家庭间事所牵，无可如何，诸君当能见谅。

今晚所讲的是怎样的涵养品格和磨练智慧，一方面是属于德育，一方面是属于智育。

但有一句话我要首先申明的，无论讲德育、智育，我绝不相信有独步单方。我相信"头头是道"，"同归殊涂"，不能呆板的固执一偏之见。古今中外名人所讲，都不过是许多路中照一条路。我现在不过把我自己所认为很好的路，自己所曾走过的路，贡献给诸君。

近年以来，青年品格之低降实在是不可掩的事实。其最大的原因，就是经济的压迫。现在世界各国，都感觉经济的困难，而中国为尤甚。全国人好像困在久旱的池塘中的鱼，大家在里面争水吃。现在如此，将来恐怕更要利害。人们不能不生存，因为要生存，就会顾不得品格了。大部分青年——尤其是在清华的青年，受着父母的庇荫，现在尚未感觉到这种困难。不过此境不可长久，将来这种狂风暴雨，诸君终有身当其冲之一日，到时便知此中的危险了。

但是，许多还未身当这种压迫之冲的青年，早已经变坏了！他们虽是学生，已俨然变成小政客，日夜钩心斗角，求占人家的便宜，出不正当的风头。

梁启超

这种现象，从前已有之，近日为甚。盖自"五四运动"以后，青年的精神，一方面大为振作，另一方面也就发生弊端。其重要的原因，由于政界的恶浊空气传染进教育界去了。没廉耻的教育家，往往拿金钱去买弄学生。一般青年，虽无引诱，已难保不堕落。何况教育当局，处在师长地位的，竟从中利用，"以身作则"，其结果那堪设想呢？

像诸君在清华，社会坏习气尚未十分侵入，经济的压迫也不厉害，所以空气较为干净，品格尚能保持至相当的程度。但在此时若不把品格的根底打好，将来一到恶浊的社会里，也就危险了。

唉！我看二十年来的青年，一批一批的堕落下去，真正痛心得狠！从前一班慷慨激昂满腔热血的青年，一到社会里去，不几年，因为受不起风波，便志气消失，渐渐的由失意而堕落。在他一方面，有些碰到好机会的，便志得意满，但没些时受了社会恶浊的同化，生平的志气，和从前的学识渐渐的不知消归何所了。近年来的青年，好像海潮一般，一波一波的往下底降。正如苏东坡所谓，大江东去浪声沉，多少英雄豪杰，雨散灰飞。若长是如此，中国前途，真不堪设想了。所以在我们青年品格未固定、可善可恶的时候，须得早早下点涵养功夫，把根基打好，将来到社会里才能不屈不挠，立得住脚。

涵养的方法是怎样呢？我以为必须注意下列各点：

（一）有精到的技能；

（二）有高傲的志气；

（三）有真挚的信仰；

（四）有浓深的兴趣。

第（一）项，可以说是完全属于物质方面。因为生在现在的社会，非有精到的本事，不能维持生活。生活不能维持，还讲什么道德？孔子说："饭疏食饮水，曲肱而枕之，乐亦在其中矣。"这话诚然不错，不过也要有"疏食"可"饭"，有水可饮，才能"乐在其中"。"贤哉回也！一箪食，一瓢饮，在陋巷，人不堪其忧，回也不改其乐。贤哉回也！"这话诚然不错；不过也要有"箪食""瓢饮""陋巷"，才能"不改其乐"。所以总要有维持最低限度生活的技能，才可以维持人格。况且现在的经济状况和从前不同，例如"一瓢饮"，从前是"昏夜叩人之门户，……无不与者"；现在北京城里是用自来水，倘使孔子、颜子住在今日北京城，没有钱买自来水，便不能生活。可见许多从前不用劳力可得的，现在却不能了。又如诸葛亮、陶潜，都是躬耕自给的，但是假使他们生在现代，要想耕田，也非有钱买田不行。可见许多从前只要用劳力便可得到的东西，现在却不能了。所以，必有可以换得金钱的精到技能，才能维持生活。

外国是有产阶级与无产阶级对抗，而中国是有业阶级与无业阶级对抗。现在中国讲共产主义者，大都是无业游民，不过拿这些主义来混饭吃。我记得从前上海有一个身穿洋服，手持士的[①]的"先生"，坐着人力车去高昌庙、龙华寺，半路频拿士的击车夫，说："快的走！不要误我的事！"问他什么事，他说，他现在正赶时候到那里讨论劳动问题！现在中国所谓大总统、大元帅、巡阅使、总司令、督军、省长……固然是无业游民，而骂他们、反对他们最激烈的，也何尝不是无业游民？拿枪乱杀的，固然〔是〕无业游民，而高唱裁兵的，又哪一个不是无业游民？中国所以闹到这样糟，都是为此。

这些话谁也知道，而且谁也不愿意做无业游民。但因为没有技能，或有技能而不精到，找不到事做，结果便流为游民。所以我说精到的技能，"精到"二字，应该特别注意。有了精到的技能，要找相当职业，固然现在比从前难些。在欧美各国，许多人虽有相当的技能还找不到职业；但是在中国，只要你有精到的技能，若说找不到职业，我绝不相信。有人说："技能何尝靠得住？你看：某人也做总统了，某人也做总长了，某人某人也做督军、省长……了！他们何尝有些技能？"这些事实，诚然有之，但凭借机会而居上位，不过是少数

---

① 士的：英语 stick 的音译，即手杖。

梁启超

的例外，社会上最后的公道，总是有的。现在中国社会对于人才的需要甚紧迫，外国回来的学生，虽一天比一天多，而能供给社会需求的还少，因为他们大半是不懂国情。我刚才和人谈天，说起某人大倡小学改革，而他的改革是根据美国某埠的。像这种人，于中国情形全不了解，谁还找他办事？又如有许多在外国学经济的人，对于本国经济状况反不十分熟悉。虽然中国银行界需人才，他们怎能办得了呢？所以我觉得找不到职业的，有十分之七八是自己对不起社会；社会对不起自己的，总是极少数的例外。如果真正有精到的本事，人人且争着要找他，更不愁找不到职业。例如学做茶碗，倘若你能做得真真价廉物美，谁也争着要买你的。例如北京城里几位有真学问的教授，倘若他们肯他就，处处学校都要争着请他们。又例音乐界的萧友梅，倘若他肯出马，什么音乐会也少不了他。所以在目前只怕自己没有真本领，有真本领而会饿死的我真不相信。诸君无论学哪一门学问，总要学到精绝，学到到家，维持生活是绝对不成问题的。

有技能可以维持生活，不致因被经济压迫而堕落，然后才可以讲得到人格。

讲到涵养品格，第一要养成高傲的志气。倘若没有高傲的志气，见了别人住一百块钱一个月的房子，自己住五十块钱一个月的，比不上他，便羡慕他，要学他；见了别人坐汽车、马车，自己坐人力车，比不上他，便羡慕他，要学他。因为羡慕他，要学他，于是连人格都不顾。大多数人品格之堕落皆由于此——由于物质生活之提高。

孟子说："堂高数仞，榱题数尺，我得志，不为也；食前方丈，侍妾数百人，我得志，不为也；般乐饮酒，驱骋田猎，后车千乘，我〔得志，〕不为也。"有了这种高傲的志气，自己有自己的做人方法，"在彼者皆我所不为"，便不会因羡慕他人物质的享用而移其志。孟子尝称道狂狷说："不得中道而与之，必也狂狷！狂者进取，狷者有所不为。"狷者"不屑不洁"。能如是，自然可以养成高傲的志气。所以我讲道德，不主张消极的节制，而主张积极的提高，放大与扩充。像庄子所说，"背若泰山，翼若垂天之云，抟扶摇羊角而上者九万里，去以六月息"的大鹏，决不屑和斥鷃争一粒粟，因为他们度量大小不同之故。许多人决不会见一个铜子而动心，决不会因一个铜子而杀人放火；但是一块钱，十块钱，一千块钱，一万块钱……就不同了！

你看因十块钱的津贴而变节的学生，真不知多少！孟子"鱼我所欲"章说得好："一箪食，一豆羹，得之则生，弗得则死。哮尔而与之，行道之人弗受；蹴尔而与之，乞人不屑也。万钟则不辩礼义而受之，万钟于我何加焉？为宫室之美，妻妾之奉，所识穷乏者得我与？"一个铜子和一万块钱，一箪食、一豆羹和万钟，实在有什么分别？无论为大为少，而把自己人格卖掉，都是瞧不起自己。所以孟子批评他道："是亦不可以已，此之谓失其本心。"我们要把志气提高，把度量放大，不为一铜子的奴隶，也不为一万块钱的奴隶，更不为宫室之美，妻妾之奉，所识穷乏者得我，而卖掉自己的人格。于物质之奉，如鹪鹩巢于深林，不过一枝；鼹鼠饮河，不过满腹。此外世人以为狠①乐，狠荣耀的东西，我看他如大鹏之看斥鷃的一粒粟一样，那么，品格就高尚了。

还有一层，志气高傲，才可以安处风波，不怕逆境。人生不能不碰风波，捱得过风波，便到坦途。终身在风波中的狠少，许多人因为志气太小，当不住风波，便堕落下去。人生之能否成功，全看其能否捱得风浪。譬如航行一千里的水程，中途遇着风浪便不敢进，那就永无登彼岸之希望。有了高傲的志气，不为困难所挠，打破了难关，以后便一帆风顺了。

所以我们用不着战战兢兢地去防备堕落，只要提高志气，"先立乎其大者，则其小者不能夺"了。

高傲的志气，青年人多有之，不过多因为操持不坚，后来日渐消磨至尽。

---

① 狠：同"很"。

梁启超

且光有志气，尚恐怕有客气之病，故必须济之以真挚的信仰。

所谓信仰，不单指宗教，凡政治家信仰某种主义，文学家信仰他的优美的境界，以及凡信仰某种主张见解，都是信仰。总而言之，信仰者，就是除开现在以外，相信还有未来远大的境界。有了信仰，拿现在做将来的预备，无论现在怎样感觉痛苦，总以为所信的主义，将来有无限光明。耶稣^①为什么死在十字架而不悔？因为他相信他的流血可以超救众生。一个人若有信仰，不独不肯作卑污苟且的事，且可以忘却目前恶浊的境界，而别有一种安慰；于目前一切痛苦、困难，都不觉得失望，不发生惧怕，所以我希望青年们总要有一种真挚的信仰。

人们在空间和时间中的活动能力很小，无论如何，一切现实活动，总为时间、空间所限。但是理想则不然，无论什么地方，什么时间，我们的理想都可以达到。所以信仰是可以打破时间和空间的束缚的。人若没有信仰，只知目前现世，那么，生活就未免太干燥无味了。

最后讲到趣味的生活，这可说是我个人自得的法门。

有人问子路：孔子是什么样人？子路不答。孔子对他说："你何不告诉他：'其为人也，发愤忘食，乐以忘忧，不知老之将至。'"可见孔子生平，也是深得力于趣味。

一个人于他的职业的本身自然要有浓深的趣味。同时最好于职业以外选择一种有浓深趣味的消遣——如踢球、围棋、歌乐等——来陶冶性情。这种趣味浓深的消遣，至好在青年时代养成，庶几将来别的坏习惯不会"取而代之"。

我所谓兴趣，是要没有反面的。譬如吃，也许是有趣，但吃多了生病便没趣了；譬如赌，也许有趣，赌输了便没趣了；其他类此者举之不尽——这类的消遣，不能算是趣味的。

---

① 耶稣：今译为"耶稣"。

大师谈读书

我个人是一个书呆子，觉得无论做什么事情，都比不上做学问这样有兴趣。生平在政治上打了好几个跟斗，为功为罪且别论，所以不致堕落到十八层地狱者，都是因为养成了读书的趣味。

以上我所说的四层，完全是积极的提高，就是孟子所谓"先立乎其大者"，宋儒如陆象山、明儒如王阳明都以此为教。

现在要讲到怎的磨练智慧，因为时候已不早，只能简略地说。

有人主张主观的静坐修养，以求智识。这条路我不赞成。我以为要客观的考察，才可以得到智识，其方法不外：

（一）发生问题要大胆。

（二）搜集整理资料要耐烦。

（三）判断要谨密。

天下事最怕以不成问题了之。没有问题，便没有研究。不会读书的人，看见书全是平面的；会读书的人，觉得书是凹凸不平的。我们要训练自己的脑筋，于别人所不注意处注意，于别人所不怀疑处怀疑。天下古今，那一时、那一地没有苹果落地，而因之发明引力的只有奈端；那一时、那一地没有水汽掀壶盖，而因之发明蒸汽机关的只有一瓦特；因为他们能对于别人以为不成问题的发生问题。

我们对于事物所以不会发生问题者，由于有所"蔽"，《荀子·解蔽》篇说得最透切。"蔽"有两种，一种是自己蔽自己——自己的成见蔽自己；一种是蔽于别人——或为古人所蔽，或为今人所蔽，或为时代所蔽，都是蔽于别人。能打破这两种蔽，便看见什么东西都是浮起，都会去注意他。

既发生了问题，要想解决他，不能空口讲白话，必须以资料为根据。达尔文养鸽子养了二十余年，观察蚂蚁打架观察了若干年，才得到资料来做他生物学上发明的根据。资料不会找我们，非我们耐烦去找他不可。自然界如此，书本上也是如此。找到了资料，要耐烦去整理他，分析他。这两步工夫做到，则此问题之解决，思过半矣。

下判断的工夫，和发生问题相反。发生问题越大胆越好，但下判断要十分细心谨慎，丝毫不能苟且。倘若发现反证，必须勇于改正，甚至把全部工作弃却亦所不惜，千万勿为成见所蔽。

关于磨炼智慧，我最后还有两句话：

一是荀子所说的"好一则博"。怎么"好一"反会"博"呢？许多不会做学问的人样样都想懂，结果只是一样都不懂。譬如开一间商店，与其挂起种种货色都有的招牌，而种种货色都不完备，何如专办一种货，而能完备呢？所以入手研究学问，范围愈狭愈好。而在此范围以内，四方八面都要晓得透澈。例如我这学年担任讲"近三百年中国学术史"，三百年以前，我可以不管，但是在这三百年以内，不独学术的本身，而且学术与政治的影响，学者的生活，学者的年龄等问题，都要知道。能如是，那就是博了。又例如做一个人的年谱——我常说做年谱最可为初学磨炼史学技术——于那个人的生平思想，以及时代背景等，都能熟悉，这便是博了。

学问无论大小，无论有用没用，皆可以训练自己的脑筋。把脑筋训练好，道路走熟，以后无论所研究什么东西，都得着门径了。

最末一句话，就是孟子所谓"深造自得"。我们求学万不可光靠教育，万不可光靠课本，要"深造自得"。做学问想得深刻的印象，想真正的训练脑筋，要不怕吃苦，不怕走冤枉路。宁可用狠笨的方法，费狠多的时候，去乱碰乱冲；不要偷懒，不要贪便宜。历尽困苦艰难求来的学问，比之安坐而得的，一定更透澈，更有深刻的印象。

现在的学校教育，教授法太好，学习太容易，最足以使学生"软化"。尤其是美国式的教育，最喜欢走捷径，结果得之易，失之也易。所以我警告诸君，要披荆斩棘，求"深造自得"。

　　以上所讲的，虽然极普通，但都是我个人所得。上面也说过，我不过把所认为狠好的，所曾走过的路贡献给诸君。

梁启超

学问的趣味与趣味的学问

（1927 年 3 月 5 日在司法储才馆讲演）

今天的讲题，是"学问的趣味与趣味的学问"。说来有趣味得很，有许多熟朋友说："若把梁任公这个人解剖或者用化学化分一下，把里头所含一种原素名叫'趣味'的抽出来，只怕所剩下仅有零了。"这话虽有点儿滑稽，我承认我是一个趣味主义者！我以为，凡人必常常生活于趣味之中，生活才有价值。

孔子表白他自己的生活，并没有特别过人之处，不过是"学而时习之，不亦悦乎！有朋自远方来，不亦乐乎！人不知而不愠，不亦君子乎！"什么"悦"啦，"乐"啦，"不愠"啦，可以说是孔子全生活的总量。我们看他对于自己的工作，镇日的"发愤忘食，乐以忘忧"，"学而不厌，诲人不倦"。他教人亦复如此："子路问政……请益。子曰：'毋倦。'""子张问政，子曰：'居之无倦；行之以忠。'"处处都是教人对于自己的职业忠实做去不要厌倦。孔子所以成就如此伟大，就是因为他"不厌不倦"。他为什么能"不厌不倦"？就是因为对于自己所活动的对境感觉趣味。一个人若哭丧着脸捱过几十年，那么生命便成沙漠，要来何用？倒不如早日投海的好！所以我们无论为自己求受用，为社会求幸福，为全世界求进化，都有提倡趣味生活的必要！我是一个最饶趣味的人，我教人也是要把趣味印到大家身上去，乃至讲政治、经济，也把他认为一种有趣味的科学。像那简单的马克思唯物史观的物质生活，是我所反对的。

一

怎样才算着趣味？就广义方面观之，爱饮酒的有酒的趣味，爱赌博的有赌博的趣味，不过这种趣味，与我的趣味，不能完全相印。我的趣味，是有条件的：

（一）凡趣味总要自己去领略，佛典上说："如人饮水，冷暖自知。"人家可以给你的趣味，不能算作趣味的目的。

（二）趣味要能永久存在，凡一件事作下去生出和趣味相反的结果，这也不能作趣味的目的。赌钱有趣味吗？输了怎么样？吃酒有趣味吗？醉了病了怎么样？升官发财有趣味吗？遇着外面的障碍，不能贯澈自己做官发财主张怎么样？诸如此类，虽然在短时间像有趣味，结果会闹到俗语说的"没趣一齐来"，所以我们不能承认他是趣味。

凡趣味的性质，总要不受外面的反动阻夺，永远可以存在，好比"江上清风，山间明月"一样。同学们听我这几句话，切勿误会我以为，我用道德观念来选择趣味。我不问德不德，只问趣不趣，我并不是因为吃酒、赌钱不合道德排斥他，是因为他易受反动障碍，所以反对他；不是以学问合于道德来提倡他，是因他能以趣味始以趣味终，合于我趣味主义的条件，所以就来提倡学问，愿意把他作我生活主要的部分。

物质生活的人们，至少要寻得一二件精神生活，然后他的生活才不致干燥无味且从事工作时，精神兴奋，兴会淋漓，其效率必加倍增多。人人如此，必能组成一个兴趣丰富快乐的社会。但这种精神的对象是什么？广义说起来，文艺美术，就可说是学问；简单说一句，学问就是趣味最好的目的物。我们怎样能在学问上领着趣味，理论虽这样说，实际上能得到趣味的很少。我看好些学生，在学校里，未尝不腐精摇神，从事学问，一入社会，便把学问抛在一边。这是什么缘故？都是由于没有在学问上找到丰富的趣味。同学们要尝学问的兴趣吗？据我所经历的，有下两条路可走：

梁启超

191

第一，深入的研究。趣味总是慢慢的来，越引越多，好像吃甘蔗一样，越嚼他的滋味便越长。假如作学问，每天只有一二点钟，随便来消遣，浅尝中辍，没有丝毫研究性质，那当然不会发生兴趣。或者今天这样，明天那样，这当然也不会引起兴趣来。以我而论，见人家下围棋便要走，因为我不懂他，无法对他发生兴趣。那些对围棋有研究的人，纵然走一着，他都以为关系甚大，所以能终日坐围不厌。学问亦然，我们欲得到他的趣味，须选择一二种与自己脾味相合的，作毕生研究的主脑，或者提纲概括的观察，或者从事解剖分析的观察。不怕范围窄，越窄越便于聚精神；不怕问题难，越难越便于鼓勇气。务使我身心与学问融化为一体，然后才能得到无穷的乐趣。我国人对于学问兴趣，平均统计起来，比任何国人都赶不上，一去了学校，便不会继续研究。推其病根，一因为学校里科目太繁，一因为钟点过多。教师又不能设法使学生深造自得，考试又是分数平均，只要各科略窥门径，便不至于失败，酿成一种浅尝敷末的风气。学生于各科，都只知道他的当然，而不知道他的所以然，这个门穿一穿，那个门张一张，再不会看见"宗庙之美，百官之富"，叫他如何能发生趣味？我们要想领略趣味，便须专精一种或二种，为极深刻的研究，听讲看书，访问师长，实地观察，握管撰著，都是关于此种，便易嚼出他的滋味来。那么，以后纵入社会，凡关于此类资料，方将从事搜集，互相印证，那至于抛弃不学呢？这样窄而深的研究，也许变成显微镜的生活。其实不然，万有学问，都是相通的，最怕对任何学问没有趣味。只要对一二种发生浓厚趣味，以后移到旁的学问上，便可事半功倍。犹之书家临碑一样——初临欧时，需要三个月才好；后再临颜，只要一月便好。这是我个人经验之谈。所以我们只要对任何一门学问，发生最浓厚趣味，那便容易豁然贯通了。这是深入的研究方法。

第二，交替的研究。交替的方法，似乎与深入是反相的。其实要想从学问中得趣味，亦须有主辅的关系，最好以科学的研究为主，以文艺艺术为辅。

同学们专学法律，以法律为主要科目，镇日在法律中讨生活，精神最易感受疲劳。为恢复疲劳起见，至少要在文艺美术方面找一种，轮流的参错掉换才好。就以本馆余学长①说，他是专门研究行政法的，但同时他又是书画大家。一种是科学的学问，一种是美术的学问，两种都有相当涵养，常常互相交替，所以就把学问趣味越引越长，觉得日子有趣得很。我个人也是一年到头忙的不肯歇息，问我忙什么？不是那一般人的酒食征逐，忙的是我的趣味。我以为这是人生最合理的生活，精神舒服得很。若专从物质上讨生活，最容易受客观的限制和反动，也可以说是非趣味的。这种非趣味的生活，好比打电报一样，专打回头电报，就容易令人们精神上感受无限痛苦，兴会颓唐元气斫丧了。我并不是绝对排斥物质的人，因为我经验的结果，觉得物质生活中，更要找到其他的一两样，作我们精神的寄托。这种精神生活主要的条件，是"无所为而为"。好比同学们希望收回法权，为学问而学问的人，法权收回固乐，就是一时不能达到目的，甚至无法律事务可办，也未尝不乐。你问我为什么作学问？我便答道："不为什么。"再问，我便答道："为学问而学问。"或者答道："为我的趣味。"结果就是学问绝对无用，只要对于真理有所创获，我个人便觉得其味无穷——无入而不自得了。

二

以上讲的是"学问的趣味"，以下再讲"趣味的学问"，更觉有趣。我们无论遇着什么事，都当作客观有趣味的资料。孟子说"有人于此，其待我以横逆，则君子必自反也"云云。人以无理加到我身，普通人必采取报复主义；孟子偏偏要自反，是我的错误吗？是我的不仁不忠吗？这是何等涵养的态度！人能以这种态度接物，每遇横逆之来，便借此机会，研究到我自己的

---

① 余学长：即余绍宋（1882—1949），字樾园，浙江龙游人，现代法学家、书画家，原北京美术学校校长。他是梁启超好友，曾任司法储才馆学长（相当于教务长）。

过处，究竟他为什么这样？甚至把客观所有的事，都当作我自己研究的资料，这样便易得增进自己的阅历、经验。普通一般人，遇到一事困难，便颓丧消极；在趣味主义者观之，以为研究的机会到了，仔细思量这回失败的原因——在我本身么？在社会环境么？方将研究之不暇，那有失意沮丧的暇暑呢？我个人遇着事，总是这样，就是本馆成立，零零碎碎的琐事，非常麻烦，我总把他当作趣味，好容易给我一个机会，从容研究，决不肯轻易放过。譬如自己是个爱嫖、爱赌的人，当嫖时、赌时，就要思量，人家都不爱，我为什么要这样？本身生理上变态吗？客观环境促成的吗？能常常这样的反观内照，切己体察，那么，无论人家的自己的，生理上、心理上一切关系，都可作为我自己研究的资料了。事愈多，学问就可以越发更多；越困难，趣味就可以随之发生。我国从前伟大学者陆象山、王阳明二先生的学问，就是依这种方法作成的。陆子常说：他的学问，全从人情事变上作工夫。又说：他二十几岁时，他那大家族的麻烦帐务，经着他经管了一年，这一年是他毕生学问成就最重要的关键。阳明先生呢，他在江西讲学，一日某县吏往听，觉得很好，便说：我们镇日兵刑钱谷，不暇学问。阳明听着，便指示他说：谁叫你离开事务作学问？从这一点，就可以想到阳明作学问的方法了。他是主张"知行合一"的人，他以为"致良知"，就是把良知推致到事事物物之上，良知离了事物，便是空虚的。所以研究学问，须将良知与事物打成一片才好。阳明很后悔在龙场失了许多机会，晚年到江西，在军事旁午的时候，就是他学问进步最猛烈的时候。他遇着事情棘手的时候，困难自困难，呕气自呕气，他总是研究为什么困难，为什么呕气。抱着"廓然大公，物来顺应"的态度。这样作学问，所以能不劳苦，不费力，就会得着一种内圣外王伟大的学问。如一定要闭门静坐，说我如何存养，如何慎独，那么，反不能鞭辟入里，亲切有味。而且不懂得趣味的人，闭起门来作学问。一旦出而应物，稍遇困难，便形颓丧，他的学问事业，一定不会永远继续下去的。惟能像陆王派的学问家，把客观的事实都当作趣味资料，优游涵泳，怡然自得，保全自己的生活元气，庶可以老而弥健，自强不息呢！

以上我说的两件事，虽然像是老生常谈，恐怕大多数人都不曾会这样做。唉！我们自己有这种不假外求、不会蚀本、不会出毛病的趣味世界，竟没有几个人肯来享受，这是很可惜的！我今天效"野人献曝"的故事，特地把自己所经历的告诉同学，希望同学们都起来尝尝这个趣味吧。

夏丏尊

夏丏尊（1886—1946），浙江绍兴上虞人，教育家、文学家、翻译家。著有《文章作法》《阅读与写作》《夏丏尊教育名篇》等，与叶圣陶合著《七十二堂写作课》《文心》。

文学的力量

（选自《夏丏尊教育名篇》教育科学出版社 2007 年版）

文学有力量是事实。在几千年前，我们中国就知道拿文学来做移风易俗、改革社会的工具，这用现在的用语来说，就是所谓文艺政策。足见文学的力量，自古就已经大家承认的了。到了现在，因了印刷与交通的进步，识字者的增多，文学的力量愈益加增。我们可以说，文学的力量是非常之大的，只要看《黑奴吁天录》一书使黑奴得到解放，青年人读《少年维特的烦恼》有因而致自杀者，便可以明了。所以文学之有力量已是明白的事实，无须费词。今天所要讲的是以下三点：第一，文学的力量从何而来；第二，文学力量的特点；第三，文学对于读者发生力量需要什么条件。

一、文学的力量从何而来

我以为要讲文学的力量发生，应先讲文学的本身。文学的作品如诗歌小说之类，和"等因奉此"的公文，"天地元黄、宇宙洪荒"的千字文性质不同。文学的特性第一是"具象"。我们平常说话不一定是文学的，但如果用文学的方法来说，便成为文学的了。譬如我们说："日子过得很快。"这句话语不足称为文学。如果我们要使它文学化，第一就应当使其能够使人感觉到，既是使其具象化。于是我们便说："流光容易把人抛，红了樱桃，绿了芭蕉。"这样便成为文学的说法了。为什么？因为后边的一句是具象化的："抛""红""绿""樱桃""芭蕉"，都是可用感觉机关来捉摸的事项，比"日子过得很快"的说法有声有色得多。再好像我们听见人家说某某地方打仗，死了很多人。这句话当然使我们感动，但若我们果然亲身到了那个地方，眼睛看见累累的尸身，狰狞可怖，那我们所得的印象一定更深了。可见愈具象的事情愈能使人感动。文学的力量也是同样发生的。通常说，中国人胆子小、爱面子、爱虚荣，因为有了这些劣根性，于是中国人到处吃亏。但是只讲我们中国人有这些不良的品性，我们听了感动甚少。经鲁迅在《阿Q正传》中，假了名叫阿Q的一个人，加以一番具体的描写，便深刻多了。

文学的力量是从"具象"来的，不具象就没有力量。

文学的特性，第二是情绪的。这情绪也是使文学有力的一个条件。大凡告诉人家一件事情使他去做，有好几种的方法，或是用知识，或是诉之于情感。知识能够使人知道"如此这般"，但是很不容易使人实行。如果用情感就不同了。我们用情感使人做一件事，若是能使对方动情，对方自然便去做了。所谓"情不自禁"者，就是指这现象的话。文学的作品并不告诉人家如何如何，只把客观的事实具象地写下来，使人自己对之发生一种情绪，取得其预期的效果。

以上是讲文学本身发生力量的缘由。次之，文学的力量还可以从文学作者发生。文学作者的敏感，也是使文学有力量的原因。所谓文学作者，便是那些感情和观察力比较常人来得敏捷的写作的人：普通人看不见的，他们能够看见；普通人感觉不到的，他们感觉得到；普通人想不到的，他们也想得到。因为文学作者对于社会、对于事物的观感，比常人特别强，所以社会有变动时，先觉者往往是文学作者。世间事件所含奥秘，一般人往往不能见到，经文学作者提醒以后，方才注意及之。譬如讲到妇女解放问题，最初发动的是文学作者易卜生，他的名剧《娜拉》便是妇女解放的先声。美洲的黑奴解放，普通人都归功于《黑奴吁天录》一书。因为人生很微细的地方，文学作者都能看得到，因而把他的敏感观察得到的东西发为创作，自然会使人佩服，对读者有力量了。

所以，文学的力量的来源，可以分作两部分，第一从文学本质而来的，

夏丐尊

由于具象，由于情绪；第二是从文学作者方面来的，便是由于作者的敏感。

二、文学力量的特点

文学的力量是感染的力量，不是教训。教训的力量是带有强迫性的，文学的力量是没有强迫性的，是自由的。近来常有一种作品，带着浓厚的教训性，露骨地显露着某种的教训。这些作品往往缺乏具象与真实的情绪，与其说是文学作品，不如说是口号的改装。口号是一种号令，具有强烈的强迫性，真正的文学的力量，性质绝非如此。文学并非完全没教训，但是文学所含的教训乃系诉之于情感。文学对于世界，显然是负有使命的。文学之受教训的结果，所赖的不是强制力，而是感染力。良师对于子弟，益友对于知己，当施行教训的时候，常极力避免用教训的方式，而用感化的方法，结果往往得到更大的功效。文学的力量亦正如此。

三、文学对读者发生力量的条件

文学的力量是不普遍的。文学需要着读者，某作家作了一本小说，如果国内读的人有了一万万，这一万万人也许都受了这本小说的感动，而还有三万万人没读这本小说的，是无法直接感动的。并且，一种文学作品并非对于任何读者都能发生效力。文学作品要对于读者发生效力，其主要条件是作者和读者之间的"共鸣"。作品对于读者有共鸣作用的便有力量，没有共鸣作用便无力量。这共鸣作用因空间时间而不同，因人的思想环境有别而各异。譬如讲失恋故事的作品，在我这个未曾尝过恋爱滋味的人读了，是不甚会发生共鸣的；西洋小说里面讲基督教的部分，在不懂基督教的人看来是不会发生兴趣的。一个作品里所表现的东西常有一般的与特殊的两种，大概描写一般的人性的东西，容易使多数人感动，对多数人发生有力量；至于叙写特殊的境遇的东西，如孤儿的悲哀、失恋的痛苦之类的东西，非孤儿和未曾尝过恋爱的滋味的人看了，感动要比较少。《红楼梦》是一部著名的小说，写林黛玉有许多动人的地方，但是这书在一百年前的闺秀眼中，和在现今的"摩登"小姐眼中，情形便不一样，她们的感受一定不大相同。某种作品有某种读者，《啼笑因缘》的读者和《阿Q正传》的读者，根本上是不同的人。

把上面的话归纳起来，就是：文学是有力量的。文学的力量由具象、情绪和作者的敏感而来；文学的力量，其性质是感染的，不是强迫的；文学作品对于读者发生力量，要以共鸣作用为条件。

夏丏尊

怎样阅读

（选自《夏丏尊教育名篇》教育科学出版社 2007 年版）

前天我曾对中学生诸君讲过一次话，题目是《阅读什么》。今天所讲的，可以说是前回的连续题目，是《怎样阅读》。前回讲"阅读什么"，是阅读的种类；今天讲"怎样阅读"，是阅读的方法。

"怎样阅读"和"阅读什么"一样，也是一个老问题，从来已有许多人对于这个问题说过种种的话。我今天所讲的也并无前人所没有发表过的新意见、新方法，今天的话是对中学生诸君讲的，我只希望我的话能适合于中学生诸君就是了。

我在前回讲"阅读什么"的时候，曾经把阅读的范围划成三个方面：第一是职务上的书，第二是参考的书，第三是趣味修养的书。中学生的职务在学习中学校的课程，中学校的各科教科书属于第一类，学习功课的时候须有别的书籍作参考，这些参考书属于第二类；在课外选择些合乎自己个人趣味或有关修养的书来阅读，这是第三类。今天讲"怎样阅读"，也仍想依据了这三个方面来说。

先讲第一类关于诸君职务的书，就是教科书。摆在诸君案头的教科书有两种性质可分，一种是有严密的系统的，一种是没有严密的系统的。如算学、理化、地理、历史、植物、动物等科的书，都有一定的章节，一定的前后次序，这是有系统的。如国文读本，如英文读本，就定不出严密的系统，一篇韩愈的《原道》可以收在初中国文第一册，也可以收在高中国文第二册，一篇富兰克林的传记，可以摆在初中英文第三册，也可以摆在高中英文第二册。诸君如果是对于自己所用着的教科书留心的，想来早已知道这情形。这情形并不是偶然的，可以说和学科的性质有关。有严密的系统的是属于一般的所谓科学，像国文、英文之类是专以语言文字为对象的，除文法、修辞教科书外，一般所谓读本、教本，都是用来做模范做练习的工具的东西。所以本身就没有严密的系统了。教科书既然有这两种分别，阅读的方法就也应该有不同的地方。

如果把"阅读"分开来说，一般科学的教科书应该偏重于阅，语言文字的教科书应该偏重在读。一般科学的教科书虽也用了文字写着，但我们学习的目标并不在文字上，譬如说，我们学地理、学化学，所当注意的是地理、化学书上所记着的事项本身，这些事项除图表外原用文字记着，但我们不必专从文字上记忆揣摩，只要从文字去求得内容就够了。至于语言文字的学科就不同，我们在国文教科书里读到一篇文章——假定是韩愈的《画记》，这时我们不但该知道韩愈这个人，理解这篇《画记》的内容，还该有别的目标，如文章的结构、词句的式样、描写表现的方法等等，都得加以研究。如果读韩愈的《画记》，只知道当时曾有过这样的画，韩愈曾写过这样的一篇文章，那就等于不曾把这篇文章当作国文功课学习过。我们又在英文教科书里读华盛顿砍樱桃树的故事，目的并不在想知道华盛顿为什么砍樱桃树，砍了樱桃树后来怎样，乃是要把这故事当作学习英文的材料，收得英文上种种的法则。所以"阅读"两个字不妨分开来用，一般科学的教科书应懂它的内容，不必从文字上去瞎费力，只要好好地阅就行；像国文、英文两门是语言文字的功课，应在形式上多用力，只阅不够，该好好地读。

不论是阅或是读，对于教科书该毫不放松，因为这是正式功课，是诸君职务上的工作。有疑难，得去翻字典；有问题，得去查书。这就是所谓参考了。参考书是为用功的人预备的，因为要参考先得有参考的项目或问题，这

夏丏尊

些项目或问题，要阅读认真的人才会从各方面发生。这理由我在前回已经讲过，诸君听过的想尚还能记忆，不多说了。现在让我来说些阅读参考书的时候应该注意的事情。

第一，我劝诸君暂时认定参考的范围，不要把自己所要参考的项目或问题抛荒。我们查字典，大概把所要查的字或典故查出了就满足，不会再分心在字典上的。可是如果是字典以外的参考书，一不小心，往往有辗转跑远的事情。举例来说，你读《桃花源记》，为了"乌托邦思想"的一个项目，去把马列斯的《理想乡消息》来做参考书读，是对的，但你得暂时记住，你所要参考的是"乌托邦思想"，不是别的项目。你不要因读了马列斯的这部《理想乡消息》就把心分到很远的地方去。马列斯是主张美术的，是社会思想家，你如果不留意，也许会把所读的《桃花源记》忘掉，在社会思想咧，美术咧等等的念头上打圈子，从甲方面转到乙方面，再从乙方面转到丙方面，结果会弄得头脑杂乱无章。我们和朋友谈话的时候，常有把话头远远地扯开去，忘记方才所谈的是什么的。这和因为看参考书把本来的题目抛荒，情形很相像。懂得谈话方法的人，碰到这种情形常会提醒对手把话说回来，回到所要谈的事情上去。看参考书的时候，也该有同样的注意，和自己所想参考的题目无直接关系的方面，不该去多分心。

第二，是劝诸君乘参考之便，留意一般书籍的性质和内容大略。除了查字典和翻阅杂志上的单篇文字以外，所谓参考书者，普通都是一部一部独立的书籍。一部书有一部书的性质、内容和组织式样，你为了参考，既有机会去见到某一部书，乘便把这一部书的情形知道一些，是并不费事的。诸君在中学里有种种规定要做的工作，课外读书的时间很少，有些书在常识上、将来应用上却非知道不可，例如，我们在中学校里不读"二十五史""十三经"，但"二十五史""十三经"是怎样的东西，却是该知道的常识。我们不做基督教徒，不必读圣书，但《新约》和《旧约》的大略内容，却是该知道的常识。

如果你读历史课，对于"汉武帝扩展疆土"的题目，想知道得详细一点，去翻《史记》或是《汉书》，这时候你大概会先翻目录吧；你翻目录，一定会见到"本纪""列传""表""志"或"书"等等的名目，这就是《史记》或《汉书》的组织构造。你读了里面的《汉武帝本纪》一篇，或全篇里的几段，再把这些目录看过，在你就算是对于《史记》或《汉书》发生过关系，《史记》《汉书》是怎样的书，你可懂得大概了。再举一个例来说，你从植物学或动物学教师口头听到"进化论"的话，你如果想对这题目多知道些详细情形，你可到图书馆去找书来看。假定你找到了一本陈兼善著的《进化论纲要》，你可先阅序文，看这部书是讲什么方面的，再查目录，看里面有些什么项目。你目前所参考的也许只是其中的一节或一章，但这全书的概括知识，于你是很有用处的。你能随时留心，一年之中，可以收得许多书籍的概括的大略知识，久而久之，你就知道哪些书里有些什么东西，要查哪些事项，该去找什么书，翻检起来，非常便利。

以上所说的是关于参考书的话。参考书因参考的题目随时决定，阅读参考书的时候，要顾到自己所参考的题目，勿使题目抛荒，还要把那部书的序文、目录留心一下，记个大略情形，预备将来的翻检便利。

以下应该讲的是趣味修养的书，这类的书，我在上回曾经讲过，种类不必多，选择要精。一种书可以只管读，读到厌倦才止。这类的书，也应该尽量地利用参考书。例如，你现在正读着杜甫的诗集，那么有时候你得翻翻杜甫的传记、年谱以及别人诗话中对于杜诗的评语等等的书。你如果正读着王阳明的《传习录》，你得翻翻王阳明的集子、他的传记，以及后人关于程、朱、陆、王的论争的著作。把自己正在读着的书做中心，再用别的书来做帮助，这样，才能使你读着的书更明白，更切实有效，不至于犯浅陋的毛病。

上面所讲的是三种书的阅读方法。关于阅读两个字的本身，尚有几点想说说。我方才曾把教科书分为两种性质，一种是属于一般的科学的，有严密

夏丏尊

205

的系统；一种是属于语言文字的，没有严密的系统。我又曾说过，属于一般科学的该偏重在阅；属于语言文字的，只阅不够，该偏重在读。现在让我再进一步来说，凡是书都是用语言文字写成的，照普通的情形看来，一部书可以含有两种性质：书本身有着内容，内容上自有系统可寻，性质属于一般科学；书是用语言文字写着的，从形式上去推究，就属于语言文字了。一部《史记》，从其内容说是历史，但是也可以选出一篇来当作国文科教材。诸君所用的算学教科书，当然是属于科学一类的，但就语言文字看，也未始不可为写作上的参考模范。算学书里的文章，朴实正确，秩序非常完整，实是学术文的好模样。这样看来，任何书籍都可以有两种说法，如果就内容说，只阅可以了，如果当作语言文字来看，那么非读不可。

这次播音，教育部托我担任的是中学国语科的讲话，我把我的讲话限在阅读方面。我所讲的只是一般的阅读情形，并未曾专就国语一科讲话。诸君听了也许会说我的讲话不合教育部所定的范围条件吧。我得声明，我不承认有许多独立存在的所谓国语科的书籍，书籍之中除了极少数的文法、修辞等类以外，都可以是不属于国语科的。我们能说《论语》《孟子》《庄子》《左传》是国语吗？能说《红楼梦》《水浒》《三国演义》是国语吗？可是如果从形式上着眼，当作语言文字来研究，那就没有一种不是国语科的材料，不但《论语》《孟子》《庄子》《左传》是国语，《红楼梦》《水浒》《三国演义》是国语，诸君的物理教科书、植物教科书也是国语，甚至于张三的卖田契、李四的家信也是国语了。我以为所谓国语科，就是学习语言文字的一种功课；把本来用语言文字写着的东西，当作语言文字来研究、来学习，就是国语科的任务，所以我只讲一般的阅读，不把国语科特别提出。这层要请诸位注意。

把任何的书，从语言文字上着眼去学习研究，这种阅读，可以说是属于国语科的工作。阅读通常可分为两种，一是略读，一是精读。略读的目的在理解，在收的内容；精读的目的在揣摩，在鉴赏。我以为要研究语言文字的法则，该注重于精读。分量不必多，要精细地读，好比临帖，我们临某种帖，目的在笔意相合，写字得它的神气，并不在乎抄录它的文字。假定这部帖里共有一千个字，我们与其每日瞎抄一遍，全体写一千个字，倒不如拣选十个或二十个有变化的有趣味的字，每字好好地临几遍，来得有效。诸君读小说，假定是茅盾的《子夜》，如果当作语言文字的学习的话，所当注意的不但是书里的故事，对于书里面的人物描写、叙事的方法、结构照应，以及用词、造句等等该大加注意。诸君读诗歌，假定是徐志摩的诗集，如果当语言文字学习的话，不但该注意诗里的大意，还该留心它的造句、用韵、音节，以及表现、着想、对仗、风格等等的方面。语言文字上的变化技巧，其实并不十分多的，只要能留心，在小部分里也大概可以看得出来。假定一部书有五百页，每一页有一千个字，如果第一页你能看得懂，那么我敢保证，你是能把全书看懂的。因为全书所有的语言文字上的法则在第一页一千字里面大概都已出现。举例来说，文法上的法则，像动词的用法、接续词的用法、形容词的用法、助词的用法，以及几种句子的结合法，都已出现在第一页了。我劝诸君能在精读上多用力。

为了时间关系，我的话就将结束。我所讲的话，乱杂疏漏的地方自己觉得很多，请诸君代去求教师替我修正。关于中学国语科的阅读，我几年前曾发表过好些意见，所说的话和这回大有些不同。记得有两篇文章，一篇叫做《关于国文的学习》，载在《中学各科学习法》（《开明青年丛书》之一）里，还有一篇叫《国文科课外应读些什么》，载在《读书的艺术》（《中学生杂志丛刊》之一）里，诸君如未曾看到过的，请自己去看看，或者对于我这回的讲话，可以得到一些补充。我这无聊的讲话，费了诸君许多课外的时间，对不起得很。

夏丏尊

学习国文的着眼点

（原载于 1936 年 10 月《中学生》第 68 期）

上

中学生诸君：这回我承教育部的委托，来担任关于国文科的讲演。讲演的题目叫作《学习国文的着眼点》。打算分两次讲，今天先来一个大纲，下次再讲具体的方法。

为了要使听众明了起见，开始先把我的意见扼要地提出。我主张学习国文该着眼在文字的形式方面。就是说，诸君学习国文的时候，该在文字的形式方面去努力。

所谓形式，是对内容说的。诸君学过算学，知道算学上的式子吧，"1＋2＝3"这个式子可以应用于种种不同的"1+2=3"情形，譬如说一个梨子加两个梨子等于三个梨子，一只狗加两只狗等于三只狗，无论什么都适用。这里面，"1+2=3"是形式，"梨子"或"狗"是内容。算式上还有用的，那更妙了，算式中凡是用着"×"的地方，不拘把什么数字代进去都适合，这时候"1""2""3"等等的数字是内容，"×"是形式了。

让我们回头来从国文科方面讲，文字是记载事物发挥情意的东西，它的内容是事物和情意，形式就是一个个的词句以及整篇的文字。文字的内容是各个不同的：同是传记，因所传的人物而不同；同是评论，有关于政治的，有关于学术的，有关于经济的；同是书信，有讨论学问的，接洽事务的。可

大师谈读书

以说一篇文字有一篇文字的内容，无论别人所写或自己所写，每篇文字绝不会有相同的内容。内容虽然各不相同，形式上却有相同的地方，就整篇的文字说，有所谓章法段落结构等等的法则；就每一句说，有所谓句子的构成及彼此结合的方式；就每句中所用的词儿说，也有各种的方法和习惯。此外因了文字的体裁，各有一定共通的样式，例如，书信有书信的样式，章程有章程的样式，记事文有记事文的样式，论说文有论说文的样式。这种都是形式上的情形，和文字的内容差不多无关。我以为在国文科里所应该学习的就是这些方面。

国文科是语言文字的学科，和别的科目性质不同，这只要把诸君案头上教科书拿来比较，就可明白。别的科目的教科书如动物、植物、历史、地理、算术、代数，都是分章节的，全书共分几章，每章之中又分几个小节，前一章和后一章，前一节和后一节，都有自然的顺序，系统非常完整，可是国文科的教科书就不是这样了。诸君所读的国文教材，大部分是所谓选文，这些选文是一篇一篇的东西，有的是前人写的，有的是现代人写的，前面是《史记》里的一节，接上去的也许可以是《红楼梦》或《水浒传》的一节；前面是古人写的书信，接上去的也许会是现代人的小说。这种材料的排列，谈不到什么秩序和系统，至于内容，更是杂乱得很。别的科目的内容是以我们所需要的知识为范围排列着的，植物教科书告诉我们关于植物的一般常识，历史教科书告诉我们人类社会活动进步的经过，地理教科书告诉我们地面上的种种现象和人类的关系，都有一定的内容可说。但是国文教科书的内容是什么呢？却说不出来。原来国文科的内容什么都可以充数，忠臣孝子的事迹固然可以做国文的内容，苍蝇蚊子的事情也可以做国文的内容，诸君试把已经读过的文字回忆一下，就可发现内容上的杂乱的情形。国文科的内容不但杂乱，而且有许多不是我们所需要的。譬如说：现在已是飞机炸弹的时代了，我们所需要的是最新的战争知识，而在国文教科书里所选到的还是单刀匹马式的《三国志演义》或《资治通鉴》里的一节。我们已是二十世纪的共和国公民了，从前封建时代的片面的道德观念已不适用，可是我们所读的文字，还有不少以宗祧贞烈等为内容的。我们是青年人，青年人所需要的是活泼勇猛的精神，可是国文教科书里尽有不少中年人或老年人所写的颓唐感伤的作品，甚至于还有在思想上态度上已经明白落伍了的东西。国文科的教材如果从内容上看来，真是杂乱而且不适合的。有些教育者见到了这一层，于是依照了内容的价值来编国文教科书，他们预先定下了几个内容项目，以为青年应该孝父母、爱国家，应该交友有信，应该办事有恒，于是选几篇孝子的传记排在一组，选几篇忠臣烈士的故事排在一组，这样一直排下去。这办法无异叫国文科变成了修身科或公民科，我觉得也未必就对。给青年读的文字当然要选择内容好的，但内容的价值，在国文科究竟不是真正的目的。

我的意思，国文科是语言文字的学科，除了文法修辞等部分以外，并无固定的内容的。只要是白纸上写有黑字的东西，当作文字来阅读来玩味的时候，什么都是国文科的材料。国文科的学习工作，不在从内容上去深究探讨，倒在从文字的形式上去获得理解和发表的能力。凡是文字，都是作者的表现。不管所表现的是一桩事情、一种道理、一件东西或一片情感，总之逃不了是表现。我们学习国文所当注重的，并不是事情、道理、东西或感情的本身，应该是各种表现方式和法则。诸君读英文的时候，曾经读过"龟兔竞走"的故事吧。诸君读这故事，如果把注意力为内容所牵住，只记得兔最初怎样自负，怎样疏忽，怎样睡熟，龟怎样努力，怎样胜过了兔等等一大串，而忘却了本课里的所有的生字难句，及别种文字上的方式，那么结果就等于只听到了"龟兔竞走"的故事，并没有学到英文。国文和英文一样，同是语言文字的科目，凡是文字语言，本身都附带有内容，文字语言本来就是为了要表现某种内容才发生的，世间绝不会有毫无内容的文字语言。不过在国文科里，我们所要学习的是文字语言上的种种格式和方法，至于文字语言所含的内容，倒并不是十分重要的东西。我们自己写作的时候，原也需要内容，这内容要自己从生活上得来，国文教科书上所有的内容，既乱杂，又陈腐，反正是不适用、不够用的。我们的目的是要从古人或别人的文字里学会了记叙的方法，来随便叙述自己所要叙述的事物；从古人或别人的文字里学会了议论的方法，来随便议论自己所想议论的事情。

学习国文，应该着眼在文字的形式上，不应该着眼在内容上，这理由上面已经说了许多，想来诸君已可明白了。有一件事要请大家注意，就是文字的内容是有吸引人的力量的东西，我们和文字相接触的时候，容易偏重内容忽略形式。老实说，一般的文字语言的法则，在小学教科书里差不多已完全出现了，诸君在未进中学以前，曾经读过六年的国语，教科书共有十二册。这十二册教科书照理应该把一般的文字语言的法则包括无遗。可是据我所知道的情形看来，似乎从小学出来的人都未能把这些法则完全取得。这是不足怪的，文字语言具有内容形式两个方面，要想离开内容去注意它的形式，多少需要有冷静的头脑。小学国语教科书的内容更不同，总算是依照了儿童生活情形编造的，内容的吸引力更大，更容易叫读的人忽略形式方面。用实在的例子来说，依年代想来，诸君在小学里学国语，第一课恐怕是"狗，大狗，小狗，大狗叫，小狗跳"吧。这寥寥几个字，如果从文字的形式上着眼去玩味，有单语和句子的分别，有形容词和名词的结合法，有押韵法，有对偶法，有字面重叠法，但是试问诸君当时读这课书，曾经顾着到这些吗？那时先生学着狗来叫给诸君听，跳给诸君看，又在黑板上画大狗画小狗，对诸君讲狗的故事，诸君心里又想起家里的小花或是间壁人家的来富，整个的兴趣都被内容吸引去了，哪里还有工夫来顾到文字形式上的种种方面。据我的推测，诸君之中大多数的人，在小学里学习国语，经过情形就是如此的。不但小学时代如此，诸君之中有些人在中学里读国文的情形恐怕还是如此。诸君读到一篇烈士的传记，心里会觉得兴奋吧。读到一篇悲情的小说，眼里会为之流泪

夏丏尊

211

吧。读到一篇干燥无味的科学记载，会感到厌倦吧。这种现象在普通读书的时候是应该的，不足为怪，如果在学习文字的时候，要大大地自己留意。对于一篇文字或是兴奋，或是流泪，或是厌倦，都不要紧，但得在兴奋、流泪或厌倦之后，用冷静的头脑去再读再看，从文字的种种方面去追求，去发掘。因为你在学习国文，你的目的不在兴奋，不在流泪，不在厌倦，在学习文字呀。

竟有许多青年，在中学已经毕业，文字还写不通的，其原因不消说就在平时学习国文未得要领。文字的所以不通，并不是缺乏内容，十之八九毛病在文字的形式上。这显然是一向不曾在文字的形式上留意的缘故。他们每日在国文教室里对了国文教科书或油印的选文，只知道听教师讲典故，讲作者的故事，典故是讲不完的，故事是听不完的，一篇一篇的作品也是读不完的。学习国文，目的就在学得用文字来表现的方法，他们只着眼于别人所表现着的内容本身，不去留心表现的文字形式，结果当然是劳而无功的。

从前的读书人学文字，把大半的工夫花在揣摩和诵读方面。当时可读的东西没有现在的多，普通人所读的只是几部经书和几篇限定的文章。说到内容，真是狭陋得很。所写的文字也只有极单调的一套，如"且夫天下之人……往往然也"之类。他们的文字虽然单调，在形式上倒是通的，只是内容空虚顽固得可笑而已。近来学生的文字，毛病适得其反，内容的范围已扩张得多了，缺点往往在形式上。这是值得大大地加以注意的。

我的话完了，今天说了不少的话，最重要的只有一句，就是说，学习国文应该着眼在文字的形式方面。至于具体的学习方法，留到下一回再讲。

下

中学生诸君：前两天，我曾有过一回讲演，题目叫作《学习国文的着眼点》，大意是说，学习国文应该从文字的形式上着眼。今天所讲的是前回的连续，前回只讲了一番大意，今天要讲到具体的方法。

大师谈读书

中学生诸君：前两天，我曾有过一回讲演，题目叫作《学习国文的着眼点》，大意是说，学习国文应该从文字的形式上着眼。今天所讲的是前回的连续，前回只讲了一番大意，今天要讲到具体的方法。

大师谈读书

212

学习国文的方法，从古到今不知道已有多少人说过，我今天所讲的不消说都是些"老生常谈"，请勿见笑。我是主张学习国文应该着眼在文字的形式的，我所讲的方法也是关于形式方面的事情。打算分三层来说，一是关于词儿的，二是关于句子的，三是关于表现方法的。

先说关于词儿所当注意的事情，第一是词儿的辨别要清楚，中国的文字是一个个的方块字，本身并无语尾变化，完全由方块的单字拼合起来造出种种的功用。中国文字寻常所用的不过一二千个字，初看去似乎只要晓得了这一二千个字，就可看得懂一切的文字了，其实这是大错的，中国常用的文字数目虽有限，可是拼合成功的词儿数目却很多，例如"轻""重"两个字，是小学生都认识的，但"轻"字"重"字和别的单字拼合起来，可以造成许多词儿，如"轻率""轻浮""轻狂""轻易""轻蔑""轻松""轻便"都是用"轻"字拼成的词儿，"重要""重实""严重""厚重""沉重""郑重""尊重"都是用"重"字拼成的词儿，此外还可有各种各样的拼合法。这些词儿当然和原来的"轻"字"重"字有关联，可是每个词儿意思情味并不一样，老实说每个都是生字。你在读文字的时候必会和许许多多的词儿相接触，你在写文字的时候必要运用许许多多的词儿，词儿的注意，是很要紧的。中国从前的字典只有一个个的单字，近来已有辞典，不仅仅以单字为本位，把常用的词儿都收进去了。每一个词儿的意义似乎可用辞典来查考，但是你必须留意，辞典对于词儿的解释，是用比较意思相像的同义语来凑数的，譬如说"轻狂"和"轻薄"两个词儿，明明是有区别的，可是你如果去翻辞典，就会见"不稳重"或"不庄重"等类的共通的解释。这并不是辞典不好，实在是无可奈何的事，一个词儿的意义是多方面的，辞典当然不能一一列举，只能把大意用别的同义语来表示了。词儿不但有意义，还有情味，词儿的情味，完全要靠自己去领略，辞典是无法帮忙的。犹之吃东西，甜、酸、苦、辣是尝得出而说不出的。文字语言是社会的产物，词儿因了许多人的使用，各有着特别

夏丏尊

的情味，这情味如不领略到，即使表面的意义懂得了，仍不能算已了解了这词儿。再举例来说，"现代"和"摩登"，意思是差不多的，可是情味大大不同。"现代学生""现代女子"并不就是"摩登学生""摩登女子"的意思。这因为"摩登"二字在多数人的心目中已变更了意义，"现代"二字不能表现出它的情味了。又如"贼出关门"和"亡羊补牢"这两句成语，都是事后补救的譬喻，意思也差不多，但使用在文字语言里，情意也有区别，"贼出关门"表示补救已来不及，"亡羊补牢"表示尚来得及补救。这因为"亡羊补牢"一向就和"未为晚也"联在一处，而"贼出关门"却是说人家失窃以后的情形的缘故。对于词儿，不但要知道它的解释，还要懂得它的情味。你在读文字的时候，如果不用这步工夫，那么你不但对于所读的文字不能十分了解，将来自己写起文字来也难免要犯用词不当的毛病。

上面所讲的是词儿的解释和情味两方面。关于词儿，另外还有一个方面值得注意，就是词儿在句子中的用法，

这普通叫词性，是文法上的项目。我在前面曾经讲过，中国文字本身是一个个的方块字，一个词儿用作名词、动词、形容词、副词，有时候都可以的。譬如"上下"一个词儿，就有各种不同的用法，这里有几句句子："上下和睦"，"上下其手"，"张三李四成绩不相上下"，"上下房间都住满了人"。这几句句子里都有"上下"的词儿，可是文法上的词性各不相同。"上下"是两个单字合成的词儿尚且有这些变化，至于单字的词儿变化更多了。这些变化，在普通的辞典里是找不着的，你须得在读文字的时候随处留意。你已记得梅花兰花的"花"字了，如果在读文字的时候碰到花钱的"花"字，花言巧语的"花"字，或是眼睛昏花的"花"字，都应该记牢，如果再碰到别的用法的"花"字，也应该记牢，因为这些都是"花"字的用法。你如果只知道梅花兰花的"花"，不知道别的"花"，就不能算完全认识了"花"的一个词儿。

关于词儿，可说的方面还不少，上面所举出的三项，就是词儿的意义、

情味，在句子中的用法，是比较重要的，学习的时候应该着眼在这些方面。

以下要讲到句子了。关于句子，第一所当着眼的是句子的样式。自古以来用文字写成的东西，不知有多少，即就诸君所读过的来说，也已很可观了。这些文字，虽然各不相同，若就一句句的句子看来，我认为样式是并不多的。我曾经有一个志愿，想把中国文字的句式来作归纳的统计，办法是取比较可作依据的书，文言文的如"四书""五经"，白话的如《红楼梦》《水浒》，句句地圈断、剪碎，按照形式相同的排比起来，譬如说"子曰""曾子曰""孟子曰"和"贾宝玉道""林黛玉道""武松道"归成一类，"不亦悦乎""不亦乐乎""不亦快哉"归成一类，"穆穆文王""赫赫泰山""区区这些礼物"归成一类，"烹而食之""顾而乐之""垂涕泣而道之"归成一类，这样归纳起来，据我推测，句子的种类是很有限的。确实不敢说，至多不会超过一百种的式样。诸君如不信，不妨去试试。读文字，听谈话，能够留心句式，找出若干有限的格式来，不但在理解上可以省却力气，而且在发表上也可以得到许多便利。诸君读文言传记，开端常会碰到"××，××人"或"××者××人也"吧，这是两个式样，如果有时候碰到"一丈，十尺"或"人者仁也"，不妨把它归纳起来当作一类的格式记在肚子里。诸君和朋友谈话，如果听到"天会下雨吧""我要着皮鞋了"，就把它归纳起来当作一类格式来记住。

这样把句子依了式样来归并，可以从繁复杂乱的文字里看出简单的方法来，在学习上是非常切实有用的。此外尚有一点要注意，句子的式样是就句子独立着的情形讲的。一篇文字由一句句的句子结合而成，句子和句子的关系并不简单。平常所认定的句子的式样，和别的辞句联在一处的时候，也许可以把性质全然变更。譬如说"山高水长"这句句式和"桃红柳绿"咧，"日暖风和"咧，是同样的。但如果就上面加成分上去，改为"先生之风山高水长"的时候，情形就不同了。光是从"山高水长"看来，高的是山，长的是水，至于在"先生之风山高水长"里面，高的不是山，是先生之风，长的不是水，

夏丏尊

215

也是先生之风，意思是说"先生之风像山一般地高，水一般地长"了。这种情形，日常语言里也常可碰到，譬如，"今天天气很好""我和你逛公园去吧"，这是两句独立完整的句子，如果连接起来，上一句就成了下一句的条件，资格不相等了。一句句子放在整篇的文字里和上文下文可以有种种的关系，连接的式样很多，方才所举的只不过一两个例子而已。读文字的时候对于每一句句子不但要单独地认识它，还要和上下文联结了认识它，自己写作文字的时候，对于每一句句子不但要单独地看来通得过，还要合着上下文看来通得过。尽有一些人，在读文字的时候，逐句懂得，而贯穿起来倒不清楚，写出文字来，逐句看去似乎没有毛病，而连续下去却莫名其妙，这都是未曾把句子和句子的关系弄明白的缘故。

上面已讲过词儿和句子，以下再讲表现的方法。文字语言原是表现思想感情的工具，我们心里有一种意思或是感情，用文字写出来或口里讲出来，这就是表现。表现有各种各样的方法，同是一种意思或感情，可有许多表现的方式，同是一句话，可有各种各样的说法。譬如说"张三非常喜欢喝酒"，这话可以改变方式来说，例如"张三是个酒徒"咧，"张三是酒不离口"咧，"酒是张三的第二生命"咧，意思都差不多，此外不消说还可有许多的表现法。"晚上睡得着"一句话可以用作"安心"的表现；骂人"没用"，有时可以用"饭桶"来表现，有时可以用反对的说法，说他是"宝贝"或"能干"。意思只是一个，表现的方法却不止一个，在许多方法之中究竟哪一种好，这是要看情形怎样，无法预定的。读文字的时候最好能随时照顾到，看作者所用的是哪一种表现法，用得有没有效果？自己写作文字，对于自己所想表现的意思，也须尽量考虑，选择最适当的表现法。

文字语言的一切技巧，可以说就是表现的技巧。写一件事情、一种东西或是一种感情，用什么文体来写，先写什么，后写什么，写得简单或是写得详细，诸如此类，都是表现技巧上的问题。所以值得大大地注意。

我在上面已就了词儿、句子、表现法三方面，分别说明应该注意的事情，这些都是文字的形式上应该着眼的。诸君学习文字，我觉得这些就是值得努力的地方。

末了，我劝诸君能够用些读的工夫。从前的读书人，学习文字唯一的方法就是读。自有学校教育以来，对于文字往往只用眼睛看，用口来读的人已不多了。其实读是很有效的方法，方才所举的关于词儿、句子、表现法等类的事项，大半是可在读的时候发现领略的。我认为诸君应该选择几篇可读的文字来反复熟读，白话文也可以用谈话或演说的调子来读。读的篇数不必多，材料要精，读的程度要到能背诵。读得熟了，才能发现本篇前后的照应，才能和别篇文字做种种的比较。因为文字读得会背诵以后，离开了书本可随时记起，就随时会有所发现，学习研究的机会也就愈多了。不但别人写的文字要读，自己写文字的时候也要读，从来名家都用过就草稿自读自改的苦功。

关于国文的学习，可讲的方面很多。时间有限，今天所讲的只是这些。我对于中学国文教学，曾发表过许多意见，有两部书，一部叫《文心》，一部叫《国文百八课》，都是我和叶圣陶先生合写的，诸君如未曾看到过，不妨参考。

夏丏尊

"自学"和"自己教育"

（选自《夏丏尊教育名篇》教育科学出版社 2007 年版）

　　我为了职务的关系，有机会读到各地青年的来信和文稿。这些文字坦白地表示着诸位青年的生活、经验、思想、情感。一位在中等学校里担任职务的教师，他所详细知道的只限于他那个学校里的学生。可是我，对于各地青年都有相当的接触。虽然彼此不曾见过面，不能说出谁高谁矮、谁胖谁瘦，然而我看见了诸位青年的内心，诸位期望着什么，烦愁着什么，我大略有点儿理会。比起学校里的教师来，我所理会的范围宽广得多了。这是我的厚幸。我不能辜负这种厚幸，愿意根据我所理会到的和诸位随便谈谈。

　　从一部分来件中间，我知道有不少青年怀着将要失学的忧惧，又有不少青年怀着已经失了学的愤慨。那些文字中间悒郁的叙述，使人看了只好叹气。开学日子就在面前了，可是应缴的费用全没有着落，父亲或是母亲舍不得"功亏一篑"，青年自己当然更不愿意中途废学。于是在相对愁叹之外，不惜去找寻渺茫难必的希望，牺牲微薄仅存的财物。或者是走了几十里地，张家凑两块钱，李家借三块钱，合成一笔数目。或者是押了田地，当了衣服，情愿付出两三分四五分的高利，以便有面目去见学校里的会计员。在带了这笔可怜款项离开家庭的时候，父亲或是母亲往往说："这一学期算是勉强对付过去了，但是下一学期呢！"多么沉痛的话啊！至于连这样勉强对付办法都找不到的人家，青年当然只好就此躲在家里。想找一点事情做做，东碰不成，西碰不就。哪怕小商店的学徒，小工厂的练习生也行。然而小商店正在那里

"招盘"，小工厂正在那里"裁员减薪"。于是每吃一餐饭，父亲叹着气，母亲皱着眉，青年自己更是绞肠刮肚似的难过，无论吃的是咸汤白饭，或是窝窝头，都是在吃父亲母亲的血汗呀！像上面所说那样的叙述，我看见的非常之多，文字好一点坏一点没有关系，总之宣露出现在青年的一段苦闷。

是谁使青年受到这样的苦闷呢？笼统地说，自然会指出"不良的社会"来。我们很容易想象一个理想的社会，在这个理想的社会里，受教育是一般人绝对的权利，不用花一个钱，甚至为着生活上必需的消费，公家还得给受教育者津贴一点钱。而现在的社会恰正相反，须要付得出钱才可以享受教育的权利。那么给它加上一个"不良的"的形容词，的确不算冤枉。但是这样判定之后，苦闷并不能就此解除。理想的社会又不会在今天或是明天无条件地忽然实现。在现在的社会里，要受教育就得付钱，不然学校就将开不起来，这是事实。事实是一堵坚固的墙壁，谁碰上去，谁的额角上准会起一个大疙瘩。这就是说，如果付钱成为问题的话，那么上面所说的苦闷是不可避免的。你去请教无论什么人，总不会给你一个满意的答复，因为无论什么人的一两句话，不能够变更当前的事实。

不过要注意，上面所说的学和受教育乃是指在学校里边学，以受学校教育而言。这只是狭义的学，狭义的受教育。按照广义说起来，学和受教育是"终身以之"的事情，离开了学校还可以学，还可以受教育，而且必须再学，必须再受教育。威尔斯等在《生命之科学》一书里说得好："教育的目标是要使各个人成为善良的变通自在的艺人（因为环境在变迁，所以要变通自在），成为在那一般的规划中自觉能演一角的善良的公民，成为能发挥其全力的气象峥嵘、思虑周到、和蔼可亲的人格者。终其生都要有能受教育的适应性。旧式的那种阴晦的观念，以为人当在青年期之前把一切应该学的东西都学好，而以后只是用其所学，和多数的动物一样，那种观念是在从人的思想中消逝了。"可是我觉得，一班给"失学"两字威胁着而感到苦闷的青年还没有抛开那种阴晦的观念。住在学校里边叫作学，离开学校叫作"失学"，好像离开了学校，一切应该学的东西就无法学好了，其实哪里是这么一回事，所谓"自学"或是"自己教育"，非但是可能的，而且是必需的。即使住在学校里边，也不能只像一只张开着口的布袋，专等教师们把一切应该学的东西一样一样装进来，也必须应用自己的智慧和能力，思索这一样，练习那一样，才可以成为适应环境的"变通自在的艺人"。而思索这一样，练习那一样，就是"自学"或是"自己教育"呀。离开了学校，没有教师的指点，没有种种相当的设备，就方便上说自然差一点，然而有一个"自己"在这里，就是极大的凭借。自己来学！自己来教育自己！只要永久努力，绝不懈怠，一切应该学的东西还是可以学得好好的。这样看起来，如果能把那种阴晦的观念抛开，建立"自学"或是"自己教育"的信念，那么遇到付钱成为问题的时候，固然不免苦闷，但是这绝非顶大的苦闷。本来以为"就此完了"，所以认为顶大的苦闷。而在实际上，只要自己相信并不"就此完了"，那就不会"就此完了"，所以绝非顶大的苦闷。

以上并不是勉强慰藉的话，而是对于学和受教育的一种正当观念。这种观念，无论在校不在校的人都是必需的。不过对于不在校的人尤其有用处，它能给你扫去障在面前的愁云惨雾，引导你走上自强不息的大路。

我知道有人要说：你不看见现在社会的实际情形吗？现在凡是新式的事业机关招收从业员，限定的资格起码要中学毕业生。工厂学徒哩，公司练习生哩，甚至大旅馆中同于仆役的"侍应生"哩，上海地方专以伴人游乐为事的"女向导员"哩，没有中学毕业程度的都够不上去应试。所以读不完中等学校，就等于被摈在从业的希望的门外。一般青年因为将要失学而忧惧，因为已经失了学而愤慨，缘由在此。一般父母宁愿忍受最大的牺牲，而不肯让儿女"功亏一篑"，待要真个无法可想，那就流泪叹气，以为家庭的命运已经临到绝望的悬崖，缘由也在此。

这种实际情形，我也知道得很清楚。按照理想说，岂但新式的事业，最好是无论什么事业，从业员的资格都起码要中学毕业生，这样，事业上的效率一定会比现在大得多。不过到了这样情形的时候，进学校将纯是权利而不承担什么义务了。现在进学校多少带一点"投资"的意味，既然担着付钱的义务，总希望将来能有连本带利的丰富的收获。我知道，这样想头不只是多数父母的见解，更有许多青年也在或明或暗地意识着。这并不足以嗤笑，在现在这样的社会里，自然要产生这样的想头。而照大家的眼光看来，要得到丰富的收获，唯有在新式事业中取得一个从业员的位置。同时，唯有新式事业需要有了相当的知识和训练的从业员，其他事业现在还没有这种需要。所以在新式的事业机关招收从业员的章程里，才有"资格——中学毕业生"这一条。所以每逢新式的事业机关招考的时候，前往投考的常常是那么拥挤，出乎主持人的意料之外。

但是有一点可以注意：在招收从业员的章程的资格项下，往往不单写着"中学毕业生"，而再附加着"或有同等程度者"这样的语句。这说明了什么呢？

第一，从这上面可以看出现在学校教育并不能和新式事业完全相应。新式事业所需要的是干练适用的从业员，但是根据平时的经验，觉得拿得出毕业文凭来的不一定干练适用，所以宁愿把挑选的范围放宽，在"有同等程度者"中间也来挑选一下。

第二，从这上边可以看出有了一张毕业文凭的，其被录取的机会并不特别多。他不但有同样有了一张毕业文凭的和他竞争，并且有"有同等程度者"和他竞争。这当儿，取得必胜之权的凭借不是一张文凭，而是货真价实的知识和训练。在"自学"或是"自己教育"上努力得愈多的人，他的被录取的机会也愈多。

就失学的人说来，这里就闪着一道希望的光。只管沉溺在苦闷之中，那唯有一直颓唐下去,结果把自己毁了完事。不如振作起来,在"自学"或是"自己教育"上努力。直到真个"有同等程度"的时候，直到真个有货真价实的知识和训练的时候，其并没有被摈在从业的希望的门外，不是和有了一张毕业文凭的人一样吗？

除了新式事业以外，还有许多的事业，如耕种，如贩卖，如小工艺的制作，细说起来，门类也就不少。这些事业，如果真没有办法参加进去做，我也说不出什么话。我不能从事实上没有办法之中说出办法来。但是，如果有一点办法可以参加进去的话，我以为这些事业都不妨做。在一些教训青年的书里，说到"择业"的时候往往有一套理论。事业要迎合自己的兴趣哩，事业要发展自己的专长哩，还有其他的项目。其实这些都是好听的空话。一个人择业定要按照这许多项目，结果只好一辈子无业可做。事实上唯有碰到什么就做什么，只要那种事业不是害人的，例如当汉奸卖国，贩运毒品毒害人家。在碰到了一种事业的时候，你就专心一志去做，你能够抱着"自学"或是"自己教育"的信念，即使没兴趣的也会寻出兴趣来，即使不专长的也会练出专长来。同时你不必以此自限，这就是说，在你那事业所需要的知识和训练之外，更可以做其他的研修。这并不是游心外骛的意思。专力本业是当前献身的正轨，而别做研修是自己长育的良法，二者兼顾，一个人才会终身处在发展的程度之中。一朝研修有了相当的成就，而恰又碰到了另外一种事业可以应用这种成就的，你自然不妨放弃了从前的事业去做另外的事业。那时候你还是专心一志地做，和做从前的事业一样。请想想，如果所有从业的青年都像这样子，社会上的各种事业不将大大地改换面目，显出突飞猛进的气象吗？其实任何事业都像新式事业那样有着光明的前途，就从业员的收获

大
师
谈
读
书

222

说，也不至于会怎样不丰富。

　　以上的话，我以为不但对于给"失学"两字威胁着的青年有些用处，就是在校的或是从业的青年也可以从这里得到少许启示。诸位要相信，事实虽然是一垛坚固的墙壁，但在不超越事实的情形之下，觅取进展的途径，其权柄大部分还操在诸君自己的手里。能够"自学"或是"自己教育"的，在他前面等候着的往往不是苦闷而是成功！

夏丏尊

朱自清

朱自清（1898—1948），字佩弦。中国现代散文家、诗人、学者。散文代表作有《春》《绿》《背影》《荷塘月色》《匆匆》。

论朗读

（选自《国文教学》开明书店 1945 年版）

　　在语文的教学上，在文艺的发展上，朗读都占着重要的位置。从前私塾里教书，老师照例范读，学生循声朗诵。早年学校里教古文，也还是如此。"五四"以来，中等以上的国文教学不兴这一套；但小学里教国语还用着老法子。一方面白话文学的成立重新使人感到朗读的重要，可是大家都不知道白话文应该怎样朗读才好。私人在这方面做试验的，民国十五年左右就有了。民国二十年以后，朗读会也常有了，朗读广播也有了。抗战以来，朗读成为文艺宣传的重要方法，自然更见流行了。

　　朗读人多称为"朗诵"，从前有"高声朗诵"的成语，现在有"朗诵诗"的通名。但"诵"本是背诵文辞的意思，和"抽绎义蕴"的"读"不一样；虽然这两个词也可以通用。"高声朗诵"正指背诵或准备背诵而言，倒是名副其实。白话诗文的朗诵，特别注重"义蕴"方面，而腔调也和背诵不同。这该称为"朗读"合适些。再从语文教学方向看，有"默读"，是和"朗读"相对的词；又有"精读""泛读"，都着眼在意义或"义蕴"上。这些是一套；若单出"朗诵"，倒觉得不大顺溜似的。最有关系的还是"诵"的腔调。所谓"诵"的腔调便是私塾儿童读启蒙书的腔调，也便是现在小学生读国语教科书的腔调；这绝不是我们所谓"读"的腔调——如恭读《总理遗嘱》[①]的腔调。我们现在已经知道，白话文宜用"读"的腔调，"诵"是不合适的。所

---

① 《总理遗嘱》：指孙中山的遗嘱。

以称"朗诵"不如称"朗读"的好。

黄仲苏[①]先生在《朗诵法》(二十五年,开明)里分"朗诵腔调"为四大类:

一曰诵读:诵谓读之而有音节者,宜用于读散文,如"四书"、诸子、《左传》"四史"以及专家文集中之议、论、说、辩、序、跋、传记、表奏、书札等等。

二曰吟读:吟,呻也,哦也。宜用于读绝诗、律诗、词曲及其他短篇抒情韵文如诔、歌之类。

三曰咏读:咏者,歌也,与泳通,亦作永。宜用于读长篇韵文,如骈赋、古体诗之类。

四曰讲读:讲者,说也,谈也。说乃说话之"说",谈则谓对话。宜用于读语体文。(以上节录原书126~128面)

这四分法黄先生说是"审辨文体,并依据《说文》[②]字义及个人经验"(126面)定的。按作者所知道的实际情形和个人经验,吟读和咏读可以并为一类,叫做"吟";讲读该再分为"读"和"说"两类;诵读照旧,只叫做"诵"。下面参照黄先生原定的次序逐项说明。

《周礼》[③]"大司乐以乐语教国子:兴、道、讽、诵、言、语"。郑玄[④]注,"倍文曰讽,以声节之曰诵"。段玉裁[⑤]道,"倍同背,谓不开读也;诵则非直背文,又为吟咏以声节之"(《说文解字》言部注)。古代的诵是有腔调的,由此可见。腔调虽不可知,但"长言"或"永言"——就是延长字音——的部分,大概

---

① 黄仲苏(1895-1975):原名黄玄。安徽舒城人。著有《谭心》。曾任教于南京东南大学,讲文学概论。

② 《说文》:即《说文解字》。

③ 《周礼》:是儒家经典,十三经之一,在汉代最初名为《周官》。

④ 郑玄(127-200):字康成。东汉末年儒家学者、经学家。

⑤ 段玉裁(1735-1815):字若膺,号懋堂,清代文字训诂学家、经学家,著有《说文解字注》《六书音均表》等。

朱自清

总是有的。《学记》①里道，"今之教者，呻其占毕""呻"是"吟诵"，是"长咏"（注疏），可以参证。至于近代私塾儿童诵读《百家姓》《千字文》《龙文鞭影》②以及"四书"等的腔调，大致两字一拍，每一停顿处字音稍稍延长，恐怕已经是佛教徒"转读"经文的影响，不仅是本国的传统了。吟的腔调也是印度影响，却比诵复杂得多。诵宜于短的句读，作用是便于上口，便于记，便于背；只是"平铺直叙，琅琅诵之"（《朗诵法》126面），并没有多少抑扬顿挫。黄先生所举的书，似乎只"四书"还宜于诵；诸子以下句读长，虽也可以诵，却得加些变化，掺入吟腔才成。朗读这些书，该算是在吟诵之间。

至于小学国语教科书，无论里面的"国语"离标准语近些远些，总之是"语"，便于上口。文宜吟诵，因为本不是自然的；语只宜读或说；吟诵反失自然，使学生只记词句，忽略意义。这是教学上一个大损失。现行小学国语教科书有的韵语太多，似乎有意使儿童去"诵"，作者极不以为然。在原编辑人的意思，大概以为韵语便于记忆些，一方面白话诗可选的少，合于小学生程度的更少。韵语便于记忆是事实，可是那种浮滑而不自然的韵语给儿童不好的榜样，损害他们健全的语感，代价未免太大。倒是幸而他们只随口诵读过去，不仔细去体味；不然，真个拿那种韵语做说话和写作的榜样，说出来写出来的恐怕都有点不像话。儿童需要诗歌很迫切，也是事实。但白话诗合用的其实不少见。一般编辑人先就看不起白话诗，不去读，也不肯去翻那些诗集，这怨谁。再说歌谣也是可选的，那些编辑人也懒得找去。他们只会自作聪明地编出些非驴非马的韵语！作者以为此后国语教科书里不妨多选些诗歌：白话诗，歌谣，近于白话的旧诗词曲。白话诗只要"读"，旧诗词曲要吟或吟诵，歌谣要说或吟唱。白话文也只要读，白话只要说。这些下文还要论及。——单纯的诵腔帮助很少，作者以为可以不用。

---

① 《学记》：《礼记》中的一篇。
② 《龙文鞭影》：古代儿童启蒙读物。原名《蒙养故事》，明代万历时萧良有编撰，夏广文作注。后经杨臣诤加以增订，改名《龙文鞭影》。

还有一种诵腔，值得提一下。最早提倡读诗会的是已故的朱湘先生，那是民国十五年。他的读诗会只开过一回或者没有开成，作者已经记不起；但作者曾听过他朗读他的《采莲曲》。那是诵，用的是旧戏里的一种"韵白"。他自己说是试验。《采莲曲》本近于歌，似乎是词和小调的混合物，腔调是很轻快的。"韵白"虽然也轻快，可是渗透一种滑稽味，明明和《采莲曲》不能打成一片，所以听起来总不顺耳似的。这种近歌的诗在白话诗里极少，几乎可以算是例外。应该怎样朗读，很不容易定；也许可用吟腔试试。不过像"韵白"这类腔调，如果做滑稽诗或无意义的诗，也可以利用。这类诗其实也是需要的。

　　吟特别注重音调节奏，最见出佛经"转读"的影响（参看胡适《白话文学史》上卷 205 ~ 215 面）。黄先生说："所谓吟者，……声韵应叶，音节和谐。吟哦之际，行腔使调，至为舒缓，其抑扬顿挫之间，极尽委婉旋绕之能事。……盖吟读专以表达神韵为要。"又说："吟读……行腔使调，较咏读为速，而比之诵读则稍缓"（《朗诵法》126 ~ 127 面）。这里指出的"吟读""诵读"的分别，确实有的；不过作者认为后者只是吟腔的变化，或者吟诵相杂，所谓吟诵之间，不必另立一类。赵元任[①]先生在《新诗歌集》（商务版）里说过，吟律诗吟词，各地的腔调相近，吟古诗吟文就相差得多。大概律诗和词平仄谐畅，朗读起来，可以按二字一拍一字半拍停顿，每顿又都可以延长字音，每拍每顿听上去都很亭匀的，所以各地差不多。古诗和文，平仄没有定律，就没有这样的客观的一致了。而散文变化更多。唐擘黄先生曾在《散文节拍粗测》（《国故新探》，商务）里记出他朗读韩愈《送董邵南序》和苏洵《乐论》各一段的节拍。前者是二字一顿或一字一顿，如"燕赵古称多慷慨悲歌之士"便有六拍；后者大不相同，如"雨，吾见其所以湿万物也"便只两拍。

[①] 赵元任（1892-1982）：现代著名学者、语言学家、音乐家。主要著作有《国语新诗韵》《现代吴语的研究》《中国话的文法》《中国话的读物》《语言问题》《通字方案》等。

唐先生说:"每秒时中所念的平均字数之多少随文势之缓急而变。如上示两例,《乐论》比《送董序》① 每秒平均字数多一倍(前者每秒平均二～四字,后者一～二字);而它的文势也比《送董序》急得多。文势的缓急是关乎文中所表现的情境。"——散文有时得吟,有时得吟诵;黄先生以为诸子专集等等和"四书"同宜于诵,而将吟限于绝律诗、词曲等,似乎不合于实际情形。

"五四"以来,人们喜欢用"摇头摆尾的"去形容那些迷恋古文的人。摇头摆尾正是吟文的丑态,虽然吟文并不必须摇头摆尾。从此青年国文教师都不敢在教室里吟诵古文,怕人笑话,怕人笑话他落伍。学生自然也就有了成见。有一回清华大学举行诵读会,有吟古文的节目,会后一个高才生表示这节目无意义,他不感兴趣。那时是民国二十几年了,距离"五四"已经十几年了。学校里废了吟这么多年,即使是大学高材生,有了这样成见,也不足怪的。但这也是教学上一个大损失。古文和旧诗、词等都不是自然的语言,非看不能知道它们的意义,非吟不能体会它们的口气——不像白话诗文有时只听人家读或说就能了解欣赏,用不着看。吟好像电影里的"慢镜头",将那些不自然的语言的口气慢慢显示出来,让人们好捉摸着。桐城派的因声求气说该就是这个意思。钱基博 ② 先生给《朗诵法》作序,论因声求气法最详尽,值得参考。他引姚鼐的话:"大抵学古文者,必要放声疾读,只久之自悟;若但能默看,即终身作外行也。"(见《尺牍》《与陈硕士》)又引曾国藩的话:"如'四书'《诗》《书》《易经》《左传》《昭明文选》,李、杜、韩、苏之诗,韩、欧、曾、王之文,非高声朗诵则不能得其雄伟之概,非密咏恬吟则不能探其深远之趣。二者并进,使古人之声调拂拂然若与我之喉舌相习,则下笔时必有句调凑赴腕下,自觉琅琅可诵矣"(见《家训》《字谕纪泽》)这都是很精当的。现在多数学生不能欣赏古文旧诗、词等,又不能写作文言,不会吟也不

---

① 《送董序》:即韩愈的《送董邵南游河北序》。

② 钱基博(1887-1957):字子泉,别号潜庐,江苏无锡人。古文学家、教育家。主要著作有《经学通志》《现代中国文学史》《韩愈志》《古籍举要》等。

屑吟恐怕是主要的原因之一。作者虽不主张学生写作文言，但按课程标准说，多数学生的这两种现象似乎不能不算是教学上的大损失。近年渐渐有人见到这个道理，重新强调吟的重要；如夏丏尊、叶圣陶[①]二先生的《文心》[②]里便有很好的意见——他们提议的一些吟古文的符号也简单切实。作者主张学校里恢复从前范读的办法，吟、读、说并用。

黄先生所谓"讲读"，是"以说话谈论之语调出之"（《朗诵法》128 面），只当得作者的"说"类。赵元任先生论白话诗也说过："白话诗不能吟，……是本来不预备吟的；既然是白话诗，就是预备说的，而且不是像戏台上道白那么印板式的说法，……乃是照最自然最达意表情的语调的抑扬顿挫来说的。"（《新诗歌集》）他们似乎都以为白话诗文本于口语，只要说就成。但口语和文字究竟不能一致，况且白话诗文还有多少欧化的成分，一时也还不能顺口地说出。因此便不能不有"读"的腔调。从前宣读诏书，现在法庭里宣读判词，都是读的腔调。读注重意义，注重清楚，要如朱子所谓"舒缓不迫，字字分明"。不管文言、白话，都用差不多的腔调。这里面也有抑扬顿挫，也有口气，但不显著；每字都该给予相当分量，不宜滑过去。整个的效果是郑重，是平静。现在读腔是大行了，除恭读《总理遗嘱》外，还有宣读国民公约，宣读党员守则等；后两者听众并须循声朗读。但这些也许因为读得太熟，听得太熟了，不免有读得太快、太模糊的时候，似乎不合于读的本意。这些都是应用的文言；一切应用的文言都只宜于读。这也关涉到语文的教学。至于白话诗文，向来是用读腔的。赵元任先生的国语留声机片便是如此。他所谓"说"，和黄先生所谓"讲读"，恐怕也就是作者所谓"读"。这也难怪，白话文里纯粹口语原很少，戏剧能用纯粹口语的，早期只有丁西林先生，近年来才多起来。赵黄两先生似乎只注意到白话诗文本于口语，虽不是纯粹口

① 叶圣陶（1894－1988）：著名作家、教育家。代表作有《隔膜》《线下》《倪焕之》《脚步集》《西川集》《稻草人》等。

② 《文心》：夏丏尊和叶圣陶以故事体裁写的专讲写和读的书，取材于初中学生的生活。

朱自清

语，按理想总该是"预备说的"。可是赵先生实地试验起来，便觉有时候并不能那么"最自然"地"说"了，他于是只好迁就着"读"。可是他似乎还想着那也是"说"，不过不是"最自然"的罢了。赵先生说起戏台上的道白。戏台上道白有艺术白和自然白的分别。艺术白郑重，可以说与"读"相当；自然白轻快，丑角多用它，和"说"也有些相像。——白话诗文自当以读为主。

早期白话诗文大概免不了文言调，并渗入欧化调，纯粹口语成分极少。后来口语调渐渐赶掉了文言调，但欧化调也随着发展。近年运用纯粹口语——国语，北平话——的才多些，老舍先生是一位代表。但比较起来还是少数。老舍先生的作品富于幽默的成分，"说"起来极有趣味。抗战前北平朱孟实[1]先生家里常有诵读会，有一回一位唐宝钦先生"说"老舍先生的《一天》，活泼轻快，听众都感兴趣，觉着比单是阅读所得的多——已经看过原文的觉得如此，后来补看原文的也觉得如此。作者在清华大学一个集会里也试过浑家先生的《奉劝大爷》(二十五年二月三日《立报》)，那是讽劝胡汉民先生的。听众也还感觉趣味。这两篇文都短而幽默。非幽默的长文，作者也在清华诵读会里试说过一回。那是作者自己的《给亡妇》。这篇文是有意用口语写的，但不敢说纯粹到什么程度。说的当儿一面担心时间来不及，一面因为自己说自己的文字有些不好意思，所以说得很快，有点草草了事似的，结果没有能够引起听众的特别注意。作者以为这种文字若用的真是纯粹口语，再由一个会说的人来说，至少可以使听众感到特别真切的。至于用口语写的白话诗，大家最容易想起的该是徐志摩[2]先生的那些"无韵体"的诗。作者觉得那些诗用的可以算是纯粹口语。作者曾在清华的诵读会里试说过他的《卡尔佛里》

[1] 朱孟实：即朱光潜（1897-1986），字孟实，安徽省桐城人，著名美学家、文艺理论家、教育家、翻译家。主要作品有《文艺心理学》《悲剧心理学》《谈美》《诗论》《谈文学》等。

[2] 徐志摩（1897-1931）：浙江海宁硖石人，现代诗人、散文家。代表作有《再别康桥》《翡冷翠的一夜》《猛虎集》等。

一首。一面是说得不好，一面也许因为题材太生疏罢，失败了。但是还值得试别首，作者想。还有赵元任先生贺胡适之先生四十生日的诗（十九年十二月十八日北平《晨报》），用的地道的北平话，很幽默的，说起来该很好。徐先生还写过一首他的方言（硖石）诗，《一条金色的光痕》，是一个穷老婆子给另一个死了的穷老婆子向一位太太求帮衬的一番话。作者听过他的小同乡蒋慰堂先生说这首诗，觉得亲切有味。因此想起康白情①先生的《一封未写完的信》那首诗，信文大部分用的是口语，有些是四川话；作者想若用四川腔去说，该很好。

早期的戏剧，只有丁西林②先生的作品演出时像是话，别的便不免有些文气或外国语气，不像真的。近年来戏剧渐渐发展，抗战以后更盛，像话的对话才算成立了。曹禺③先生当然是一位很适当的代表。不久得见陈白尘④先生的《结婚进行曲》，觉得那前几幕里的对话自然活泼，好像有弹性似的，值得特别注意。戏剧是预备演的，对话得是"最自然"的，所以非用纯粹口语不可。戏剧虽然不只是预备说的，但既然是"最自然"的对话，当然最宜于说；要训练说腔，戏剧是最适合的材料——小说和散文里虽然也有对话，可是纯粹口语比较少。戏剧的发展可以促进说的发展。不过大部分白话诗文还是只宜于读。就白话文作品而论，读是主腔，说有辅腔；我们自当更着重在读上。

现在的诗歌朗诵，其实是朗读。作者还没有机会参加过这一类朗诵会，

---

① 康白情（1896-1959）：现代诗人、学者，四川安岳县人。1918 年秋，与傅斯年、罗家伦等人组织"新潮社"，创办《新潮》月刊。代表作有诗集《草儿》《河上集》等。

② 丁西林（1893-1974）：原名丁燮林，字巽甫。现代剧作家、物理学家、社会活动家，代表作有《一只马蜂》《压迫》《三块钱国币》《等太太归来》等。

③ 曹禺（1910-1996）：现代话剧剧作家，原名万家宝，字小石，著有《雷雨》《日出》《原野》《北京人》等作品。

④ 陈白尘（1908-1994）：江苏淮阴人。现代剧作家、戏剧活动家，代表作有《乱世男女》《结婚进行曲》《岁寒图》《升官图》等。

朱自清

233

但曾请老舍先生读过《剑北篇》①的一段和《大地龙蛇》②里那段押韵的对话。听的所得比看的所得多而且好。特别是在看的时候总觉得那些韵脚太显著，仿佛凸出纸面上似的刺眼，可是听的时候只觉得和谐，韵脚都融化在句子里好像没有了一般。老舍先生不像吟旧诗、词等的样子重读韵脚，句末押韵的字。一篇（首）韵文的一些（或全部）句子的最后一个字，采用韵腹和韵尾相同的字，这就叫做押韵。因为押韵的字一般都放在一句的最后，故称"韵脚"。引这些字的韵母要相似或相同。）而是照外国诗的读法顺着辞气读过去。再说《剑北篇》原用大鼓调句法，他却只读不吟唱，大概是只要郑重和平静的效果的缘故。——读的用处最广大，语文教学上应该特别注重它。现在的学生只在小学里学会了诵，吟、读、说都不曾学。诵在离开小学后恐怕简直用不着；读倒是常常用着。黄先生说到教室内的国文教学，学生"起立读文，……每因害羞，辄以书掩面，草草读毕；或因胆怯，吞吐嗫嚅，期期不能出诸口；偶或出声，亦细微不可辨"（《朗诵法》136面）。这是实在情形，正是没有受过读的训练的结果。作者主张小学的国语教学应该废诵重读，兼学吟和说；大中学也该重读，恢复吟，兼学说。有人或许觉得读和说不便于背。其实这是没有根据的成见。背读《总理遗嘱》便是眼前的反证。作者曾试过背读白话诗，觉得至少不比背吟古体诗难。至于背说，演员背戏词也是眼前的例子；还有中小学生背演说的也常见。——语文教学里训练背说，便可以用剧本作材料，让学生分任角色说对话，那么，背起来就更容易了。

① 《剑北篇》：老舍在抗战期间用大鼓体创作的一部长篇叙事诗。
② 《大地龙蛇》：这是一部风格奇异的话剧歌舞混合剧。老舍借抗战检讨中国文化，抒发自己的文化理想。

了解与欣赏

——这里讨论的是关于了解与欣赏能力的训练

（原载于 1943 年《国文月刊》第 20 期）

了解与欣赏为中学国文课程中重要的训练过程。儿童从小就能对于语言渐渐地了解，不过对于文字的了解必须加以强制学习的训练。成年人平时读书阅报大都是采取一种"不求甚解"的态度。这是一般综合的实用的态度。但在国文教学、教师准备时，必须字字查清楚、弄明白。学生呢，在学习时也必须字字求了解。这与一般不求甚解的态度刚好相反。然而不求甚解的那份能力正是经过分章析句的学习过程而得到的，必须有了咬文嚼字的教学培养后，才能真正达到那种不求甚解的境界；没有经过一番文字分析的训练，欲不求甚解，也不易得呢。通常教授国文的，大都很注重字义。实在除掉注重字义的办法以外，还应当顾及下面的几种分析的方法。

（一）句子的形式（句式）

某种特殊句子的形式，不仅是作者在技巧方面的表现，也是作者别有用心处。讲解国文时必须加以说明。例如鲁迅先生的《秋夜》[①]的开端：

在我的后园，可以看见墙外有两株树，一株是枣树，还有一株也是枣树。

这不是普通的叙说，句子的形式很特殊，给人一种幽默感。作者存心要

---

① 《秋夜》：鲁迅的散文诗，发表于 1924 年 12 月 1 日《语丝》周刊第 3 期，收入《野草》一书。

朱自清

表现某种特殊的情感。这儿开始就显示出一个太平凡的境界，因为鲁迅先生所见到的窗外，除掉两株枣树便一无所见。更使人厌倦的是人坐在屋里，一抬头望窗外，立刻映入眼帘的东西，就只是两株枣树，爱看也是这些，不爱看也是这些，引起人腻烦的感觉。一种太平凡的境界，用不平凡的句式来显示，是修辞上的技巧。明白了这两句的意思与作用，就兼有了了解与欣赏。又如同篇：

> 这上面的夜的天空，奇怪而高。

这是作者在文字排列上用功夫，两句都不是普通的说话。上半句表现两层意思：

（1）枣树上的天空。

（2）夜的天空。

两层意思而用一单位表示，是修辞上的经济办法。文字的经济便是一种文学的技巧。平常的语言，可有两式：

> 夜间这上面的天空……

> 上面的天空在夜间……

读起来便都有了停顿，时间上显得十分不经济，意思也没有原句透露。下半句"奇怪而高"，口语中常说"高而奇怪"，单词习惯大多放在前面。现在说"奇怪而高"，句法就显得别致，作者在这里便用来表示秋夜天空的特殊。

（二）段落

写段落大意是中学国文课上常用的方法。但通常只把各段的大意写出，而于全文分段的作用与关系，往往缺少综合的说明。教师指导学生写段落大意，每段大意，常只用一两句话表示。这里便应当注意语句间的联络，要能显出原文的组织和发展的次序。

（三）主旨

教师必须提醒学生注意一篇文章中足以代表全文主旨的重要语句，和指导学生研究全文主旨如何发展。古人称文章中重要的语句为"警句"。警句往往是全篇的线索。读一篇文章最要紧的事便是要能找到线索。文章的线索作者往往把它隐寓在文中的一两句重要的语句里面，例如龚自珍《说居庸关》，"疑若可守然"五字是全文的主旨所在，教师便须注意此主旨的发展。

（四）组织

文章组织的变化，也是作者在技巧上用的功夫，说明这种文章组织的变化，是了解与欣赏范围内极重要的事。例如上举《说居庸关》，"疑若可守然"五字，一段中连用五次；又"自入南口"连用六次。这是叠句法，亦是关键语，在组织上增加一种节奏。最后三小段文章最堪注意，在整齐的组织中寓有变化，末两段一写蒙古人，一写漏税，指出间道，均逼出居庸关之不足守，与前文相应答。这是组织上的一种变化，读者容易忽略过去的，教时应当加以说明。中间写遇到蒙古人，说了一大段，表示清朝的威严，作者是用赞叹的口气。

（五）词语

在一篇文章中应当注意作者惯用的词语和词语的特殊意义，例如上举《说居庸关》"蒙古"一词指的是蒙古人。

（六）比喻、典故、例证

先讲比喻。

康白情的《朝气》，内容是描写农家种植的生活，题目何以称为"朝气"呢？农家生活的描写与朝气究竟有何关系呢？这些问题教师是要暗示学生提出来详细讨论的。农家生活的描写实在是一个比喻，作者是别有寄托的。文学作品中的具体故事，往往带上一些抽象性。大概一个比喻的应用，包含三方面的意义。如《朝气》：

1. 喻依[①]——农家的生活。

---

① 喻依：作比喻的材料。

朱自清

2．喻体^①——劳工的趣味。

3．意旨^②——由趣味的工作得到美满的结果,显示出生活中朝气的景象。这是文学上表达技巧很重要的一条原则,应当让学生区分得很清楚的。又如谢冰心^③的《笑》,用重复的组织,对于雨、月夜、花莲说出三个笑容,表示爱的调和。"如登仙界,如归故乡",是极普通的比喻,但能显示出纯洁快乐的意味。

次讲典故。

古文中的用典是学生最感觉麻烦的事情。讲解古文时说明古典出处也是极占时间的。但是教师往往只说明古典本身的意义,而常忽略了这个典故在本文里的作用。这样使读者只记古典出处,便感觉乏味了,更谈不到欣赏。原来用典的作用,也是使文字经济的一种办法,作者因为要表达心中的事或情,不必完全直说,借用过去的一桩熟悉的而且与当下相关的事物来显示。大凡文学上的典故都经过许多作家的手改造过,而成为很好的形式。因此用典的作用,一方面是使文字经济,一方面也是避免直说,增加读者的联想,使内容丰富。现代语体文中典故也是常见的。如冰心的《笑》里用"安琪儿"^④一词,教时也应当说明其出处。

再讲例证。

在说明文和议论文中有些时候往往遇到抽象的概念,教师在说解时必须要设法用一两个较具体的例证加以说明。如蔡元培^⑤的《雕刻》里面,许多美术上的概念,教师应当设法举出浅显的实例,加以说明。又如东坡说:"画中有诗,诗中有画",也应当举出实例,说明诗与画两者之间所以沟通的道理。

---

① 喻体：被比喻的材料。

② 意旨：比喻的用意所在。

③ 谢冰心（1900-1999）：原名谢婉莹，福建省福州市人，诗人、现代作家、翻译家、儿童文学作家。代表作有《繁星》《春水》《寄小读者》等。

④ 安琪儿：英语 Angel 的音译，指天使。源自希腊文 angelos（使者），出自《安徒生童话》。

⑤ 蔡元培（1868-1940）：近现代著名教育家、革命家、政治家。

总结起来说，关于了解与欣赏应该特别注意的有三点：

一是语言的经济。注意句读顿停多少与力量是否集中。

一是比较的方法。讲散文时可用诗句作比较，讲诗时可用散文比较。文中的语句可与口中的说话比较，读鲁迅先生的《秋夜》，便可与叶绍钧先生的《没有秋虫的地方》[①]比较。比较的方法对于了解与欣赏是极有帮助的。

一是文字的新变。一个作家必须要能深得用字的妙趣，古人称为"练字"，便是指作家用字时打破习惯而变新的地方，教师就也要在这方面求原文作者的用心。

训练的方法，除教师讲解外，在学生方面，熟读的功夫是不可少的。吟诵与了解极有关系，是欣赏必经的步骤。吟诵时对于写在纸上死的语言可以从声音里得其意味，变成活的语气。不过在朗诵时，要能分辨语气的轻重，要使声调有缓急，合于原文意思发展的节奏。注意本文的意思，不要被声音掩盖了，滑过去。默读是不出声的，偏于用眼，但也不要让意思跟了眼睛滑过去。

最后，问题的研究，在读文时是常有的事。但是问题的提出要有分量，要有意义。最好教师只居于被动地位，用暗示方法，帮助学生发现问题，解决问题。

---

① 《没有秋虫的地方》：叶圣陶 1923 年创作的散文。

朱自清

周作人

　　周作人（1885—1967），浙江绍兴人。是鲁迅（周树人）之弟，周建人之兄。著名散文家、翻译家。著有《自己的园地》《雨天的书》《谈龙集》《鲁迅的故家》《鲁迅小说中的人物》《知堂文集》《知堂回想录》等，译有《日本狂言选》《伊索寓言》《路吉阿诺斯对话集》等。

入厕读书

（原载于 1935 年《宇宙风》第 5 期）

郝懿行[①] 著《晒书堂笔录》卷四有《人厕读书》一条云：

旧传有妇人笃奉佛经，虽入厕时亦讽诵不辍，后得善果而竟卒于厕，传以为戒，虽出释氏教人之言，未必可信，然亦足见污秽之区，非讽诵所宜也。《归田录》载钱思公言平生好读书，坐则读经史，卧则读小说，上厕则阅小词，谢希深亦言宋公垂每走厕必挟书以往，讽诵之声琅然闻于远近。余读而笑之，入厕脱裤，手又携卷，非惟太亵，亦苦甚忙，人即笃学，何至乃尔耶。至欧公谓希深言平生所作文章多在三上，乃马上枕上厕上也，盖唯此尤可以属思尔，此语却妙，妙在亲切不浮也。

郝君的文章写得很有意思，但是我稍有异议，因为我是颇赞成厕上看书的。小时候听祖父说，北京的跟班有一句口诀云，老爷吃饭快，小的拉屎快，跟班的话里含有一种讨便宜的意思，恐怕也是事实。一个人上厕的时间本来难以一定，但总未必很短，而且这与吃饭不同，无论时间怎么短总觉得这是白费的，想方法要来利用它一下。如吾乡老百姓上茅坑时多顺便喝一筒旱烟，或者有人在河沿石磴下淘米洗衣，或有人挑担走过，又可以高声谈话，说这米几个铜钱一升或是到什么地方去。读书，这无非是喝旱烟的意思罢了。

话虽如此，有些地方原来也只好喝旱烟，于读书是不大相宜的。上文所

---

① 郝懿行（1757—1825）：字恂九，号兰皋，山东栖霞人，清嘉庆年间进士，官户部主事，清代著名经学家、训诂学家。长于名物训诂及考据之学，著有《尔雅义疏》《山海经笺疏》《易说》《书说》《春秋说略》《竹书纪年校正》等书。

说浙江某处一带沿河的茅坑，是其一。从前在南京曾经寄寓在一个湖南朋友的书店里，这位朋友姓刘，我从赵伯先那边认识了他，那年有乡试，他在花牌楼附近开了一家书店，我患病住在学堂里很不舒服，他就叫我住到他那里去，替我煮药煮粥，招呼考相公卖书，暗地还要运动革命，他的精神实在是很可佩服的。我睡在柜台里面书架子的背后，吃药喝粥都在那里，可是便所却在门外，要走出店门，走过一两家门面，一块空地的墙根的垃圾堆上。到那地方去我甚以为苦，这一半固然由于生病走不动，就是在康健时也总未必愿意去的，是其二。

民国八年夏我到日本日向去访友，住在一个名叫木城的山村里，那里的便所虽然同普通一样上边有屋顶，周围有板壁门窗，但是他同住房离开有十来丈远，孤立田间，晚间要提了灯笼去，下雨还得撑伞，而那里雨又似乎特别多，我住了五天总有四天是下雨，是其三。

末了是北京的那种茅厕，只有一个坑两垛砖头，雨淋风吹日晒全不管。去年往定州访伏园，那里的茅厕是琉球式的，人在岸上，猪在坑中，猪咕咕地叫，不习惯的人难免要害怕，哪有工夫看什么书，是其四。

《语林》云，石崇厕有绛纱帐大床，茵蓐甚丽，两婢持锦香囊，这又是太阔气了，也不适宜。其实我的意思是很简单的，只要有屋顶，有墙有窗有门，晚上可以点灯，没有电灯就点白蜡烛亦可，离住房不妨有二三十步，虽然也要用雨伞，好在北方不大下雨。如有这样的厕所，那么上厕时随意带本书去读读我想倒还是无啥的吧。

谷崎润一郎著《摄阳随笔》中有一篇《阴翳礼赞》，第二节说到日本建筑的厕所的好处。在京都奈良的寺院里，厕所都是旧式的，阴暗而扫除清洁，设在闻得到绿叶的气味青苔的气味的草木丛中，与住房隔离，有板廊相通。

蹲在这阴暗光线之中，受着微明的纸张的反射，耽于冥想，或望着窗外院中的景色，这种感觉真是说不出的好。他又说：

周作人

我重复地说，这里须得有某种程度的阴暗，彻底的清洁，连蚊子的呻吟声也听得清楚的寂静，都是必需的条件。我很喜欢在这样的厕所里听萧萧地下着的雨声。特别在关东的厕所，靠着地板装有细长的扫除尘土的小窗，所以那从屋檐或树叶上滴下来的雨点，洗了石灯笼的脚，润了砧脚石上的苔，幽幽地沁到土里去的雨声，更能够近身地听到。实在这厕所是宜于虫声，宜于鸟声，亦复宜于月夜，要赏识四季随时的物情之最相适的地方，恐怕古来的俳人曾从此处得到过无数的题材吧。这样看来，那么说日本建筑之中最是造得风流的是厕所，也没有什么不可。

　　谷崎压根儿是个诗人，所以说得那么好，或者也就有点华饰，不过这也只是在文字上，意思却是不错的。日本在近古的战国时代前后，文化的保存与创造差不多全在五山的寺院里，这使得风气一变，如由工笔的院画转为水墨的枯木竹石，建筑自然也是如此，而茶室为之代表，厕之风流化正其余波也。

　　佛教徒似乎对于厕所向来很是讲究。偶读大小乘戒律，觉得印度先贤十分周密地注意于人生各方面，非常佩服，即以入厕一事而论，后汉译《大比丘三千威仪》下列举"至舍后者有二十五事"，宋译《萨婆多部毗尼摩得勒伽》六自"云何下风"至"云何筹草"凡十三条，唐义净著《南海寄归内法传》二有第十八"便利之事"一章，都有详细的规定，有的是很严肃而幽默，读了忍不住五体投地。我们又看《水浒传》鲁智深做过菜头之后还可以升为净头，可见中国寺里在古时候也还是注意此事的。但是，至少在现今这总是不然了，民国十年我在西山养过半年病，

　　住在碧云寺的十方堂里，各处走到，不见略略像样的厕所，只如在《山中杂信》五所说：

　　　我的行踪，近来已经推广到东边的"水泉"。这地方确实还好，我于每天清早，没有游客的时候，去徜徉一会，赏鉴那山水之美。只可惜不太干净，路上很多气味——因为陈列着许多《本草》上的所谓人中黄！

我想中国真是一个奇妙的国，在那里人们不容易得着营养料，也没有办法处置他们的排泄物。

在这种情形之下，中国寺院有普通厕所已经是太好了，想去找可以冥想或读书的地方如何可得。出家人那么拆烂污，难怪白衣矣。

但是假如有干净的厕所，上厕时看点书却还是可以的，想作文则可不必。书也无须分好经史子集，随便看看都成。我有一个常例，便是不拿善本或难懂的书去，虽然看文法书也是寻常。据我的经验，看随笔一类最好，顶不行的是小说。至于朗诵，我们现在不读八大家文，自然可以无须了。

周作人

读书的经验

（原载于 1940 年 2 月《新光》杂志）

买到一册新刻的《汴宋竹枝词》，李于潢著，卷头有蒋湘南的一篇《李李村墓志铭》，写得诙诡而又朴实，读了很是喜欢，查《七经楼文钞》里却是没有。我看着这篇文章，想起自己读书的经验，深感到这件事之不容易，摸着门固难，而指点向人亦几乎无用。

在书房里我念过四书五经，《唐诗三百首》与《古文析义》，只算是学了识字，后来看书乃是从闲书学来，《西游记》与《水浒传》，《聊斋志异》与《阅微草堂笔记》，可以说是两大类。至于文章的好坏，思想的是非，知道一点别择，那还在其后，也不知道怎样地能够得门径，恐怕其实有些是偶然碰着的吧。即如蒋子潇，我在看见《游艺录》以前，简直不知道有这么一个人，父师的教训向来只说周程张朱，便是我爱杂览，不但道咸后的文章，即使今人著作里，也不曾告诉我蒋子潇的名字，我只因《游艺录》而爱好他，再去找《七经楼文》与《春晖阁诗》来读，想起来真是偶然。可是不料偶然又偶然，我在中国文人中又找出俞理初、袁中郎、李卓吾来，大抵是同样的机缘，虽然今人推重李卓老者不是没有，但是我所取者却非是破坏而在其建设，其可贵处是合理有情，奇辟横肆都只是外貌而已。

我从这些人里取出来的也就是这一些些，正如有取于佛菩萨与禹稷之传说，以及保守此传说精神之释子与儒家。这话有点说得远了，总之这些都是点点滴滴的集合拢来，所谓粒粒皆辛苦的，在自己看来觉得很值得珍惜，同时却又深知道对于别人无甚好处，而仍不免常要饶舌，岂真敝帚自珍，殆是旧性难改乎。

外国书读得很少，不敢随便说，但取舍也总有的。在这里我也未能领解正统的名著，只是任意挑了几个，别无名人指导，差不多也就是偶然碰着，与读中国书没有什么两样。我所找着的，在文学批评是丹麦勃阑兑思①，乡土研究是日本柳田国男②，文化人类学是英国弗来则③，性的心理是蔼理斯④。这都是世界的学术大家，对于那些专门学问我不敢伸一个指头下去，可是拿他们的著作来略为涉猎，未始没有益处，只要能吸收一点儿进来，使自己的见识增深或推广一分也好，回过去看人生能够多少明白一点儿，就很满足了。

近年来时常听到一种时髦话，慨叹说中国太欧化了，我想这在服用娱乐方面或者还勉强说得，若是思想上哪里有欧化气味，所有的恐怕只是道士气、秀才气以及官气而已。想要救治，却正用得着科学精神，这本来是希腊文明的产物，不过至近代而始光大，实在也即是王仲任所谓疾虚妄的精神，也本是儒家所具有者也。我不知怎的觉得西哲如蔼理斯等的思想实在与李俞诸君还是一鼻孔出着气的，所不同的只是后者靠直觉懂得了人情物理，前者则从学理通过了来，事实虽是差不多，但更是确实，盖智慧从知识上来者其根基自深固也。这些洋书并不怎么难于消化，只需有相当的常识与虚心，如中学办得适宜，这与外国文的学力都不难习得，此外如再有读书的兴趣，这件事便已至少有了八分光了。我自己读书一直是暗中摸索，虽然后来找到一点点

① 勃阑兑思：今译格奥尔格·勃兰兑斯（1842—1927），丹麦著名文学评论家和文学史家，倡导现实主义，著有《十九世纪文学主流》。

② 柳田国男（1875-1962）：日本民俗学创立者。著有《后狩词记》《远野物语》《海南小记》《蜗牛考》《桃太郎的诞生》等民俗学著作。1951年荣获日本文化勋章。

③ 弗来则：今译詹姆斯·乔治·弗雷泽（1854—1941），英国人类学家。主要著作有《金枝》《人类学汇编》等。

④ 蔼理斯：今译哈夫洛克·霭理士（1859-1939），英国著名性心理学家、思想家、作家和文艺评论家。

周作人

东西，总是事倍功半，因此常想略有陈述，贡其一得，若野芹蜇口，恐亦未免，唯有惶恐耳。

　　近来因为渐已懂得文章的好坏，对于自己所写的绝不敢自以为好，若是里边所说的话，那又是另一问题。我从民国六年以来写白话文，近五六年写的多是读书随笔，不怪小朋友们的厌恶，我自己也戏称曰文抄公，不过说尽是那么说，写也总是写着，觉得这里边不无有些可取的东西。对于这种文章不以为非的，想起来有两个人，其一是一位外国的朋友，其二是亡友烨斋。烨斋不是他的真名字，乃是我所戏题，可是写信时也曾用过，可以算是受过默许的。他于最后见面的一次还说及，他自己觉得这样的文很有意思，虽然青年未必能解，有如他的小世兄，便以为这些都是小品文，文抄公，总是该死的。那时我说，自己并不以为怎么了不得，但总之要想说自己所能说的话，假如关于某一事物，这些话别人来写也会说的，我便不想来写。有些话自然也是颇无味的，但是如《瓜豆集》的头几篇，关于鬼神、家庭、妇女特别是娼妓问题，都有我自己的意见在，而这些意见有的就是上边所说的读书的结果，我相信这与别人不尽同，就是比我十年前的意见也更是正确。所以人家不理解，于别人不能有好处，虽然我十分承认，且以为当然，然而在同时也相信这仍是值得写，因为我终于只是一个读书人，读书所得就只这一点，如不写点下来，未免可惜。在这里我知道自己稍缺少谦虚，却也是无法。我不喜欢假话，自己不知道的都已除掉，略有所知的就不能不承认，如再谦让也即是说诳了。至于此外许多事情，我实在不大清楚，所以我总是竭诚谦虚的。

郑振铎

郑振铎（1898—1958），原籍福建长乐。作家、考古学家、社会活动家。主要著作有短篇小说集《家庭的故事》《桂公塘》，散文集《山中杂记》，专著《文学大纲》《插图本中国文学史》《中国俗文学史》等。

经书的效用

（选自《中国文学论集》开明书店 1934 年版）

从孔子的"不学诗无以言"到"书中自有颜如玉，书中自有黄金屋"，这一个观念是始终如一的。"士大夫"阶级中既发生出这样的一种读书观来，于是"读书种子"便绵绵不绝，而国学或圣贤之学的"道统"便也借此不至中绝。父母伯叔们也常常说道："要勤读，要勤读！经书不熟（现在是改了英、算了），将来要没有饭吃呢。"而小小的学童，也居然知道这些"少壮不努力，老大徒伤悲"一类的格言。经书的效用大矣哉！

但这些都不过是经书的尘世的效用，是经书的现实的效用。经书的效力，绝不止于此。他们还有一种神秘的不可知的效力呢。

从"不学诗无以言"到"颜如玉，黄金屋"，与从"颜如玉，黄金屋"到"《周易》驱鬼，《孝经》却敌"，其间的步级，相差并不甚远。所以相信文字有灵的人们很容易便将经书的尘世的效力一变而为超尘世的；将经书的现实的效力一变而为神秘的不可知的。经书既有能够使人得到"颜如玉""黄金屋"的势力，当然也会有能够"驱邪却敌，保护善良"的势力了。

经书如何会有这样的一种神秘的势力，倒不是一个容易解释的问题。这将待民俗学者、初民文化研究者、宗教学家以及心理学家的专门研究，我在这里实在不能详说。但我们可以告诉大众的是，初民对于名与实，向来是分辨不清的。他们往往以为名即是实，实即是名；所以初民便相信加害于名，便能加害于实。他们往往隐匿了自己的名字，不让别人晓得者，即恐怕他的敌人一知道他的真实的名字，便将加他本身以危害。又在多虎之地，居民往往讳虎字，而呼之为山君、山伯伯，因恐它闻呼其名而怒。而崇信狐狸的地方，居民也没有一个人敢说一个"狐"字的，他们只称之为"仙人""大仙"，由了这种的名讳便连带地发生出了对于字的神秘观，即相信名字以外的一切文字，也都具有相当的能力。所以宗教家念着"愿上帝赐我们以福寿平安"的祷词，却往往变成了有力的咒语，而净土宗的佛教徒，也以为天天念着"南无阿弥陀佛"便可以往生净土，建无量善业。经书之所以有神秘的效力，这是其一因。又，大众既相信圣人是具有无限权威的，既相信他们是一位神、一位宗教主、一位神秘的救世主，对于他所手订或编著"经书"便也会自然而然地生出一种神秘的敬仰来了。由了这种神秘的敬仰，便很容易的对于他们生出一种具有魔力，能够驱邪护正的信仰来。所以一方面，既有了"敬惜字纸"，怕作蹋圣贤的文字的恐惧心，一方面也有了握住了圣经，便具有一种神力，一种不怕邪神恶鬼来侵袭他的信赖心。

这一类的材料，随手拾来都有。至今我们当中还有将《周易》放在枕头箱中的事。英国的农民也常有依仗《圣经》以退却诸邪者。苏格兰新生了一个孩子，怕恶鬼来偷抱了去，便将一本摊开了的《圣经》放在孩子的身边。回教徒、拜火教徒等等，对于他们的圣经，也都有这同样的信仰。

近来得到一部来集之编的《对山堂续太平广记》，见其中搜集民俗学上的资料不少。其中有一节诵圣经之益，将圣经的神秘的效用搜集得很不少。故乘着一时的高兴，写了上面的一小则文字。今特在下面抄录其中几段最有趣的故事。我们要晓得像这样的信仰与传说，在我们的民间并未曾死去。我们费些工夫去搜集他们并不是不值得的。我个人很希望各地方的相识或不相识的友人能够帮我搜集各地关于这一类的故事。

《风俗通》："武帝迷于鬼神，尤信越巫。董仲舒数以为言。帝验其道，令巫诅仲舒。仲舒朝服南面，诵咏经论，不能伤害，而巫者忽死。"

郑振铎

251

《江西通志》云："江梦孙字聿修，德安人。家世业儒，博综经史，孝弟高洁。为江都令。先是，县厅人每有祟祸，任位者每迁于别厅。梦孙下车，辄升厅受贺。向夜，具袍笏端坐，诵《易》一遍，怪息。"

《说颐》云："北齐权会任助教，尝夜独乘驴出城东门。钟漏已尽。有一人牵头，一人随后，有异生人，渐渐失路，不由本道。会心怪之，诵《易经》上篇一卷未尽，前二人忽然离散。"

吴均《齐春秋》："顾欢字元平，吴郡人也。隐于会稽山阴白石村。欢率性仁爱，素有道风。或以禳魇而多所全护。有病邪者，以问欢。欢曰：君家有书乎？曰：惟有《孝经》。欢曰：可取置病人枕边，恭敬之，当自差。如其言，果愈。问其故，曰：善禳恶，正胜邪。"

不再抄下去了。读书细心的人当可随处找到这一类的材料。

整理古书的建议

（原载于 1957 年 3 月《政协会刊》）

有许多重要的古书，我们还没有动手去整理。这是一个很大的空白点。鼎有三只足；学术研究和创造、发明，也有三只足。一只足是现代科学，一只足是民族文化遗产，一只足是外国的古代文化遗产。缺少了任何一只足，那座鼎就会站立不住。学术研究、创作或发明是要在古今中外的知识、学术的累积的基础之上发展起来的。故唯物论者们也必须知道唯心论的来龙去脉方行。国外的著作，靠翻译；民族文化遗产，靠整理。我们提倡民族文化遗产已有好几年了。但对于最重要的古代文化的宝库，像《十三经》《二十四史》之类，曾经加以整理了没有呢？要知道能读"古书"的人越来越少了。读不断句的人，在专家们里面也不见得没有。整理古书，便是一件对专家们做的功德无量的事。我们不能设想，像现在那样地停留在"原始状态"的古书,对于现代的科学家们会有什么帮助。医师们埋怨说:《素问》《内经》难读。的确，那埋怨是对的。我以为，今天整理"古书"，必须分三个阶段进行。

第一，选择最好的，即最正确、最可靠的本子，加以标点（或句读），并分别章节，加以必要的校勘，附以索引。这工作不太简单，必须专家来做。虽是"章句之儒"的事业,却非大师们亲自出马不可。像《十三经》，阮元刻本，本来可用。但新出现的"石经"、单疏、古写本、古刻本等等，可资以校勘的，还有不少。如果把《十三经》再加以一番整理，一定会后来居上的。至于《二十四史》，则更需要一番整理功夫，且必须立即进行。乾隆版的经过

郑振铎

整理的《二十四史》，问题很大（同文本、竹简斋本等，均系影印这个本子），张元济先生在《百衲本二十四史》的校勘记里已发其复。《百衲本二十四史》则卷帙浩大，仅照原本影印，未经加工整理。读史是一件要事，特别是中国的《二十四史》，它们乃是各时代的"百科全书"，不仅是政治史。凡搞一切学问的人，都不能不问津于这部大书。故整理尤有必要，且须加速。否则，会阻碍了我国学术的突飞猛进的前进速度的。《二十四史》的分别章节，尤为必要。像《史记》里的《司马相如传》，除开了几篇"赋"之外，记事的文字没有千几百字。如果把"赋"（以及许多"论"和"奏议"等等）低一格排印出来，则顿时眉目清爽，读之省力多多。

第二，把那些重要的古书，凡是有"注"的，或别的书里注释或说明它的一篇一章、一节一语的，或批评到它的某一篇、某一句的文章，全部搜集在一起，作为"集注"，像王先谦著的《汉书补注》《后汉书集解》，或丁福保著的《说文解字诂林》那样。这是完全必要的。古学专家们是擅长于此道的，而且，有好些人已经在做。

第三，然后进一步才可以谈到"新注"，即新的解释和研究。这也是十分必要的，但不是一步即可办到，需要很长的过程。

在这三个整理阶段，均可以由若干位专家，各自负责一部"书"，分别先后缓急，依次进行。还可以仿照宋朝司马光撰《资治通鉴》的办法，"以书局自随"。不必要把专家们都集中在一地，只要供给他们以必要的助手、比较完备的图书和不太大的费用即可。他们也可以随时到各地去阅书、访书。不必责以完成的期限。第一阶段工作是最需要的，完成之后，便可以进入第二、三阶段的工作了。这是"千秋"的事业。中华人民共和国出版的这三种版本的古代经典著作，将是历史上最正确、最可靠、最有用的版本——不一定是最后的一个定本，却可信其为空前的一个定本。

蔡元培

蔡元培（1868—1940），今浙江绍兴人，教育家、革命家、政治家，曾任北京大学校长。代表作品《蔡元培自述》《中国伦理学史》等。

我的读书经验

（原载于 1935 年 4 月 10 日《文化建设》第 1 卷第 7 期）

我自十余岁起，就开始读书；读到现在，将满六十年了；中间除大病或其他特别原因外，几乎没有一日不读点书的，然而我没有什么成就，这是读书不得法的缘故。我巴不得法的概略写出来，可以作前车之鉴。

我的不得法，第一是不能专心。我初读书的时候，读的都是旧书，不外乎考据、辞章两类。我的嗜好，在考据方面，是偏于训诂及哲理的，对于典章名物，是不大耐烦的；在辞章上，是偏于散文的，对于骈文及诗词，是不太热心的。然而以一物不知为耻，种种都读；并且算学书也读，医学书也读，都没有读通。所以我曾经想编一部说文声系义证，又想编一本公羊春秋大义，都没有成书。所为文辞，不但骈文诗词，没有一首可存的，就是散文也太平凡了。到了四十岁以后我开始学德文，后来又学法文，我都没有好好儿做那记生字、练文法的苦工，而就是生吞活剥地看书，所以至今不能写一篇合格的文章，做一回短期的演说。在德国进大学听讲以后，哲学史、文学史、文明史、心理学、美学、美术史、民族学，统统去听，那时候，这几类的参考书，也就乱读起来了。后来虽勉自收缩，以美学与美术史为主，辅以民族学；然而这类的书终不能割爱，所以想译一本美学，想编一部比较的民族学，也都没有成书。

我的不得法，第二是不能勤笔。我的读书，本来抱一种利己主义，就是书里面的短处，我不大去搜寻他，我只注意于我所认为有用的或可爱的材料。

这本来不算坏。但是我的坏处，就是我虽读的时候注意于这几点，但往往为速读起见，无暇把这几点摘抄出来，或在书上做一点特别的记号。若是有时候想起来，除了德文书检目特详，尚易检寻外，其他的书，几乎不容易寻到了。我国现在有人编"索引""引得"等。又专门的辞典，也逐渐增加，寻检较易。但各人有各自的注意点，普通的检目，断不能如自己记别的方便。我尝见胡适之先生有一个时期，出门常常携一两本线装书，在舟车上，或其他忙里偷闲时翻阅，见到有用的材料，就折角或以铅笔做记号。我想他回家后或者尚有摘抄的手续。我记得有一部笔记，说王渔洋读书时，遇有新隽的典故或词句，就用纸条抄出，贴在书斋壁上，时时览读，熟了就揭去，换上新得的。所以他记得很多。这虽是文学上的把戏，但科学上何尝不可以仿作呢？我因为从来懒得动笔，所以没有成就。

我的读书的短处，我已经经验了许多的不方便，特地写出来，望读者鉴于我的短处，第一能专心，第二能勤笔。这一定有许多成效。

蔡元培